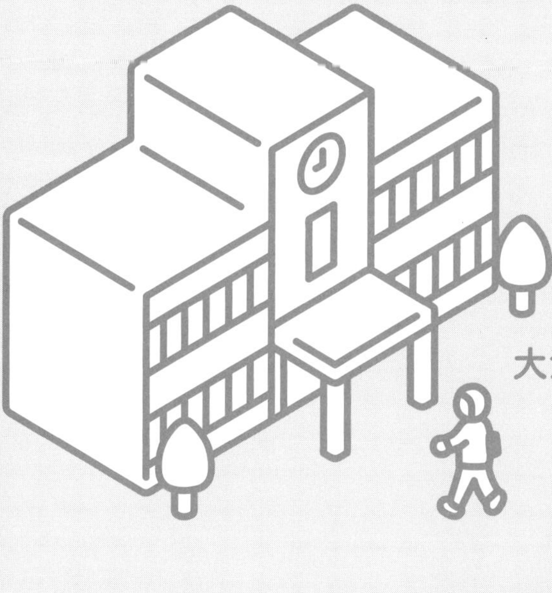

大江耕太郎・大根田頼尚

現場で役立つ！ 教育データ活用術

データの収集・分析・活用まで

日本評論社

はしがき

本書を手に取っていただき、ありがとうございます。数えきれないほどの失敗とそこから得た学びの１つ１つの中から生まれたのが本書です。テーマである「教育データの利活用」に関しては、霞ヶ関や国際機関の中だけで考えたものではなく、筆者らが教師のほか、学校や教育委員会といった教育現場で活躍されている方々とのやりとりの中で気づかされたり、教えていただいたりしたことを積み重ねて作ったもので、あくまで教育現場の目線を意識して執筆するよう努めました。本書を読み進めていくと、「小学校の研究主任として……」とか「あなたは市の教育委員会の指導主事として……」というフレーズが繰り返し出てくるのは、そのためです。

本書でもたびたび登場する埼玉県の学力・学習状況調査は、全国初の試みである児童生徒の能力の伸びがわかる調査として平成 27 年度から始まりましたが、その後、その考え方に賛同する地方自治体が参加する形で、少しずつ全国的に広がっていきました。開始順に福島県、福山市、高知県、白石市、鳥取県、三鷹市、益田市、小田原市、秦野市、横浜市など。その後も数は増え、今では全国のおよそ１割の自治体で実施されるまでになりました。筆者らは、自らが携わったこの調査を通じ、子供たちだけでなく、保護者や地域の方々と日々向き合っている、教育長をはじめとした教育委員会の方々、校長をはじめとした学校の方々と膝を突き合わせて、１つ１つのデータについて議論しながら、あるべき教育データの収集・分析・活用の在り方を練り上げてきました。それは、研究者の方々との関係においても同様で、提案し逆提案され修正し、怒られ謝り……その意味では、頭でっかちの、理論だけから考えられたデータ利活用の本ではありません。もちろん学問的な裏付けを持ったものではありますが、教育現場と研究者の皆様と練り上げていった知恵が詰まっていると確信していますので、是非、多くの方に読んでいただけると大変嬉しいです。

これまで数えきれないほどの時間をともに過ごし、筆者らに多くの学びの機会を与えてくださった教育現場と研究者の皆様に、そして本書の執筆のために週末の大切な時間を使わせてくれた家族に、心からの感謝を込めて本書を捧げます。

2023年8月

大江耕太郎・大根田頼尚

目 次

第Ⅲ部　教育効果の測定結果の分析と活用

第7章　因果推論の基礎　153

序　章

読者の皆さんへ

仮の話をしましょう。

あなたはある市立小学校の研究主任をやっています。今年度、県の教育委員会が「学びの意欲向上事業」を立ち上げ、その研究指定を受けることになりました。県教委は、2か年の指定期間の終わりに報告書の提出を求めており、その中で、数値で効果を示すこととされています。

あなたはどう思うでしょう。

「財政当局に説明するためには、数値で示すことは必要なのはわかるけど、どうやってデータを集めればよいのだろう」

あるいはこう思うかもしれません。

「また数値か。教育の結果が数値ですべて明らかになると県教委が思っているとしたら間違っている。数値だけ見て教育を考えていたら、教育が歪むだけではないか」

安心してください。本書はどちらの意見の方に対しても書かれています。

そもそも教育データとは何なのか。なぜ教育効果の測定が必要なのか。教育データでできることとできないことは何なのか。これらが第1章で述べられます。

次に、教育効果を測定するということについて考察します。教育効果には短期・長期があり、お金に換算できるものとそうでないものがあり、個人に還元されるものと社会に還元されるものがあります。これらを見通した上で、どれを数値で表すことができるのかについて、第2章で説明します。

そして、第3章では、教育データと政策の関係について説明します。EBPMとは何か、その留意点などについても説明します。

「教育データが必要」「政策の効果を数値で示すべき」といった最近よく言われる主張に対して、それは教育として間違っているのではないかと、常日頃腹立たしく、不満に思われている方は、ぜひ第I部（第1～3章）に目を通していただければと思います。

一方で、教育データを集めなければならないことは必要だと腹落ちしている方も、ではどうすれば意味のある教育データとなるのか、という具体的な方法になると途方に暮れる方が多いのではないでしょうか。「意欲の向上」

というからには、アンケートをとればいいのだろうか、とか、先輩に聞くと、意欲を聞く質問は10個くらい作って、公開授業前に集めておくと、公開授業の後の発表で使えるだろうと言っていたが、とか。そもそも論や概念について知りたい方は、第Ⅰ部からお読みください。

なんとなくでも、教育データがどういうものかがわかった気がする方、概念は別としてとりあえず仕事で教育データを集め・分析し・活用する必要があって具体的な方法論を知りたい、という方は、第Ⅱ部から読み始めましょう。第Ⅱ部が教育データの集め方、第Ⅲ部が教育データの分析と活用の仕方、第Ⅳ部が教育データの活用の限界と可能性の考察となっています。

第Ⅱ部では、教育データを取る規模、タイミング、取り方などについて説明します。第4章は、どのようにデータを集めるか、第5章は、教師が専門職としてデータを利用する場合に、データにおいて必要な条件をそれぞれ説明します。社会経済的状況（SES）に係るデータを集める必要性についても説明します。第6章は、教育データの中でも、アウトプットに係るデータ、特に学力と非認知能力の測定方法について説明します。学力調査をパネルデータとして行う上で重要な項目反応理論（IRT）についても説明します。

第Ⅲ部では、集めた教育データをどのように分析・活用すべきかを説明します。第7章は、因果関係を導き出す方法、すなわち、「Aをしたことによって Bが起こった」という関係について説明をします。相関関係と因果関係の混同という、データ分析で起きがちな間違いについて触れつつ、因果推論に必要なデータの集め方・特徴として、ランダムサンプリングとパネルデータの意義について説明します。第8章は、研究者との仕事の仕方についてです。そもそも教育データを集める段階から、分析する段階に至るまで、すべてを自力で行うことは現実的に非常にハードです。データの処理は非常に高度であり、研究者との協働が不可欠です。しかしながら、研究者は、行政官とも、教師とも別の価値基準で行動しており、彼らがどのような優先順位を持ち、どうすれば協力を仰げるのか、我々（学校、教育行政側）がすべきことを理解するとともに、研究者についての理解を深めてもらう章です。第9章は、研究者にお願いして実施する分析ではなく、教育委員会や学校自身が分析をする方法について説明します。第10章は、分析結果の活用の仕方についてです。学校の内部においても、個々の児童生徒への指導における改善もあれば、教師レベルでの改善もあります。教育データの活用の留意点についても説明します。

最後に第Ⅳ部、第11章は、教育データからできることの限界について、限界があるのに利用する意義があるのかどうかについて、再度問いかけます。

第Ⅰ部・第Ⅳ部がデータに対して疑問を持つ方向け、第Ⅱ部・第Ⅲ部は、実際にデータの収集・分析・活用を考えている方向けですが、第Ⅰ部がデータについての定義の理解、第Ⅱ部・第Ⅲ部が実際の利用の仕方、第Ⅳ部が利用にあたっての留意点という構成であるとも言えます。

本書が、教育データについての理解を深め、明日の学校・児童生徒のために打つ新たな一手の役に立つのであれば、私たち筆者としてこの上なく嬉しいです。

※ 本書に含まれる見解は個人的見解であり、所属組織によるものではありません。

第 I 部

教育効果の測定はなぜ必要か

第1章

教育効果の測定から何がわかるのか

本書においては、教育効果に関して、どのように測定し（第Ⅱ部）、測定した結果（教育データ）をどのように分析・活用するか（第Ⅲ部）について中心的に考えていきますが、その前に、そもそも「教育効果」や「教育データ」とは何か、そして「教育効果の測定」や「教育データ」はなぜ必要なのか、について考えていくことにします。

まず、この第１章では、そもそも「教育データ」とは何かについて考えます。「教育データ」を巡っては、政府においても、議論・政策が日々進められており、第１章では、それらを踏まえるとともに、教育データの利用目的を考えながら、本書がターゲットとする「教育データ」とは何なのかについて、焦点化します。

1-1 教育にデータは必要なのか[1]

「教育データ」とは何か [1]

教育に係るデータを集め（第Ⅱ部）、分析・活用する（第Ⅲ部）前に、第Ⅰ部では、教育効果の測定がなぜ必要なのかについて説明します。この第1章では、そもそも教育データとは何かについて考えます。教育データを巡っては、政府においても、議論・政策が日々進められる中で、本書がターゲットをどこに当てているのかを焦点化して、第Ⅱ部以降で深堀りすることとします。

日本人の大多数は、多かれ少なかれ様々な教育を受けています。我が国には9年間の義務教育制度がありますし、高等学校の進学率は97%を超えています[1]。幼児教育、大学教育などを含む学校教育のほか家庭教育や社会教育も含めると、ほぼすべての人が何らかの形で教育を受けています。例えば、3歳から幼稚園に通い、ストレートで4年制大学を卒業した場合、その時点で19年間も学校教育を受けていたことになります。また、親として家庭において子供の教育と関わる人も多くいるでしょう。

多くの人にとって、教育は身近な存在であり、教育とは切っても切れない関係になっています。それがゆえに、多くの人は、自分が受けてきた教育をもとに教育を語る傾向があります。したがって、幸か不幸か、教育という分野は、誰もが議論できてしまう大変珍しい分野であると言えます。国際経済、安全保障、バイオテクノロジーなどの分野ではそうはいきません。時に、「一億総教育評論家」とまで言われることがある所以です。しかし、学校教育を例に考えてみた場合でも、都市部と地方では教育環境が違いますし、学校ごとにも違いがあるでしょう。また、誰が担任だったかによっても大きく教育

1　https://www.mext.go.jp/a_menu/shotou/kaikaku/main8_a2.htm

に対する印象が異なるでしょう。そのため、教育の議論になると、なかなかかみ合わないことが多いのも事実です。

教育については誰もが議論できてしまうからこそ、客観的・建設的に議論するためのとっかかり・土台となる「何か」が必要ではないでしょうか。その「何か」の1つが、本書がテーマとする教育に関する「データ」ということになります。

では、「データ」とは何なのか。次の節で本書で対象とする教育データについて明らかにしましょう。

1-2 教育にデータは必要なのか2
「教育データ」とは何か [2]

1. データとは何か

さて、「データ」とは何でしょうか。『広辞苑』によると「立論・計算の基礎となる、既知のあるいは認容された事実・数値。資料。与件」となっており、必ずしも数値だけとは限りません。*Oxford Dictionary* においても“facts or information, especially when examined and used to find out things or to make decisions”となっており、必ずしも数値に限るわけではありません。まさに物事を理解したり意思決定をしたりする上で必要な事実や情報全体を「データ」と呼び、調査によって収集した数値の場合もあれば、観察に基づく報告書等もそこには含まれるわけです。音声や文字情報、画像なども、今日においては分析の対象となる「データ」となります。令和 2 (2020) 年から始まった文部科学省主催の「教育データの利活用に関する有識者会議」の報告「論点整理（中間まとめ）」においても「法令等において明確な定義がなく、多義的・広範であり、様々な分類が可能である」[1] としています。

2. 教育のデータとは何か

同じく文科省の第 3 期教育振興基本計画においては、「客観的な根拠（エビデンス）」として「調査、統計、資料」を挙げた上で、「客観的な根拠を重視した施策展開を具現化するため、教育活動の多様な効果を多角的に分析するとともに、数値化できるデータ・調査結果のみならず、数値化が難しい側面も含め、現場感覚を持って的確に状況を把握し、そこから得られた問題意識や政策ニーズを適切に反映させた企画立案等を行うことのできる行政職員

1　https://www.mext.go.jp/content/20210331-mxt_syoto01-000013887_1.pdf

を育成する」としています[2]。ここで言う「客観的な根拠（エビデンス）」には数値化できること以外が含まれていて、辞書上の「データ」に近いものと言えるかもしれません。

一方で、教育に関する研究の文脈で「データ」という言葉を使う際、数値に関連したものを指すことが多いように思います。本書においては、「客観的な根拠（エビデンス）」とは何かという議論を行うのではなく、また「データ」が上記のように広い定義であることを前提として、「データ」について議論する場合は、原則として「数値化された情報」という意味で議論を進めていきます（後半で、「数値化された情報」以外の「データ」についても少し触れます）。

3. 教育は数値では語れない？

「教育は数値では語れない」と反論する方もいると思います。確かに、数値で教育がすべて語れるわけではありません。むしろ、数値で語れるものの方が圧倒的に少ないでしょう。しかし、だからと言って、数値を無視していいわけではありません。例えば、医師が病気を特定しようとする際、検診や患者からの聞き取りはもちろんのこと、血液検査や尿検査の結果等、客観的なデータ（数値）を用いて、あらゆる面から病気を特定しようとします（ただし、決して、検査データのみで判断するわけではない点に留意することは必要です）。これと同じように、教育において、新しい政策・取組・指導などを実施するかどうかを検討する際、関連する数値をまったく活用しないというのは、病気の特定の際に、検査をしないのと同じようなことではないでしょうか。

教育という分野においては、これまで、ややもすると「教育は決して数値で測れるものではない」という意見と、「教育も数値で客観的に判断すべし」という両極端な意見の対立から抜け出せなかった面もあるように感じますが、「教育データ（数値）は万能薬でもなければ、毒でもない」という姿勢で上手に教育データに向き合っていくことが大切でないかと思います。また、本書では、以後断りのない限り、「データ」は「教育データ」を指すこととします。

2　https://www.mext.go.jp/content/1406127_002.pdf

1-3 教育データの利活用を巡る政府の動き

「教育データ」については、政府においても、近年様々な動きがありましたので、その動きについて概説しつつ、本書がこれらの動きのどの部分をターゲットとしているかについて述べていきます。

1. 教育データの利活用に関する有識者会議（文部科学省）

文部科学省の「GIGA スクール構想」により、児童生徒１人１台の端末環境の実現が進む中、すべての子供たちの可能性を引き出す「個別最適な学び」と「協働的な学び」を実現していくため、教育データの効果的な利活用を促進するために必要な方策について具体的な検討が必要となっています。その観点から、令和２（2020）年６月に設置された「教育データの利活用に関する有識者会議」において、令和３（2021）年３月に論点整理（中間まとめ）がまとめられました[1]。ここでは、「1. 教育データの定義」をはじめとして、「2. 教育データの利活用の原則」「3. 教育データの利活用の目的（将来像の具体的イメージ）」「4. 教育データの利活用の視点（教育データの一次利用（現場実践目的）と二次利用（政策・研究目的）、公教育データと個人活用データ）」、そして、「5. 教育データの標準化」などが示されており、中間まとめを踏まえて、議論は現在も当該有識者会議で続けられています（14 頁の図１－３－１参照）。

2. デジタル庁による「教育データの利活用ロードマップ」

教育データを巡る動きは、文部科学省にとどまるものではなく、関係省庁がワンチームとなって推進を図っています。令和３（2021）年９月に発足し

1　https://www.mext.go.jp/content/20210331-mxt_syoto01-000013887_1.pdf

たデジタル庁は、関係省庁（総務省、文部科学省そして経済産業省）とともに、「教育データ利活用ロードマップ」を令和4（2022）年1月に策定しました[2]。

ここでは、まず、教育のデジタル化のミッションを掲げ、そのためのデータの「3つの軸」を設定し、これらを実現するための、教育データの流通・蓄積の全体設計（アーキテクチャ（イメージ））を提示しています。その上で、「ルール」「利活用環境」「連携基盤（ツール）」「データ標準」「インフラ」といったそれぞれの構造に関連する論点や、必要な措置について整理しています（16頁の図1－3－2参照）。

3. 本書の位置づけ

本書は、これらの政府における動きや考え方を踏まえて執筆しています。本書が読者としてイメージしているのは、学校現場や、教育委員会において、指導や教育政策を実施するにあたって、「データ」を集め、分析し、活用することを求められたときに、どういったことに気をつければいいのか悩んでいる、学校の先生方、教育委員会の指導主事の方々です。そもそも教育の成果をどうやって「測定」するのか、それをどう分析すれば、児童生徒の学びや教師の指導の改善に活かすことができるのか。教育委員会で進める施策をよりよいものにするにはどうしたらよいのか。

今までそういったことはなんとなく必要かもしれないと思ったことはあるけれど、どうしたらよいかわからない方。何に気をつけたらよいのか知りたい方、そういう方の第一歩として本書を使っていただきたいと思っています。

2 https://www.digital.go.jp/assets/contents/node/information/field_ref_resources/0305c503-27f0-4b2c-b477-156c83fdc852/20220107_news_education_01.pdf

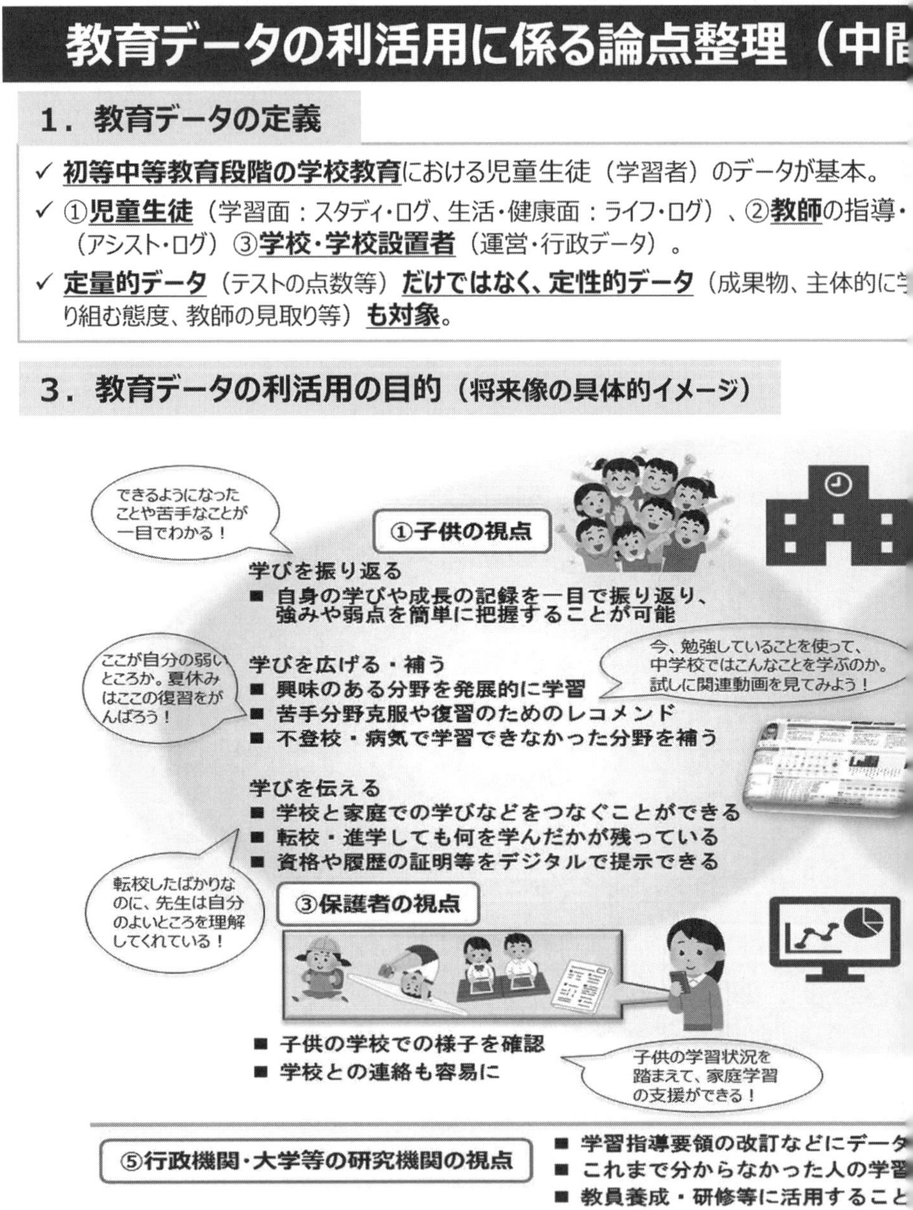

教育データの利活用に係る論点整理（中間
1．教育データの定義
✓ 初等中等教育段階の学校教育における児童生徒（学習者）のデータが基本。
✓ ①児童生徒（学習面：スタディ・ログ、生活・健康面：ライフ・ログ）、②教師の指導・
（アシスト・ログ）③学校・学校設置者（運営・行政データ）。
✓ 定量的データ（テストの点数等）だけではなく、定性的データ（成果物、主体的に
り組む態度、教師の見取り等）も対象。
3．教育データの利活用の目的（将来像の具体的イメージ）
できるようになったことや苦手なことが一目でわかる！
①子供の視点
学びを振り返る
■ 自身の学びや成長の記録を一目で振り返り、強みや弱点を簡単に把握することが可能
ここが自分の弱いところか。夏休みはここの復習をがんばろう！
学びを広げる・補う
■ 興味のある分野を発展的に学習
■ 苦手分野克服や復習のためのレコメンド
■ 不登校・病気で学習できなかった分野を補う
今、勉強していることを使って、中学校ではこんなことを学ぶのか。試しに関連動画を見てみよう！
学びを伝える
■ 学校と家庭での学びなどをつなぐことができる
■ 転校・進学しても何を学んだかが残っている
■ 資格や履歴の証明等をデジタルで提示できる
転校したばかりなのに、先生は自分のよいところを理解してくれている！
③保護者の視点
■ 子供の学校での様子を確認
■ 学校との連絡も容易に
子供の学習状況を踏まえて、家庭学習の支援ができる！
⑤行政機関・大学等の研究機関の視点
■ 学習指導要領の改訂などにデータ
■ これまで分からなかった人の学習
■ 教員養成・研修等に活用すること

図1－3－1　「教育データの利活用に係る論点整理（中間まとめ）概要」より抜粋

出典：「教育データの利活用に係る論点整理（中間まとめ）概要」p.1。
https://www.mext.go.jp/content/20210331-mxt_syoto01-000013887_5.pdf

（中間まとめ）概要

令和３（2021）年３月
教育データの利活用に関する有識者会議

ぃが基本。
師の指導・支援等

主体的に学習に取

２．教育データの利活用の原則

（１）**教育・学習は、技術に優先**すること
（２）**最新・汎用的**な技術を活用すること
（３）**簡便かつ効果的な仕組み**を目指すこと
（４）**安全・安心**を確保すること
（５）**スモールスタート・逐次改善**していくこと

②教師の視点

前の学年でここが苦手だったのね。
それなら、ここは丁寧に指導しよう。

きめ細かい指導・支援
■ 子供一人ひとりに関する様々なデータを一目で把握
■ 「ノーマーク」だった児童生徒を早期発見、支援
■ 学校全体で子供の様子を把握し、支援
■ 転校・進学前の子供の様子も分かる

最近、食欲がなさそう。
何か心配事はないか、
聞いてみよう。

を使って、
を学ぶのか。
てみよう！

今度、この生徒の
ここを褒めよう！

教師自身の成長
■ これまでの経験・知見と照合
■ グッドプラクティスを共有し、指導改善に活用

④学校設置者の視点

私はこう思うけど、データによるとこうなのか。
ヒントになる部分がないか確認しよう。

■ 学校ごとのデータをリアルタイムで参照
■ 学校への調査が負担なく簡単に
■ 類似自治体と比較し、施策改善が可能に

なるほど。不登校が減った市の取組は、
こういう点が共通しているのか。

どにデータを活用することで根拠に基づいた政策（EBPM）を実現
た人の学習過程の解明に基づき、新たな教授法・学習法を創出
用することで、教師の資質能力向上を推進

図１－３－２　「教育データ利活用ロードマップ」より抜粋

出典：「教育データ利活用ロードマップ」p.2。
https://www.digital.go.jp/assets/contents/node/information/field_ref_resources/0305c503-27f0-4b2c-b477-156c83fdc852/20220107_news_education_01.pdf

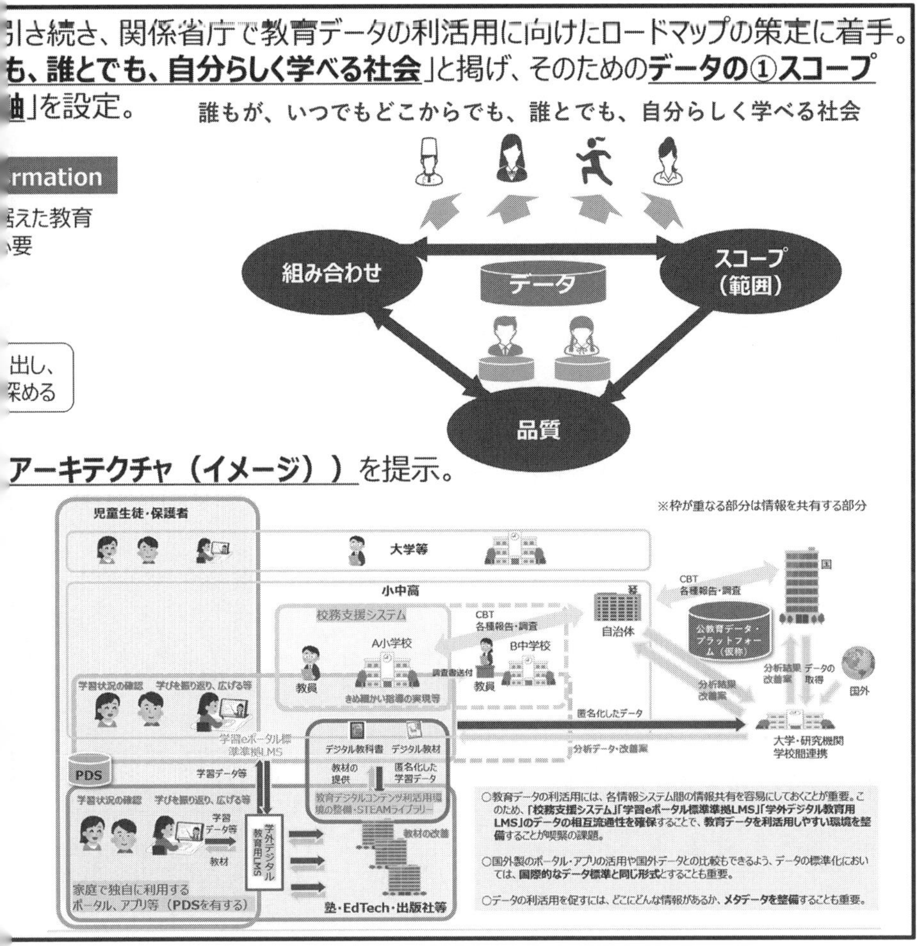
引き続き、関係省庁で教育データの利活用に向けたロードマップの策定に着手。
も、誰とでも、自分らしく学べる社会」と掲げ、そのためのデータの①スコープ
軸」を設定。
誰もが、いつでもどこからでも、誰とでも、自分らしく学べる社会
rmation
えた教育
要
出し、
深める
組み合わせ
データ
スコープ（範囲）
品質
アーキテクチャ（イメージ））を提示。
※枠が重なる部分は情報を共有する部分
児童生徒・保護者
大学等
小中高
校務支援システム
A小学校
教員
きめ細かい指導の実現等
CBT
各種報告・調査
B中学校
調査書送付
教員
自治体
国
公教育データ・プラットフォーム（仮称）
分析結果 改善案
データの取得
国外
分析結果 改善案
匿名化したデータ
分析データ・改善案
大学・研究機関
学校間連携
学習状況の確認　学びを振り返り、広げる等
学習eポータル標準準拠LMS
デジタル教科書　デジタル教材
教材の提供
匿名化した学習データ
教育デジタルコンテンツ利活用環境の整備・STEAMライブラリー
PDS
学習データ等
学習状況の確認　学びを振り返り、広げる等
学習データ等
教材
学外デジタル教育用LMS
教材の改善
家庭で独自に利用するポータル、アプリ等（PDSを有する）
塾・EdTech・出版社等
○教育データの利活用には、各情報システム間の情報共有を容易にしておくことが重要。このため、「校務支援システム」「学習eポータル標準準拠LMS」「学外デジタル教育用LMS」のデータの相互流通性を確保することで、教育データを利活用しやすい環境を整備することが喫緊の課題。
○国外製のポータル・アプリの活用や国外データとの比較もできるよう、データの標準化においては、国際的なデータ標準と同じ形式とすることも重要。
○データの利活用を促すには、どこにどんな情報があるか、メタデータを整備することも重要。

1-4 なぜデータ化をしようとするのか 1
教師の視点から

本書は、教師や指導主事の方が主に読むことを念頭に置いているため、以下教師の視点（1 － 4）、管理職の視点（1 － 5）、教育委員会の視点（1 － 6）を示しますが、もちろん学習の中心は学習者であり、学習者の視点での検討も必要です。また、保護者の視点や、研究者の視点なども大切です。以降で順次説明していきますが、本書の目的から、各節が限定的な記述になることはご承知おきください。

1. きめ細かい指導・支援

データ化（ここでは数値化するという意味です）というと大げさに聞こえますが、何も難しいことばかりではありません。教育現場では従来から、様々な事象をデータ化（数値化）するということを自然に行ってきました。例えば、出席・欠席・遅刻・早退などの日数を把握する、50 メートル走のタイムを把握する、健康診断で児童生徒の視力を把握する、などです。教師の皆さんはこのように、児童生徒一人一人に関する様々なデータを一目で把握し、きめ細かい指導や支援に活かしています。仮に、教師がデータを把握していなかったとしても、自分のクラスの児童生徒の指導を行うことはできるかもしれません。しかしながら、データを把握しておくことで客観性や説得力をもった指導が行えますし、「ノーマーク」だった児童生徒を早期発見して支援したり、学校全体で児童生徒の様子を把握して支援することを考えた場合、データは大変有益な説明ツールになります。単に「遅刻が多い」「目の悪い子が多い」と訴えるよりも、「A 君は 1 学期中に 23 回もの遅刻があった」「2 年 3 組には、視力が 0.2 以下の児童が 7 人もいる」など、データを使った方が共通理解が進み、説得力が増すのは明らかです。

いわゆるチーム学校[1]の理念の下、学校教育関係者が一丸となって児童生徒への指導にあたる必要がある中、児童生徒の状況をデータで把握しておくことは大変重要です。もちろん、データだけで、生身の児童生徒の状況のすべてを共有することができるわけではありません。しかし、部分的ではあれ、データを使うことで効率的に情報伝達を行うことができるというメリットが大いにあります。教師の働き方改革が叫ばれる中、こうしたメリット活かしていくことも大切なことではないでしょうか。

また、データをうまく用いることで、児童生徒のモチベーションを上げることも可能です。単に褒めただけでも児童生徒はうれしいかもしれませんが、データを用いることで、客観的な根拠を示しつつ、さらなる先の目標に向かってモチベーションを向上させることが可能になります。「覚えた漢字が500字から700字になったよ。次は、1000字までがんばろう！」というように、数字を使って適切にデータを扱うことができれば、学力や運動能力など、児童生徒がいかに成長したのかを実感させることができます。

2. 教師自身の成長

さらに、データ化された情報は、教師が自ら行った教育や取組について振り返る際に大変有益なツールになります。自分が行ってきた取組が本当に意味のある有益なものであったのか、改善点はどこにあるのか、より伸ばせるところはどこかなど、どうしても主観的になってしまう自己評価について、これまでの経験や知見とデータを照合し、一定の客観性を与えることが可能になります（具体的な分析結果の活用方法は第10章で詳説します）。

また、他の教師が行ったグッドプラクティスを、データを介在して共有し、指導改善に活用することもできるでしょう。もちろん、行った教育や取組を

1　「チーム学校」とは、「チームとしての学校」ともいう。「チームとしての学校の在り方と今後の改善方策について」（平成27年12月21日中央教育審議会答申）によると、「個々の教員が個別に教育活動に取り組むのではなく、校長のリーダーシップの下、学校のマネジメントを強化し、組織として教育活動に取り組む体制を創り上げるとともに、必要な指導体制を整備することが必要である。その上で、生徒指導や特別支援教育等を充実していくために、学校や教員が心理や福祉等の専門家（専門スタッフ）や専門機関と連携・分担する体制を整備し、学校の機能を強化していくこと」とされている。https://www.mext.go.jp/b_menu/shingi/chukyo/chukyo0/toushin/__icsFiles/afieldfile/2016/02/05/1365657_00.pdf

定量的に評価する際には、いくつか留意しなければならない点があります。それらについては後述しますが、客観的な指標があり、明確な目標があれば、モチベーションを上げやすくなるのは、大人も子供も同じではないでしょうか。繰り返しになりますが、すべてをデータで示せるわけではありません。しかし、部分的であれ、上手にデータを用いることで、児童生徒や教師自身のモチベーションを上げることができるのであれば、積極的に取り入れていくことが大切ではないかと思います。

1-5 なぜデータ化をしようとするのか②
管理職の視点から

1. 適切な学校運営のため

校長や副校長、教頭といった管理職の立場で教育効果のデータ化（数値化）を考えてみましょう。近年、多様化・複雑化する学校課題に対応するため、学校管理職の重要性はますます高まりつつあります。チーム学校の理念の下で学校経営を行っていく管理職にとって、データ化（数値化）は一教師以上に重要になってきます。管理職は、目指す学校目標を達成するため、学校運営を適切に進めていかなければなりません。

まずもって管理職は、学校のリーダーとして、教職員の管理・指導を適切に行っていかなければなりません。一般企業においても同様ですが、管理職の役割は、職員のモチベーションの維持・向上を図り、彼らの仕事の成果が最大化されるよう導いていくことにあります。教職員のモチベーションの維持・向上の方法はたくさんありますが、データを用いて客観的にこれを行うことで、より説得力を持った指導を行うことができます。例えば、児童生徒の学力を伸ばすことができたら、そうしたデータを示してさらに教師のモチベーションを向上させることができますし、また、逆に教師に対する改善点の指導等をする際にも、抽象的な指導よりも、根拠やデータに裏付けられた指導の方が説得力が増すでしょう。

2. 教職員の指導のため

教職員の中には、パフォーマンスをデータで示すことに否定的な方もいるかもしれませんが、これまでの筆者らの経験によると、適切な方法で収集され、統計学的に適切な分析がなされた分析結果は、教師の実感とさほど大きく離れていないことの方が多いと感じます（逆に言えば、課題はむしろ、適切な方法で収集され統計学的に適切に分析されたデータではないことによって、現場との乖離が生まれる場合です）。データを分析して初めてわかることもある一方で、管理職が教職員を指導する際には、むしろ、管理職が日々感じている実感をデータで裏付けるといった意味合いの方が大きいかもしれません。筆者が教育委員会に勤務していた際、ある校長に、学力を大きく伸ばした教師 A のデータを示したところ、その校長も、日々の授業観察を通じて、教師 A の指導が素晴らしいと感じており、校長の実感とデータが一致し、データがあることにより、その教師を具体的なデータに基づいて褒めることができたそうです。もちろんそうでない場合もあり、これは意見が分かれるところかもしれませんが、管理職にとって大切なのは、適切な学校運営を行うため、得られたデータのすべてを教職員に示すのではなく、よりよく学校運営が行えるように、目的に応じてデータを利用することである、と考えてもよいのではないかと思います。そこは管理職の腕の見せ所ではないでしょうか。

3. 保護者や地域住民のため

また、管理職は、学校内の教師・事務職員はもちろんのこと、保護者や地域住民、教育委員会などとも密に連携を図りながら、時に客観的に対外的な説明も行っていかなければなりません。ところが、難しいのは、教師、保護者、地域住民、教育委員会が一同に管理職の思う方向と同じ方向を向いているとは限らないところです。誰もが議論できてしまう教育という分野であるがため、むしろ同じ方向を向いていることの方が少ないのかもしれません。こうしたときにも非常に強いツールとなるのがデータです。学校の置かれた状況等を客観的に説明するツールとして絶大な力を発揮します。保護者や地域住民に対する学校状況の対外的な説明、教育委員会に対する学校状況の報告などの際、データを含めることで客観性が増し、関係者が同じ尺度に基づいて議論することができます。学校管理職は、これまで以上に、データをうまく使えるようになることが必要になってくるのではないでしょうか。

1-6 なぜデータ化をしようとするのか3
教育委員会の視点から

1. 学校への指導のため

例えば公立の小学校や中学校の場合は、主に市区町村の教育委員会が複数の学校を管理していくことになります。その際、当該自治体の教育の充実を図るため、各学校に対して適切な指導を行っていくことが大切です。また都道府県の教育委員会の場合は義務教育諸学校に係る都道府県内の市区町村教育委員会・学校に対して指導・助言・援助も行う必要があります。地域特性など、多くの学校がそれぞれ置かれた状況を踏まえつつ、適切な指導を行っていくためには、やはり根拠となるデータが不可欠となります。

教育委員会においては、各学校への指導を行うにあたって、まず各学校が現状どうなっているのかをリアルタイムで参照できることは、データを活用するメリットの1つと言えるでしょう。また様々なICT等を駆使することによって、学校への調査が負担なく簡単になるという側面もあります。

そして、教育委員会が扱うデータは、1人の教師や1つの学校のものと比べるとはるかに大きく、また、それだけに、適切な手法を用いれば、多くのデータを収集して充実した分析を行うことも可能になります。域内の学校間を比較したり、類似自治体と比較したりすることにより、施策改善もより可能となるでしょう。例えば、教育委員会の重要な役割として、域内の学校の優良事例を紹介するということが挙げられます。単に「この取組が良さそうだ」では、強い説得力を持ちにくいでしょう。もちろん、同一教育委員会の管内であっても各学校の置かれた地域や環境などが異なっているため、それらの取組を比較するには工夫が必要ですが、データで示すことで、客観性が増し、しっかりとした根拠を持って優良事例を紹介することができます。

2. 予算の確保のため

施策改善に必要な予算の確保、という観点から少し掘り下げてみましょう。教育委員会は管理下の学校に必要な予算要求や予算折衝を財政当局と行うことになります。財政当局は、市民サービス部局、商工部局、農政部局、保険部局等、様々な分野の行政を見渡しながら、学校関係予算を決めていくことになります。財政当局は、当該自治体の議会を通じて、住民に予算配分の適切性を説明していかなければなりません。教育に携わる者の多くは、教育にはより多くの予算を投資すべきだと考えていると思いますが、ただ声高にその必要性を訴えるだけで予算が付くわけではありません。予算を付ける権限を有する人たちにも共感してもらわなければ予算の充実を達成することはできません。しかし、財政当局の職員は、日々教育現場と対峙している学校教育関係者と同じような感覚を必ずしも持っているとは限りません。そのため、大切なのは、多くの関係者が共通言語として共有できるデータを示していくことになります。適切な方法で収集・分析されたデータや分析結果は、様々な取組を進めるための強力な説明ツールとなります。「これだけ予算を投入したため、これだけの成果があった」あるいは、「これだけ予算を投入すれば、これだけの成果が見込めるだろう」といったことを客観的に示すことができれば、住民や財政当局に対する説明も説得力が増すでしょう。適切な資源配分を考える上で、データは不可欠な要素となります（表１－６－１参照）。

立場	視点
教師	○きめ細かい指導・支援 ○教師自身の成長
管理職	○教職員の管理・指導（モチベーションの向上） ○保護者や地域住民などに対する説明
教育委員会	○各学校／教育委員会の現状の把握（指導・助言・援助に活かす） ○財政当局への説明（施策改善に必要な予算の確保）

表１－６－１　教育データ化（数値化）の目的

3. 国の施策のため

なお、教育委員会の示すデータというのは、国にとっても大変重要な情報になります。全国学力・学習状況調査や全国体力・運動能力、運動習慣等調査等、国レベルでも様々な調査を行っていますが、国だけでは把握できないこともたくさんあります。国としては、教育委員会が適切な方法で示したデータが多く集められれば、全国の取組の中から客観的な優良事例を紹介し、普及することができますし、国として進めるべき政策を決定するプロセスにも大いに役立ちます。

ただ、教育委員会であっても、適切な方法でデータを収集、分析をすることは、それほど簡単なことではありません。どのようなインプットに対して、どのようなアウトプットがあったのかを示すことは、教育の場合はそこまで単純ではないからです。適切なデータ収集、分析方法については、後ほど説明したいと思いますが、多くの教育委員会が適切にこれらを行うことができれば、教育委員会にとっても、また国全体としても、相当有益な財産になり、結果的にそれらに基づく指導や施策の改善は、子供たちに還元されることになります。

1-7 定量的なデータ（数値）しか意味がないのか

1. 定量的なデータと定性的なデータ

さて、教育に関連した事柄について、データ化を行うことのメリットなどについて述べてきました。辞書上の定義における「データ」には、数値化できるもの（「定量的なデータ」とも言います）だけでなく、数値化できないもの（「定性的なデータ」とも言います）があります。前述したとおり、定量的なデータのみしか意味がないわけではありません。この点について、伝統的な文脈と今日的な文脈の両方で考えてみましょう。

教育の世界では、定量的に表せるものの方が少数であり、定性的に表されるものの方が大多数を占めるでしょう。これら、定量的なものと定性的なものに優劣があるわけではなく、両方ともとても大切なデータであり、お互いがお互いを補完しながら存在していると考えた方がよいのではないかと思います。

例えば、医師が患者を診断する際、あるいは施した治療の確認のためには、血液検査や尿検査などの検査結果といった定量的なデータ（数値化されたデータ）を用いつつ、患者の自己申告や問診で聴き取った症状といった定性的なデータを直接観察して、総合的な観点から病気を特定したり、治療の効果を判断したりという作業を行うと思いますが、教育に関しても、これと同じように、児童生徒の状況把握や教育効果の分析の際には、定量的なデータと定性的なデータを総合的に勘案していくことが大切です。体力診断テストの結果、学力調査の点数、日々の小テストの結果、学校健診の結果といった定量的なデータも大切ですし、その児童生徒の性格・特徴、積極性、創造力、表現力などといった定性的なデータももちろん重要です。

伝統的に、教育現場では定性的なデータを扱うことは得意としてきました。児童生徒一人一人は、皆それぞれ個性があり、数値のみで比較することにはなじまないため、定量的なデータを扱うことが避けられていた傾向があったのだと思います。定性的な考え方を大事に扱うこと自体はまったく悪いことではありませんが、逆に、定量的なデータの活用が疎かにされてしまっていたことは否めません。教師が、担当する児童生徒の教育を自分一人で担っていくのであればよいかもしれませんが、同僚教師、管理職、保護者、地域住民等、様々な関係者と適宜情報共有したり協力しながら、児童生徒の教育にあたっていかなければならないことを考えると、やはり定性的なデータと同様に定量的なデータもうまく扱っていくことが必要でしょう。

2. 定性的なデータの分析

ちなみに、終章で改めて触れますが、今日的な意味で捉えると、実は定性的なデータ（非数値データ）においても、分析における大きな可能性があります。例えば、医療の世界であれば、MRIやレントゲンの画像データを大量に分析することによって、新しい知見を見つけようということが考えられます。同様に、教育の世界においても、例えば児童生徒が回答したテキストデータや、画像データ、授業中の会話の音声データ等、これまでは大量のデータとして観察による分析しかできなかった世界が、ICT等の技術革新に伴って、分析をすることが徐々に可能になりつつあります。したがって、定量的か定性的かという二項対立的に捉えることなく、データを幅広く捉えた上で、様々な分析手法を活用して、よりよい指導や行政上の資源配分を考えていくことがこれからは必要になるでしょう（図1－7－1参照）。

教育実践や教育事業、その他様々な教育上の取組を行う際、果たしてそれらの教育上の取組が効果的であったのか、あるいはあまり効果がなかったのか、はたまたマイナスの効果が出てしまったのか、ということを把握することはとても重要なことです。このような効果の分析の際に、定量的なデータによって見えてくることもあるでしょう。本書では、これまで教育に関連する世界において、学術的に裏付けされた形で、定量的なデータを扱うことをあまり行ってこなかったであろう背景を踏まえて、あえて定量的なデータを「データ」と位置づけてこれを中心に記述していますが、だからといって、

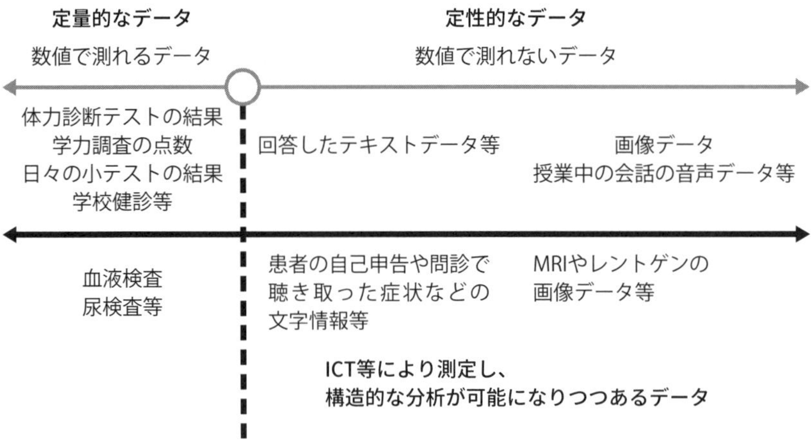

図1－7－1　測定可能なデータ

定量的なデータのみが重要であると考えているわけではありませんし、これからは加えて定性的なデータも利用できうることは前述のとおりです。状況に応じて定量的なデータ、定性的なデータとうまく付き合っていくことが大切だと思います。

第 2 章

教育効果を「測定する」とはどういうことか

第１章では、そもそも「教育データ」とは何かについて説明してきました。本書では主に数値で表された教育効果を教育データとして捉えて考えていくことにしています。第２章においては、それを前提として、「教育効果」とは何か、について考えてみることにしましょう。教育効果を、「短期的効果」や「長期的効果」、「金銭的価値」や「非金銭的価値」、「私的収益」や「公的収益」といったように、様々な形で分類することによって、より多角的に捉えてみることにします。

2-1 教育効果とは何か
教育効果の概念

1. 因果関係を意識する

「教育効果」とは何でしょうか。一口に「教育効果」と言っても、人それぞれ捉え方が異なると思います。「教育効果」を、原因と結果という関係（片方が原因となり、もう片方がその結果となる関係を「因果関係」と言います）で考えれば、原因が教育であり、結果がその効果ということになります。言い換えれば「教育効果」というものを考える場合、「教育という付加的な原因によってもたらされた効果」というように、因果関係を意識して考える必要があります。

2. 児童生徒への教育効果

では、教育は、それを受ける児童生徒に対してどんな効果をもたらすのでしょうか。まず思いつくのは、各教科における知識や技能、そして、その知識や技能をいかに活用するかといった応用力などです。例えば、文字や数字、物や事柄の名前といった知識や読み書き・計算といった技能、さらにそれらを組み合わせてどのように活用・応用していくのかといった力です。これらはいわゆる学力調査などの点数で測ることができると一般に考えられているものです。また、様々な教科等を通じて培われる思考力や判断力、表現力といった能力の向上ももたらします。知識・技能やその活用・応用力、思考力や判断力、表現力といった、教育効果を正確に測れるかどうかは別として、これらの一部は学力調査などで測ることが可能です。

他にはどのようなものが考えられるでしょうか。学びに向かう力・人間性といったものも挙げられます。例えば、教師が授業内容の実社会への応用例などを具体的に話すなど、児童生徒の興味を引くような授業をすることで、

「もっと知りたい、学びたい」といった学習意欲を喚起することができます。

教育効果には、これらのほかにも、態度や体力に関するものもあります。例えば、自制心や自己効力感、勤勉性、やり抜く力などといった態度に関することや、主に体育の授業やクラブ活動などで育成される体力に関することです。体力については、体力テスト等で測定が可能ですが、態度については、いろいろな議論がありうるところです。

3. 多様な教育効果

さて、これらのうちのいくつかは比較的短期間で効果をもたらすものもあると考えられます。例えば、漢字を覚える、足し算のやり方を習得するといったことは、もちろん繰り返し行うことで定着するものですが、比較的短期間で効果が表れるものです。一方で、教育効果は長期間経過した後に現れるものも多いと言えます。例えば、個人に注目すれば、人格や価値観の形成であり、社会の形成者としての資質の獲得であり、職業選択なども含めた自立して生きていける能力などです。もう少し俗っぽいことを考えれば、「○○大学に入学できた」「△△商事に入社して多くの収入を得た」ということも含まれるでしょう。さらに、社会全体に注目すれば、経済の成長、税収の増加、犯罪率の低下といった国内全体への効果があり、ひいては世界平和や人類全体の福祉の向上など、全世界に関わる効果があるとも考えることができます。これらの効果を考えると、短期的な効果に比べ、長期的な効果はさらに測定や数値化が難しくなってきます。

このように、一口に教育効果と言っても、知徳体それぞれに関するもの、短期的なもの、長期的なもの、測定できるもの・できないもの等々、実に様々な観点を含んでいることがわかると思います。

「教育効果」の議論がかみ合わないとき、それぞれの話し手が「教育効果」について、異なる効果を思い浮かべているケースが多いと感じます。そのため「教育効果」を議論する場合、話し手が一体どのような「教育効果」を想定しているのかをしっかり確認することが大切だと思います。

2-2 教育効果を数値化するとはどういうことか

1. 教育効果をすべて数値化することは不可能

教育効果を数値化するということはどういうことでしょうか。まずもって、教育のすべてを数値で表すことは当然不可能であるという前提に立つ必要があります。もちろん、学力調査や体力テストのように、数値化する方法はある場合もありますが、教育においてはむしろ数値化できないものの方が多いと考えた方がよいと思います。人に対する思いやり、約束を守るということなど、教育によって育まれる多くのものは、そもそも数値化にはなじまないと考えられます。

また、すでに数値化された情報を扱うとき、それらを組み合わせて新たな指標を作る場合には相当な注意が必要になります。例えば、皆さんは、国連の持続可能な開発ソリューションネットワーク（SDSN）が毎年発表している「世界幸福度報告書」をご存知でしょうか。この報告書では、「1人当たりGDP」「健康的な平均寿命」「困ったときに助けてくれる友達・親族はいるか」「人生で何をするか選択の自由があるか」「GDPに占める寄付実施者の割合」「社会等の汚職・腐敗が蔓延しているか」などを総合的に指標化した上で、世界ランキングを作成・発表しています（ちなみに例年、北欧諸国が上位を占め、日本のランキングはそれほど高くないようです）。

2. 数値化と一次元化

もともと一次元の情報として存在する指標については、数値化することにまったく違和感がありません。例えば、100メートル走の結果や自動車販売の営業成績は、10秒23とか、41台売れたとか、簡単に数値化することができます。しかしながら、「1人当たりGDP」と「困ったときに助けてくれる友達・親族はいるか」は、そもそもまったく次元の異なるものであり、それらを一次元化すること自体の妥当性について慎重に考える必要がある上に、仮に一次元化することが妥当だったとしても、どのように重みづけをした上でこれらの多次元情報を一次元化するかということについても、どの指標をどの程度考慮するかといったことにかなり影響を受けることになり、やはり慎重な判断が必要になります。

考えてみると「5教科合計点」といった学力指標についても、数学の能力を測る「数学」と、国語の能力を測る「国語」といった必ずしも同じ次元ではないもの同士を一次元化して、合計点数をはじき出しているということになるかもしれません。もちろん、これらには、広い意味で「教育や学習といった行為を通じて伸ばせるもの」といった共通項があるため、そこまで違和感がないかもしれません。しかし、例えば、体力と学力という本来異なる次元のものを無理矢理一次元化した場合、体力と学力のどちらを重視するかによって大きく数値は異なってくるため、これら両方を一次元化した数値から、何らかの効果を分析しようとすることにはかなり慎重であるべきです（もちろん、ある取組が、体力と学力を両方とも伸ばすということはありえますが、あくまでもそれぞれの効果は別々に分析されるべきで、無理矢理一次元化した情報を分析しようとすると、その数値の信頼性低下につながる可能性があります）。

教育効果を数値化することに対するネガティブな反応は、巷に溢れる多次元情報の一次元化にも影響されているのではないかと思います。人々は単純化されたものを好む傾向があります。複雑で多次元化された情報を一次元化して数値で示せば、あらゆる物事が比較可能になるため、とてもわかりやすいものとなりますが、一方で、すべての物事を一括りに数値化してしまうことには注意が必要です（都道府県別の知徳体を総合してランキング化する取組などもあるようですが、それは最たる例だと思います）（図2－2－1参照）。

決して数値化そのものが悪いわけではないのですが、ある政策や取組の教育効果を測る際、多次元情報を無理矢理一次元化していないかどうかということに注意しつつ、適切に数値化することが重要だということになります。もちろん、そもそも数値化できるものには限りがあることも十分に踏まえる必要があります。

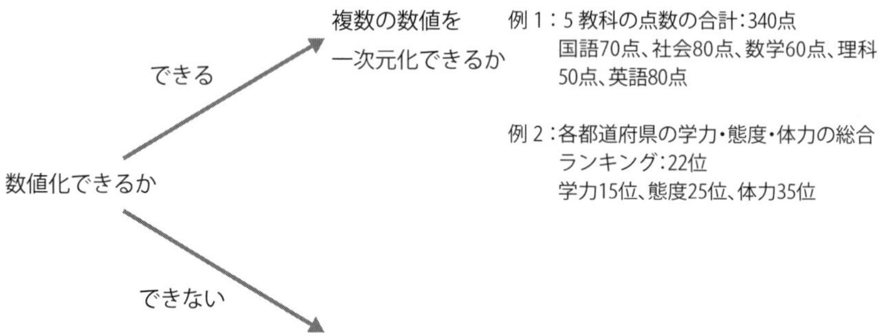

図２－２－１　教育効果の数値化、一次元化の可否

2-3 教育の短期的効果と長期的効果

2－2では、教育効果は様々であることを示してきましたが、それを、①短期的効果と長期的効果（2－3）、②金銭的効果と非金銭的効果（2－4）、③私的収益と公的収益（2－5）というふうに分類して考えてみることにしましょう（表2－3－1参照）。

1. 短期的効果

かの有名なアルバート・アインシュタインが残した名言に「教育とは、学校で習ったことをすべて忘れた後に残っているものである」があるそうです。また、一般的に「教育効果はすぐにはわからない」といった声もよく聞かれます。一方で、比較的短期に現れる教育効果があるのも事実です。効果がどのタイミングで現れるかは、どのようなものを「効果」として捉えるかにかかっています。

例えば、学校で初めて分数の足し算を習う児童を想定してみましょう。話を単純化するために、家庭や塾などでも分数の足し算を習ったことがない児童と仮定してみます。この児童たちが分数の足し算を習う前に、そうした問題の含まれる試験を実施したら、当然のことながらほとんどの児童は問題が

教育効果の分類		
効果が現れる期間	短期的効果	長期的効果
金銭に換算できるか	金銭的効果	非金銭的効果
個人に還元されるか	私的収益	公的収益

表2－3－1　教育効果の分類

解けないでしょう。一方、学校で分数の足し算を学習した後に同様の試験を行えば、当然のことながら、学習前の結果と比べて格段に点数が上がっているでしょう。

非常に馬鹿馬鹿しく聞こえるかもしれませんが、これはまぎれもなく、学校で教えたことが直接的かつ短期的に上げた効果であると捉えることができます。当たり前すぎて意識もされないことですが、学校において教師は、日々児童生徒にとって新しいことを教え、それまでできなかった何かができるように教育を行っています。これは、教育の短期的な効果の例ということになります。

2. 長期的効果

他方、長い時間を経なければ現れない教育効果というものも存在します。例えば、質の高い幼児教育プログラムが将来の所得や逮捕率にどの程度の効果をもたらすかといったことを考えた場合、その効果が現れるまでには相当の時間を要することになります。

実際、1960 年代に米国のミシガン州で質の高い幼児教育を提供することを目的に実施された「ペリー幼稚園プログラム」は、その後 50 年以上経過した現在においても様々な研究が重ねられるなど、長きにわたって活用されています。ある研究によれば、当時このプログラムの恩恵を受けた子供が40 歳になった際の所得は、このプログラムを受けなかった子供の平均的な所得より高く、また、逮捕率も低いという結果が出たという報告もされています[1]。これらは、教育の長期的効果の一例ということになります。

このように、何を「効果」に設定するか次第で、その効果が現れるまでの時間は変わってきます。一般的には、ある取組や政策の実施から、それらが及ぼした効果が現れるまでの時間が長ければ長いほどその分析が難しくなります。理由は、測ろうとする効果が、対象となる取組以外の何らかの事柄に

1　L. J. Schweinhart, J. Montie, Z. Xiang, W. S. Barnett, C. R. Belfield, & M. Nores (2005) *Lifetime Effects: The High/Scope Perry Preschool Study Through Age 40* (Monographs of the High/Scope Educational Research Foundation, 14), Ypsilanti, MI : High/Scope Press.

影響を受ける可能性が高まるためです。それでも、前述のペリー幼稚園プログラムの例では、プログラムの企画段階から、長期間の分析に耐えられるような適切な設計がなされている上、分析自体も適切な手法を用いているため、結果の信頼性は担保されていると考えられています。

一口に教育効果といっても、短期的効果と長期的効果が共存しています。決して、短期的に効果が現れるものだけしか分析できないのではなく、この両者をしっかり整理した上で効果分析にあたることがとても重要です。

2-4 お金に換算できる効果と換算できない効果

1. お金に換算できる効果

2－3では、「時間」という観点から「短期的効果」と「長期的効果」に分けて考えてみましたが、ここでは「お金」という観点から、「お金に換算できる効果」と「お金に換算できない効果」に分けて考えてみましょう。

学習によって、様々なことを身につけた場合に、学習した本人にとってどんな良いことがあるでしょう。例えば、AI に関する知識や技能を身につけることによって、コンピュータサイエンスに関係する会社に就職して働くことができるかもしれません。数学に関する突出した能力があることで、金融部門で働くことになった人もいるでしょう。何らかの能力を学習して身につけることによって、それを活かしてお金を稼ぐことができるようになる側面があることは誰もが認めることでしょう。本人に蓄積されることで役に立つものを「人的資本」と言うことがあり、人的資本を蓄積することで、収入を得られることを「金銭的効果」と言います。一般的に、学歴が中学校の卒業者よりも高等学校の卒業者の方が、高等学校の卒業者よりも大学の卒業者の方が年収や生涯賃金が高いと言われますが、これをもって「教育による人的資本の蓄積が金銭的効果をもたらした」というふうに考えるわけです。

例えば「経済協力開発機構（OECD：Organisation for Economic Co-operation and Development）」という国際機関があるのですが、その中に「教育・スキル局」という部局があります。OECD は、①経済成長（加盟国の財政金融上の安定を維持しつつ、できる限り高度の経済と雇用、生活水準の向上の達成を図り、もって世界経済の発展に貢献すること）、②開発（経済発展の途上にある地域の健全な経済成長に貢献すること）、③貿易（多角的・無差別な世界貿易の拡大に寄与すること）の3つを目的としている[1]わけですが、これらをもたらすために、一人一人の人的資本が蓄積されることによって、金銭的価値（経済成長や世界貿易の拡大）が生み出されると考えていることから、いかにして人的資本の蓄積を行うかということも考えていくために、「教育・スキル局」が存在しています。このように、教育と金銭的価値の増大は密接に結びついているのです。

2. お金に換算できない効果

もちろん、教育効果は、金銭的効果に限られるものではありません。例えば、一人一人にとって考えてみても、歯磨きの指導を通じて、虫歯が予防されること、体育の授業を通じて運動能力が身につくこと、といったことであったり、学校で友達と学ぶことによって、生涯の友ができること、自分の人生をかけて追求したいことが見つかること、などが考えられます。その結果として、よりよく生きること、幸せな人生を生きることの中には、収入がより多くなることも含まれてはいるでしょうが、必ずしもそれだけで決まるものではありません。その内容は人によって違えど、様々なことによって構成されており、それらは金銭的な価値に還元されるものではありません。こういった金銭に還元されない効果を「非金銭的効果」と呼ぶことがあります（ちなみに虫歯が予防されることで、歯の治療にかかる医療費が削減されるというように、金銭的効果と非金銭的効果が結びついている場合もあり、両者は必ずしも背反的な関係にあるわけではありません）。

非金銭的効果は個人に還元されるものだけではありません。犯罪率の低下や、ゴミがポイ捨てされていない街並み、民主主義の定着など、いずれも金銭的価値に還元できない、社会全体に還元される効果もあります。

1　https：//www.mofa.go.jp/mofaj/gaiko/oecd/gaiyo.html

2-5 教育は誰のためか

1. 私的収益

教育効果は、教育を受けた本人の利益となるもの（「私的収益」）と本人以外の全体の利益となるもの（「公的収益」）の２つに分けて考えることもできます。教育を受けた本人は、知識・技能の習得や思考力・判断力・表現力の向上を通じて、人生が豊かになり、将来の職業の選択肢が広がり、例えば、より競争率の高いところへの就職や自らの起業などを通じて、高い収入を得ることができると考えられます。高収入は教育を受けた本人（個人）に還元されるものであり、私的収益の代表的な例となります。

2. 公的収益

一方で、教育には「外部性」と言われる面があり、教育を受けた本人以外にも広く公的な利益をもたらすことになります。例えば、義務教育に代表される各段階の教育によって、国民が現代社会で生活するために必要な知識・技能等を習得することにより、経済成長や犯罪率の低下などが実現され、社会の安定がもたらされると考えることができます。

3. 私的収益と公的収益

保護者が自分の子供に習い事をさせたり、塾に通わせたりするのは、子供の将来への投資としてコストを負担することにより、子供が将来得られるであろう私的収益を期待しているからにほかなりません。もちろん、私的収益を期待して行われたものであっても、それが広く世の中の役に立つこともありうるでしょう。一方で、国や自治体等、公の組織が教育に投資する意味合いは2通りあると考えられます。1つは、公的収益を期待して行うものです。もう1つは、国民一人一人の自己実現といった意味合いから、私的収益を目的として投資しているという見方ができます。実際に、教育基本法の第1条は、「教育の目的」として、「教育は、人格の完成を目指し、平和で民主的な国家及び社会の形成者として必要な資質を備えた心身ともに健康な国民の育成を期して行われなければならない」と規定しており、私的収益と公的収益の両面が念頭に置かれています。

さて、これら2つの収益の分析についてですが、私的収益を分析するのに比べて、公的収益を分析することはより難しいと考えられます。教育の存在が広く世の中のためになっているということは、概念としては大変思い浮かべやすいのですが、経済成長、犯罪率、税収など、教育の公的収益として考えられる指標は、例えば、経済政策、雇用政策、犯罪対策、貿易政策、人口動態、気候等々といった他のあらゆる要因によっても影響されるため、そのうち、教育がどの程度寄与したのかということを特定するのは非常に難しいのです。私的収益としての所得の向上を足し合わせることで、ある集団の所得向上を分析し、それによって得られる税収増を計算するといった分析方法もありますが、あくまでも公的収益の一部を分析しているだけであり、公的収益をすべて明らかにするというのは不可能に近いと思われます。ただし、分析できないからといって、効果がないのでは決してありません。教育効果の分析によって得られる結果というのは、一部分のみであるという意識を持つことが必要です。

以上のように、①短期的効果・長期的効果、②金銭的効果・非金銭的効果、③私的収益・公的収益といった複数の次元で教育効果を位置づけることができるのです（図2－5－1参照）。

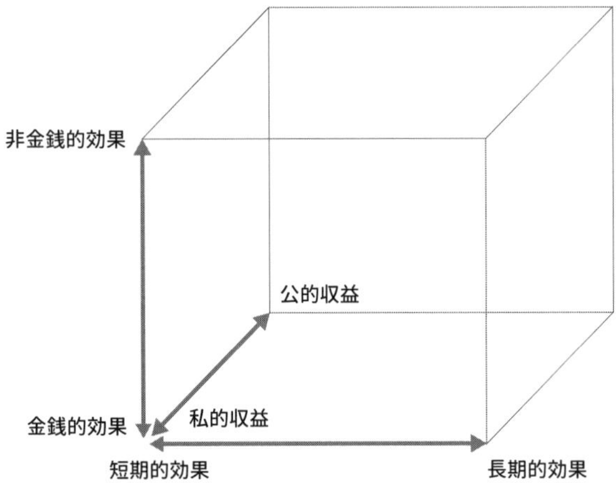

図２－５－１　教育効果のマッピング

第 3 章

どのように教育効果の測定・分析を政策に活かすのか

第Ⅰ部においては「教育効果」の測定やその結果（教育データ）の分析・活用を考える前提として「教育データ」とは何か（第１章）、また「教育データ」の対象となる「教育効果」とは何か（第２章）について、それぞれ考えてきました。その上で、第３章においては、「教育効果」の測定・分析を政策にどのように活かせるかについて考えていきます。まず前半では、政策の対象となる教育目的・目標について法令上どのように規定されているかを確認するとともに、後半は政策との関連で最近よく聞く「EBPM」について考えることで、「教育効果」の測定・分析と政策への活用の関係を紐解いていくことにします。

3-1 教育目的・目標と教育法令1
日本国憲法・教育基本法

教育に関するデータを扱うことを考えていく前提として、法令上の教育目的や目標がどのように規定されているかについて触れておきたいと思います。

1. 日本国憲法

まず、我が国の最高法規である日本国憲法には、第 26 条として、「すべて国民は、法律の定めるところにより、その能力に応じて、ひとしく教育を受ける権利を有する」こと、続いて、同条第 2 項として、「すべて国民は、法律の定めるところにより、その保護する子女に普通教育を受けさせる義務を負ふ。義務教育は、これを無償とする」と掲げられていますが、教育の内容面について詳しくは触れられていません。

2. 教育基本法における教育目的・目標

教育の目的や目標については、教育基本法に掲げられています。この教育基本法は昭和 22 (1947) 年に制定された後、60 年の時を経て、平成 18 (2006) 年に大きな改正が施されています。

まず、教育の目的については、第 1 条として「教育は、人格の完成を目指し、平和で民主的な国家及び社会の形成者として必要な資質を備えた心身ともに健康な国民の育成を期して行われなければならない」ことが掲げられています。次に、教育の目標については、第 2 条として、「教育は、その目的を実現するため、学問の自由を尊重しつつ、次に掲げる目標を達成するよう行われるものとする」と規定されており、次頁に記した 5 項目が挙げられています。

また、教育基本法には多くの重要事項が掲げられています。例えば、義務教育の内容に関しては、第５条第２項として、「義務教育として行われる普通教育は、各個人の有する能力を伸ばしつつ社会において自立的に生きる基礎を培い、また、国家及び社会の形成者として必要とされる基本的な資質を養うことを目的として行われるものとする」と掲げられています。ここでは詳しく取り上げませんが、このほか、家庭教育や社会教育等、多くの事項が掲げられています。

教育基本法（抄）

第一章　教育の目的及び理念

（教育の目的）
第一条　教育は、人格の完成を目指し、平和で民主的な国家及び社会の形成者として必要な資質を備えた心身ともに健康な国民の育成を期して行われなければならない。

（教育の目標）
第二条　教育は、その目的を実現するため、学問の自由を尊重しつつ、次に掲げる目標を達成するよう行われるものとする。
一　幅広い知識と教養を身に付け、真理を求める態度を養い、豊かな情操と道徳心を培うとともに、健やかな身体を養うこと。
二　個人の価値を尊重して、その能力を伸ばし、創造性を培い、自主及び自律の精神を養うとともに、職業及び生活との関連を重視し、勤労を重んずる態度を養うこと。
三　正義と責任、男女の平等、自他の敬愛と協力を重んずるとともに、公共の精神に基づき、主体的に社会の形成に参画し、その発展に寄与する態度を養うこと。
四　生命を尊び、自然を大切にし、環境の保全に寄与する態度を養うこと。
五　伝統と文化を尊重し、それらをはぐくんできた我が国と郷土を愛するとともに、他国を尊重し、国際社会の平和と発展に寄与する態度を養うこと。

3-2 教育目的・目標と教育法令2
学校教育法

1. 学校教育法における教育目的・目標

教育基本法を基軸とした一連の法体系には、様々な教育関連法令が存在します。ここでは、そのうちの代表的な例として、学校教育法に掲げられている規定を紹介します。まず、義務教育については、第21条として、教育基本法に規定する目的を実現するため、次頁に掲げる10項目の目標を達成するよう行われるものとすることが規定されています。また、幼稚園から大学、高等専門学校や専修学校などに関することが規定されています。

2. 小学校の規定

まず、第29条には、「小学校は、心身の発達に応じて、義務教育として行われる普通教育のうち基礎的なものを施すことを目的とする」、第30条第1項には、この目的を実現するために、第21条の10項目の目標を達成するよう行われるものとすることが規定されています。さらに、第30条第2項には、その場合に、「生涯にわたり学習する基盤が培われるよう、基礎的な知識及び技能を習得させるとともに、これらを活用して課題を解決するために必要な思考力、判断力、表現力その他の能力をはぐくみ、主体的に学習に取り組む態度を養うことに、特に意を用いなければならない」と規定されています。これが、いわゆる学力の3要素と呼ばれている①知識及び技能、②思考力、判断力、表現力、③学びに向かう力・人間性、になります。

3. 中学校と高等学校の規定

中学校においては、「小学校における教育の基礎の上に、心身の発達に応じて、義務教育として行われる普通教育を施すことを目的とする」と規定され、高等学校においては、「中学校における教育の基礎の上に、心身の発達及び進路に応じて、高度な普通教育及び専門教育を施すことを目的とする」と規定されています。

さらに、この学校教育法の第33条等に、教育課程に関する事項は「文部科学大臣が定める」こととされた上で、具体的には文部科学大臣が別に公示する小学校、中学校、高等学校の学習指導要領によることとされることが、学校教育法施行規則に規定されています。

学校教育法（抄）

第21条　義務教育として行われる普通教育は、教育基本法（平成18年法律第120号）第5条第2項に規定する目的を実現するため、次に掲げる目標を達成するよう行われるものとする。

一　学校内外における社会的活動を促進し、自主、自律及び協同の精神、規範意識、公正な判断力並びに公共の精神に基づき主体的に社会の形成に参画し、その発展に寄与する態度を養うこと。
二　学校内外における自然体験活動を促進し、生命及び自然を尊重する精神並びに環境の保全に寄与する態度を養うこと。
三　我が国と郷土の現状と歴史について、正しい理解に導き、伝統と文化を尊重し、それらをはぐくんできた我が国と郷土を愛する態度を養うとともに、進んで外国の文化の理解を通じて、他国を尊重し、国際社会の平和と発展に寄与する態度を養うこと。
四　家族と家庭の役割、生活に必要な衣、食、住、情報、産業その他の事項について基礎的な理解と技能を養うこと。
五　読書に親しませ、生活に必要な国語を正しく理解し、使用する基礎的な能力を養うこと。
六　生活に必要な数量的な関係を正しく理解し、処理する基礎的な能力を養うこと。
七　生活にかかわる自然現象について、観察及び実験を通じて、科学的に理解し、処理する基礎的な能力を養うこと。
八　健康、安全で幸福な生活のために必要な習慣を養うとともに、運動を通じて体力を養い、心身の調和的発達を図ること。
九　生活を明るく豊かにする音楽、美術、文芸その他の芸術について基礎的な理解と技能を養うこと。
十　職業についての基礎的な知識と技能、勤労を重んずる態度及び個性に応じて将来の進路を選択する能力を養うこと。

3-3 法令で規定される目的・目標は数値で計測できるのか

1. 教育の目的の数値化

3 － 1 及び 3 － 2 では、法令上、教育の目的や目標がどのように規定されているかということを確認しました。さて、それでは、これらの目的や目標は、数値で計測できるものなのでしょうか。結論から申し上げると、多くの項目は必ずしも数値化にぴったりとなじむとは言えないでしょう。例えば、教育基本法では教育の目的として、「教育は、人格の完成を目指し、平和で民主的な国家及び社会の形成者として必要な資質を備えた心身ともに健康な国民の育成を期して行われなければならない」と規定されていますが、「平和で民主的な国家及び社会の形成者として必要な資質が身についた人が昨年度比 20％増となった」などと数値化しようとしても、「平和で民主的な国家及び社会の形成者として必要な資質」が身についたかどうかをどうやって判断するかは非常に困難でしょう。

2. 教育の目標の数値化

また、同じく教育基本法に掲げられている教育の目標についても、「真理を求める態度」「勤労を重んずる態度」「環境の保全に寄与する態度」「国際社会の平和と発展に寄与する態度」などはどのように数値化すればよいのでしょうか。学校教育関係者は、当然これらの法令上の教育の目的・目標を踏まえつつ教育の実践にあたらなければなりませんが、ここに掲げた項目は、定性的な（1 － 7 で説明、数値化できないの意）評価・確認により親和性があると考えられます。

3. 数値化できそうな項目も

一方で、学校教育法に掲げられている項目の中には、工夫次第では数値化になじむ（比較的数値化がしやすい）ものも存在します。例えば、学校教育法第 21 条に掲げられる項目の中には、

「五　読書に親しませ、生活に必要な国語を正しく理解し、使用する基礎的な能力を養うこと」

「六　生活に必要な数量的な関係を正しく理解し、処理する基礎的な能力を養うこと」

「七　生活にかかわる自然現象について、観察及び実験を通じて、科学的に理解し、処理する基礎的な能力を養うこと」

などが規定されていますが、国語や算数・数学、理科などの学力調査等を通じて、数値的に評価するというのは、その 1 つの例と言えるでしょう。

留意していただきたいのは、数値化については、できるか・できないかの二元論で捉えるのではなく、そのしやすさ・しにくさにおけるグラデーションとして捉えることが重要だということです。例えば「勤労を重んずる態度」についても、何らかの手段によって、数値化することができないわけではないでしょうし、一方、学力についても「正しく理解」しているかどうかを把握するための方法が、特定の問題への解答ができるかどうかで本当に把握できるかどうかは、必ずしも是ではありません（これらの点は、第 6 章で詳述します）。

法令で規定される教育の目的・目標（教育効果）については、数値化しやすいものとしにくいものがあり、これらを意識しつつ、定量的、定性的な方法を適宜使い分けることが必要であることを理解しておくことが重要です。

3-4 EBPM（Evidence Based Policy Making）とは何か

1. EBPM推進の背景

皆さんは、EBPM（「イー・ビー・ピー・エム」と読みます）という言葉を聞いたことがあるでしょうか。EBPMとは、Evidence Based Policy Makingの略語で、日本語に訳すと「証拠に基づく政策立案」[1]ということになります。一昔前から、政策立案に関連して、盛んにEBPMという言葉が聞かれるようになりました。従来の政策決定プロセスにおいては、局所的な事例や体験（エピソード）が重視されたり、過去の「慣行」で政策決定が行われたりと、本来の政策目標達成のための実効性に欠けるものも少なくないといった指摘がたびたびなされてきました。限られた行政資源を効果的・効率的に利用し、行政への信頼性を高めうる政策を形成していくことが重要であり、このような中でエビデンスに基づく政策立案の推進が必要とされてきた背景があります。またEBPMが、英国、米国等で盛んに進められてきた一方、日本におけるこの分野の取組は、これらの国と比較するとあまり進んでこなかったという指摘も、EBPMの推進が求められる要因になっているのではないかと思います。

2. EBPMの事例

EBPMは行政プロセス一般に用いられる用語で、労働政策、医療政策、福祉政策、経済政策など、様々な行政分野に応用されています。例えば、ニューヨーク市において行われた労働政策がEBPMを活用しています。まず、ニューヨーク市内の一部で、マイノリティ（社会的少数派）向けのICT（情報

1 https://www.gyoukaku.go.jp/ebpm/index.html

通信技術）スキルを引き上げる教育支援プログラムを実験的に実施し、受講した者と受講しなかった者を比較したところ、受講者の所得が、非受講者と比べて明らかに上昇していること、失業保険も減少していることが確認できました。そこで同様の施策をニューヨーク市内で広く実施するようになったという実例です[2、3]。

なお、この政策効果分析には、ランダム化比較試験（Randomized Controlled Trial：RCT、「アール・シー・ティ」と読みます）と呼ばれる手法（7－4で後述します）が用いられており、プログラムの受講者のモチベーションが高く、やる気に溢れた人たちであったため、所得の向上や失業保険の減少につながった、ということが起こらないように、あらかじめコントロールされています。

また、国内でEBPMが実践された事例もあります。神奈川県の葉山町では、ゴミ収集後にゴミが出される、いわゆる「ゴミの後出し」を減らすことを目的として、ゴミ収集終了の看板を設置したところと設置しなかったところを実験的に比較した結果、看板を設置した箇所の不法投棄が全体で15％減少しました。これを受けて、市内すべてのゴミ収集箇所に看板を設置することにしたという実例です[4]（図3－4－1）。

このように、日本でも近年、実際にEBPMを活用しながら政策立案が進められているケースも増えてきました。

2　https://perscholas.org/
3　R. Hendra, D.H. Greenberg, G. Hamilton, A. Oppenheim, A. Pennington, K. Schaberg, & B.L. Tessler（2016）*Encouraging Evidence on a Sector-Focused Advancement Strategy: Two-Year Impacts from the WorkAdvance Demonstration,*. MDRC.
4　https://www.pref.kanagawa.jp/docs/r5k/cnt/f500405/documents/2-4kanagawaebpmforumhayama.pdf 葉山町きれいな資源ステーション協働プロジェクト～住民協働によるランダム化比較実験とエビデンスに基づく政策決定～

図3－4－1　EBPMの例：葉山町

出典：「葉山町きれいな資源ステーション協働プロジェクト」p.1。
https://www.pref.kanagawa.jp/documents/44494/2-4kanagawaebpmforumhayama.pdf

3-5

教育分野におけるEBPM

1. ペリー幼稚園プログラム

米国や英国においては、従来、教育に関する取組の効果をデータで表そうとする試みが実施されてきました。有名なものとしては、2－3で説明した「ペリー幼稚園プログラム」があります。これは、質の高い幼児教育を提供することを目的としたプログラムで、実際にこのプログラムを受けた幼児と受けなかった幼児を比較した多くの研究が行われました。ノーベル経済学賞を受賞しているシカゴ大学のヘックマン教授らの研究[1, 2]が有名ですが、彼らの研究によると、このプログラムを受けた子供たちは、受けなかった子供たちと比較して、その後の高等学校の卒業率や所得が高く、逮捕率が低いなどの効果があったとされています。

2. スタープロジェクト

また、もう1つ有名なものとして、1980年代に米国のテネシー州で実施されたスタープロジェクト（Student Teacher Achievement Ratio Project：STAR Project）があります（詳細は次頁で紹介しています）。このプロジェクトは、少人数学級が学力向上に対して効果があるかどうかを分析する目的で実施された取組で、子供や保護者が希望するか否かにかかわらず、13～17人の少人数学級あるいは22～27人の通常規模学級に無作為に子供たちを配置するという実験的な方法がとられました。

このプロジェクトを対象とした研究も数多く行われており、少人数学級に

1 James J. Heckman & Stefano Mosso（2014）“The Economics of Human Development and Social Mobility,” *Annual Review of Economics*, vol. 6（1）, pp. 689-733.
2 https://www.kantei.go.jp/jp/content/000023187.pdf 人づくり革命基本構想参考資料

米国テネシー州のスタープロジェクト（Student Teacher Achievement Ratio）

○少人数学級に関する研究のうち、唯一の大規模な実験的な研究。
○ 1985 年から 1989 年の 5 年間、幼稚園から小学校第 3 学年の 4 年間にわたる縦断的な研究を行い、児童－教師比 (pupil-teacher ratio) が学力に与える影響を検討。
○米国教育史上もっとも重要な実験の 1 つと評価 (Mosteller, Light, & Sachs, 1996)[3]。

対象校：地域類型ごとに割り当て
対象学年：就学前、小 1、小 2、小 3
学級規模：22 ～ 27 名→ 13 ～ 17 名
結果：

○少人数学級は児童生徒の行動等に好影響

・教師を対象とした聞き取り調査を行った結果、**少人数学級では協同的で、児童が互いに助け合うような雰囲気があり、児童どうしのまとまりが強い** (Johnston, 1989)[4]。
・3 年生までに少人数学級に在籍した児童は 4 年生になっても授業中積極的に学習活動に参加 (Finn, Fulton, Zaharias, & Nye, 1989)[5]。
・小学校低学年で **3 年以上少人数学級に在籍することが高校卒業率を高める** (中途退学が少ない)。特に給食費無料の児童においてその傾向が顕著 (Finn, Gerber, & Boyd-Zaharias, 2005)[6]。

○少人数学級は教師の授業方法に好影響

・少人数学級では**一斉指導に要する時間が少なくなり、児童が議論する時間を多く持つことができ、授業態度が悪い児童に対しても即時に対応できる**といった利点 (Johnston, 1989)。

○少人数学級は学力調査に好影響

・**少人数学級が通常規模学級を上回る**
(Word, Johnston, Bain, Fulton, Zaharias, Achilles, Lintz, Folger, & Breda, 1990)[7]。
・就学前から 4 年間を通して少人数学級に在籍することが、上級学年時の学力調査の得点の向上に寄与 (Krueger, 1999)[8]。
・3 年生で少人数学級に割り当てられることが 4、6、8 年生時の学力調査の得点向上に寄与 (Nye & Hedges, 1999)[9]。

出典：「今後の学級編制及び教職員定数の改善に関する有識者ヒアリング（第2回）山森光陽氏提出資料1」をもとに筆者作成。https://www.mext.go.jp/b_menu/shingi/chousa/shotou/072/shiryo/1293279.htm

---

3 Frederick Mosteller, Richard Light, & Jason Sachs（1996）“Sustained Inquiry in Education：Lessons from Skill Grouping and Class Size,” *Harvard Educational Review*, vol.66（4）, pp.797-843.
4 J. M. Johnston（1989）“Teacher Perceptions of Changes in Teaching When They Have a Small Class or an Aide,” *Peabody Journal of Education*, 67, pp.106-122.
5 Jeremy D. Finn, Dewayne Fulton, Jayne Boyd-Zaharias, & Barbara A. Nye (1989) “Carry-Over Effects of Small Classes,” *Peabody Journal of Education*, vol.67（1）, pp.75-84.
6 Jeremy D. Finn, Susan B. Gerber, & Jayne Boyd-Zaharias（2005）“Small Classes in the Early Grades, Academic Achievement, and Graduating From High School,” *Journal of Educational Psychology*, vol.97（2）, pp.214 -223.
7 Elizabeth Word, John Johnston, Helen Pate Bain, B. DeWayne Fulton, Jayne Boyd-Zaharias, Charles M. Achilles, Martha Nannette Lintz, John Folger, & Carolyn Breda（1990）Student/Teacher Achievement Ratio（STAR）Tennessee’s K-3 Class Size Study, Final Summary Rreport 1985-1990.

は学力向上の効果があるという研究結果[10]がある一方で、逆の研究結果[11]が示されるなど、これまで多くの議論が活発に行われてきました。

これらはいずれも大変有名なプロジェクトとして、多くの研究者から研究対象として取り上げられてきましたが、共通するのは、RCT と呼ばれる手法を用いたプロジェクトであったということです。RCT については 7 － 4 で詳しく説明しますが、この手法から得られたデータを用いることで、ある取組の効果を、その他に考えられる様々な影響を取り除いた上で分析することが可能となるため、因果関係を検証する際に大変有効な手法として認識されています。因果関係を検証する方法は他にもありますが、いずれにしても、統計学的に信頼に値する（すなわち、統計学の見地からしても、その分析の仕方・結論づけ方が妥当であることを意味しています。第 7 章において詳説します）プロジェクトであることが、多くの研究者の研究対象とされてきた背景にあります。

ただ、残念ながら、日本では、教育分野において、統計学的に信頼のおけるプロジェクトがこれまで数多く実施されてきたとは言えません。近年になって、統計学的に信頼の高い研究も行われるようになってきましたが、日本において、教育分野の EBPM は発展途上の段階であり、EBPM を行う機運の高まりとともに、教育分野での今後の進展が望まれているところです。

8 Alan B. Krueger（1999）“Experimental Estimates of Education Production Functions,” *The Quarterly Journal of Economics*, vol.114（2）, pp.497-532.

9 Barbara A. Nye & L. V. Hedges（1999）“The Long-Term Effects of Small Classes：A Five-Year Follow-Up of the Tennessee Class Size Experiment,” *Educational Evaluation and Policy Analysis*, vol.21（2）, pp.127-142.

10 James J. Heckman & Alan B. Krueger（2005）“Inequality in America：What Role for Human Capital Policies?,” MIT Press Books, The MIT Press, edition 1, volume 1.

11 Eric A. Hanushek（May 1994）“Money Might Matter Somewhere：A Response to Hedges, Laine, and Greenwald,” *Educational Researcher*, vol.23（4）, pp.5-8.

3-6 数値のみに基づいて政策を決めてよいのか

これまでデータ（繰り返しになりますが、本書では基本的に数値で示されるものとします）の有用性や限界等について述べてきましたが、それでは、数値のみに基づいて教育政策の決定を行うことについて、どのように考えるべきでしょうか。もちろん、ケースバイケースではありますが、一般的に、数値のみに基づいて政策を決定することには、教育分野においては慎重であるべきというのが、本書の基本的なスタンスです。

仮に教育に関する事柄のすべてを数値で表すことができるとすれば、それをもとにして教育政策を決定することが最適であるということになるかもしれませんが、本書ですでに言及しているとおり、教育に関する事柄のうち、数値で表すことができるのはごく一部です。したがって、数値として表される一部の事柄のみで政策を決定することは賢明ではありません。もちろん、これは数値を政策形成において考慮すべきではないということを意味するのではありません。数値は大変有用な情報であり、最大限これを活用すべきというのも同時に本書の基本スタンスになります。

2－2で前述したように、数値化は、多次元情報を一次元化するというように考えることもできます。例えば、民間の営利企業であれば、ある取組を推し進めようとした場合、企業活動の様々な側面を「コスト」「売り上げ」「利益」といった形で、金銭的な情報に落とし込んだ上で、売り上げや利益の向上につながるか否かのみに焦点を当てて、その取組を進めるかどうかを考えることができます。しかし教育の場合は、「教育効果」そのものが、多様な価値観を含んでおり、それらを一次元化することの妥当性、また妥当であるとしてもどのように重みづけをして一次元化するか、その判断における困難さについても、すでに2－2で示したとおりです。したがって、ある政策の導入の際には、数値化できない様々な情報も含めつつ検討する必要があります。

例えば、ある中学校で学力向上施策を導入しようとする際、その取組によって、生徒全体の平均学力を押し上げる可能性が高いということがわかっていたとしても、一人親家庭や低所得家庭の生徒などの一部の生徒のやる気を大幅に下げてしまう可能性も同時に懸念される場合は、判断は大変難しいものとなるでしょう。「平均的な生徒の学力」という数値化できる情報と、「低所得家庭の生徒のやる気」という数値化しにくい情報を天秤にかける必要がありますが、これは、一概に結論が出せるとは言えません。上記の例では、2つの要素に単純化しましたが、通常、教育政策の決定においては、数値化できるもの、できないものを含めて様々な影響の存在を考慮しなければなりません。企業原理においては、最終的なメルクマールとして金銭的な価値というところに落とし込むことができても、教育政策においてはそう単純ではないことが多くあります。

「数値のみに基づいて教育政策を決定すべき」という主張と、「数値で教育を把握することはナンセンスである」という2つの極端な主張が対立することが多いのですが、どちらか一方の極端な立場に立つのではなく、「数値のみに基づいて教育政策を決定することには慎重であるべきだが、数値は教育政策において大変有用な情報であり、最大限これを活用しつつ、政策の検討にあたるべきである」という姿勢が大切なのではないかと思います。

3-7 EBPMを巡る様々な立場

EBPM の捉え方は立場によって異なる傾向があります。一般的には、学校教育関係者は EBPM に否定的な意見を持つ方がやや多いように感じます。一方、財政当局や経済学者などは、EBPM を積極的に取り入れていこうとする傾向があるように感じます。

1. EBPMに否定的な立場

EBPM に否定的な意見を持つ方は、EBPM が数値で見える部分にのみ偏っていると感じる傾向があるように思われます。人間は、わかりやすい部分にのみ注目してしまいがちです。仮に、数値で表すことのできる事柄が全体の 1 割で、数値で表すことができない事柄が全体の 9 割であったとしても、目に見える 1 割で物事を判断してしまうことが往々にして生じます。こうしたことの反応として、教育関係者の中には、目に見える 1 割のこと自体を否定しようとする方も見受けられます。しかし、大切なのは、目に見えること、数値で表せることの否定ではなく、そうした部分が仮に一部であったとしても、明らかになった事実を尊重する態度ではないかと思います。

2. EBPMに肯定的な立場

他方で、EBPM ですべての問題が解決すると極端な考え方を持っている方も存在します。そもそも、EBPM の必要性が叫ばれてきた背景には、限られた行政資源を効果的・効率的に利用し、行政への信頼性を高めていくことが必要であるという世論の高まりがあります。もちろん学校教育も例外ではありません。学校教育には多額の公金が使われています。公立学校はもちろんのこと、私立学校であっても補助金などの形で公金が使われています。

公金を元に活動している立場の人間は、常に行政資源の効率化を意識しなければならないのはもちろんです。しかし、これまでも述べてきたように、教育に関しては、教育効果の概念が多様である上、数値化しにくいものも多く、また、金銭的な価値に置き換えられる部分も限られているため、必ずしも他の分野と同様に考えることができるものばかりではありません。決して、教育政策のすべてがEBPMで解決できるわけではありません。

3. 対立する立場

こうした極端な立場からの意見の対立が様々なところで起こっているのではないかと感じます。例えば、自治体の予算要求において、財政当局が、EBPMを用いてなるべく支出を減らそうとすることがあります。投入したコストに見合う効果が得られないのであれば、その取組に支出する意味合いも薄いため、支出を削減してしまおう、あるいは、完全にそのコストをなくしてしまおうと主張することがあります。これに対して、教育関係者サイドは、数値で表す努力を放棄して、「教育は数値では語れない」と反論することがあります。もちろん、こうした財政当局の主張を鵜呑みにするのもよくありませんが、これでは、生産的な議論になりません。

4. 本書のスタンス

お互いに、目に見えない部分の存在をしっかり認識しつつも、目に見える部分（すなわち数値になじむ部分）について、真摯に向き合い、適切な方法を用いて明らかにする態度が大変大切であると思います。数値は異なる立場の関係者同士が共通認識を図る上で大変便利なツールでもあります。数値を用いることで改善できることもたくさんあります。EBPMを巡る様々な立場が存在しますが、限界を認めつつ、EBPMで解決可能な部分については、最大限の努力を重ねることが大切ではないかと思います（11 − 6で改めて考えます）。

第 II 部

教育効果の測定方法

第4章

どのような測定結果が必要なのか

第Ⅰ部では、「教育効果」「教育データ」について、非常に多岐にわたるものであり、かつ様々な制約や留意が必要であることに触れてきたところです。本書ですべてを網羅することはできないため、「教育データ」を数値化できるものに限定し、データを扱う者を学校の教師や管理職、教育委員会などに限定しました。第Ⅱ部ではその上で、どういった教育や政策によって児童生徒の力が伸びるのか、を考えていくために、教育効果をどのように測定、分析し、活用したらよいかに絞って考えていきたいと思います。この第4章では特に、初めて教育効果の測定結果（データ）を扱う人にとって押さえるべき基本的事項を示していきます。ただし、最新の技術などを踏まえると、より多面的で豊かなデータの集め方、分析の仕方があるのも事実です。そういったことについては後ほど少し応用編として触れることにします。

4-1 教育効果の測定で気をつけるべきこと1

学校における委嘱研究の取組や教育委員会における施策の効果分析などのためにデータ（「数値」と同義とします）収集を行う場合に気をつけるべきことは何でしょうか。やみくもにデータを収集して、どのように分析するのかを後で考えるといった方法はあまりお薦めできません（とにかくありとあらゆるデータを集めて、分析するときに考えよう、という進め方もあるのですが、学校現場や教育委員会で、そこから始めるというのは様々な困難を伴うと思われます）。どんなデータを収集するのかを考えるにあたっては、データ収集する目的やそれを用いて何を知りたいのかということをあらかじめはっきりさせておくことが最も重要です。

データを収集する目的、そのデータを使って知りたいことを分析する方法はいろいろありますが、次の節において、「現状把握」「原因と結果の関係を知る」「予測」の３つに分けて考えてみようと思います（下記参照）。

データを収集する目的

「現状把握」
例：児童の通学時間、生徒の視力
「原因と結果の関係を知る」
例：教育委員会で行う学力向上施策が本当に生徒の学力を向上させているのか
例：毎朝行っている朝読書が本当に児童の読解力向上に効果があるのか
「予測」
例：不登校になりそうな児童生徒を、不登校になる前の段階で早めにキャッチし、不登校を未然に防ぎたい

4-2 教育効果の測定で気をつけるべきこと2

1. 現状把握

データを収集する目的の１つとして、まず、学校や児童生徒の現在の状況を把握しておきたいという「現状把握」があるでしょう。例えば、ある学校の「児童の通学時間」を把握することで、登校・下校時間を調整するといったことが考えられます。また、例えば、あるクラスの「生徒の視力」を把握することで、クラス内での席順の参考にするといったことも考えられるでしょう。「児童の通学時間」や「生徒の視力」は、学校や教育委員会が何か対策を行ったとしても、そうそう変わるようなものではない、いわば所与のデータであるため、ここでは状況を把握しておくこと自体が目的となります。

2. 原因と結果の関係を知る

２つ目として、何らかの施策や取組によって学力、体力、生活態度など、学校や児童生徒に関する何かしらのアウトプットを改善したい（「原因と結果の関係を知る」）と考える場合には、その取組の効果を分析することが必要になるため、単にデータを収集して状況を把握するだけでは不十分です。例えば、教育委員会で行う学力向上施策が本当に生徒の学力を向上させているのか、毎朝行っている朝読書が本当に児童の読解力向上に効果があるか、といったことを考える場合には、それらの取組の前後で同じ対象の児童生徒がどのように変化したのかを分析する必要があります。さらに、それらの取組を行っていなかった児童生徒のデータも必要になってきます。なぜなら、それらの取組を行っていなかった児童生徒についても、取組を行った児童生徒と同じような変化が起こっていたとしたら、それはその取組の効果ではない可能性が高いからです。

3. 予測

3つ目として、何か将来起きそうな問題について、問題が起きる前の段階でキャッチして対応したいといったことが考えられます（「予測」とここでは呼ぶことにします）。例えば、不登校になりそうな児童生徒を、その前の段階で早めにキャッチし、不登校を未然に防ぎたい、といった場合です。この場合には、学校が持つ様々な情報を組み合わせたり、場合によっては、教育委員会が持つ情報や、首長部局が持つ情報と組み合わせることで、その可能性をより早くより正確にキャッチして、事前に対応するということが考えられます。こういった場合、組み合わせた情報がどういった原因となって、不登校という事態を生み出すのかという関係性は明確にはわかりませんが、とにかく組み合わせることによって、将来の可能性をデータが指し示す、ということになります。

また、個別の児童生徒が学習を進める上で、問題を解いた結果や、その子のアンケートの回答結果などを組み合わせて、次に解いた方がよい問題を提案するといったことも、この「予測」の１つの形と言えます。いずれにおいても、データを集めた上で、それらのデータが指し示す将来起きることの可能性をキャッチし、データを参考にして対応策に利用するという方法になります（5 − 2も参照）。

4. 「後ろ向き」と「前向き」

このように、データを収集する際には、あらかじめ何のために集めるのか、ということをはっきりさせておくということがとても重要になってきます。すでにあるデータを単に把握するだけでよい場合もありますが、多くの場合は、今手元にないデータを把握するための調査の設計から考えることが多いです。EBPMの世界では、前者を「後ろ向き（Retrospective）」、後者を「前向き（Prospective）」と呼びます。本書では、後者を念頭に置いています。

ここでは、「データを把握するためには、無計画に目の前にあるデータを分析すればよいわけではなく、そもそも事前にどういったデータがいるかを考えて、収集する方法まで検討した上で、収集を能動的に行うことが必要である」ということを押さえておいていただければと思います。本章では、特に、指導や政策の効果を検討する上でデータを集めるにあたって注意すべきことについて、具体的な事例に触れつつ述べていきます。

4-3 事後だけでなく前後でデータを取ること、パネルデータであること

1. 事後だけでなく前後でデータを取る

研究主任であるあなたの小学校が、「学習意欲の向上を図る」という研究主題で、市教育委員会の研究委嘱事業の指定校になったとします。あなたは、研究主任として、1年間を通じて学校全体で様々な教育活動を行い、その効果があったかどうか、年度の終わりにアンケートをとることにしました。その結果、「算数の授業は楽しいですか」という問いに対し、「とてもそう思う」と「まぁまぁそう思う」と答えた児童は、全体の9割を超えました。あなたは、報告書に「教育活動の効果として、学習意欲が高まった」と書きました。この報告書には改善点があります。どこにあるのでしょうか。

教育活動によって学習意欲が高まったということは、教育活動が原因で、学習意欲の向上がその結果であるということを意味しています。何らかの原因と思われる活動をした後にデータを取ったとき、活動の前に立てた仮説に近い結果が現れたとしても、それはデータを取った対象が、データを取った時点においてそういう結果を示したに過ぎません。例えば偶然もともと学習意欲が高い児童が多いクラスであった場合、学校の教育活動によってではなく、例えば多くの保護者が様々な家庭教育を行うことにより、もともと意欲が高かった児童たちであったことが高い学習意欲を示す結果をもたらしたのかもしれません。したがって、教育活動によってもたらされた変化を把握するためには、その活動をする前と後で、データを取ることが必要となります。この研究報告書の改善点は、事後にだけデータを取って、教育活動の結果、変化が起きたとしているところにあります。何かをすることによって、その結果、変化が起きたかどうかを説明するためには、その教育活動の前後の変化を捉える必要があるのです。

2. パネルデータ

教育活動の前後の変化を捉える必要があるということを知ったあなたは、同じ「学習意欲の向上を図る」という研究主題について、ある年度末に小学校5年生にアンケートをとり、その翌年度に様々な教育活動を行った上で、翌年度の年度末に同様に小学校5年生に先ほどと同じアンケートをとりました。すると、「とてもそう思う」または「ややそう思う」と答えた児童の割合が、前年度が5割であったのに対して、今年度が8割となっていることがわかりました。この結果を踏まえて、報告書に「教育活動の効果として、学習意欲が高まった」と書きました。この報告書には改善点があります。どこにあるでしょうか。

確かに、今回は、教育活動の前後2回データを取って、そのデータを比較しています。しかし問題は、このデータを取る対象が違う児童であるということです。前回と今回を比べると回答の状況は改善していますが、これは1回目と2回目の児童が異なるために、偶然2回目の児童の学習意欲がもともと高かったことが原因である可能性が否定できません。教育活動の前後にデータを取るというのは、その活動の同じ対象について前後でデータを取ることが必要となるのです。

このように、同じ対象を継続的に調査することを、「縦断調査」と言い、そのデータを「パネルデータ（Panel Data）」と言います。それに対して、異なる対象にデータを取る場合、その1つ1つのデータは「クロスセクションデータ（Cross Sectional Data）」と言います（図4－3－1参照）（6－4・7－7で改めてこの点を説明します）。今回の事例で言えば、ある年度の当初に、対象となる小学校5年生に調査を行って（もしくはある年度の前年度の年度末に、対象となる小学校4年生に調査を行って）、その児童について、年度末に再び調査を行うことで、変化量を測ることができ、教育活動によって、その変化量がもたらされたと推定することが可能となるのです。

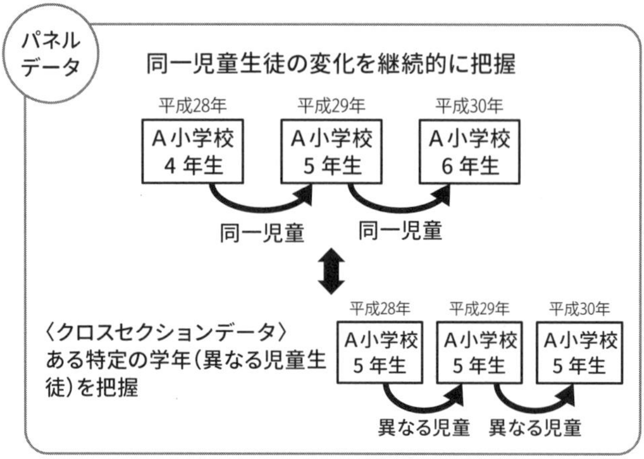

図4－3－1　パネルデータとクロスセクションデータ

4-4 介入群と対照群を分けること

1. 取組対象ではない児童生徒のデータの必要性

学校で受けた学力向上の研究委嘱事業があなたに任されたとしましょう。通常は1年単位での研究事業だと思いますので、1年間の間に何らかの取組を行い、その取組が学力向上に役立ったと示すことが目標になるでしょう。もちろん、あくまでも研究事業ですので、研究した結果、効果がなかったという結論もありえます。いずれにしても、行った取組が児童生徒の学力に対してどのような影響を及ぼしたかを示す必要があります。

4－3で取組の前後でデータを取ること、同じ児童生徒を対象にしたデータを取ることが重要である旨を述べましたが、分析によって得られた効果が本当にその取組の効果であることを示すためには、それに加えて、その取組が施されていない児童生徒との比較を行わなければなりません。この場合、比較される対象は、取組を施した児童生徒と似たような属性・特徴を持っていることが望ましいとされています。この点を以下で説明しましょう（詳細は、中室牧子・津川友介共著『「原因と結果」の経済学――データから真実を見抜く思考法』（ダイヤモンド社、2017年）p.44をお読みください）。

2. 取組対象の児童生徒のデータのみでは不十分

A市内にあるB中学校の2年1組の生徒たちを対象として、1年間担任であるあなたが様々な学力向上のための取組を行ったと考えてみましょう。取組を行う前に実施した民間事業者の全国的な学力調査では、2年1組の成績はほぼ全国平均点と同等（50点）だったとします。そして、1年間の取組の後、同じ生徒たちが同様の調査を受けた際、全国平均点を5点上回っていた（55

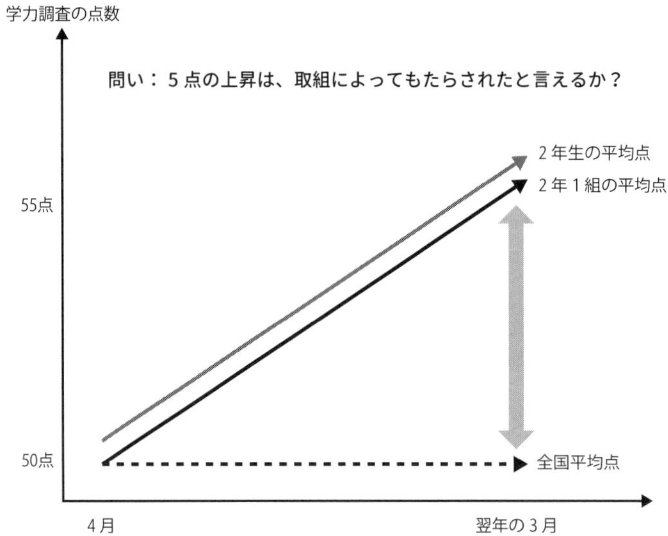

取組を行った2年1組の学力が1年間で5点伸びていたとしても、取組を行わなかった他のクラス（2年2組や2年3組）でも同様に5点伸びていたとすると、2年1組における取組が原因ではない可能性がある。

図4－4－1　2年1組の学力の向上をどう解釈するか [1]

点）とします。これは、１年間の学力向上のための取組の効果であったと言うことができるでしょうか（図４－４－１参照）。

全国平均点という客観的な指標と比べ、１年間で５点も上回っていて、しかも変化量を見ても５点上昇しているのですから、この結果は１年間の学力向上のための取組の効果であったということができそうな気もします。しかしながら、Ｂ中学校の２年生全体がこの１年間で全国平均点と比べて５点上昇していたとしたらどうでしょうか。この場合、あなたが行った１年間の学力向上のための取組の恩恵にあずかった生徒（２年１組の生徒）もそうでなかった生徒（２年２組や２年３組の生徒）も軒並み全国平均点と比べ５点上昇したことになりますので、必ずしもあなたが行った学力向上のための取組の効果であるとは言えない可能性があります。もしかしたら、あなたがＢ中学校２年１組の生徒たちに行った取組ではなく、Ｂ中学校の２年生全体に対して行った何らかの取組の影響によって生徒の学力が向上したと考える方が自然かもしれません。また、その１年間の間に塾に通い始めた生徒がＢ

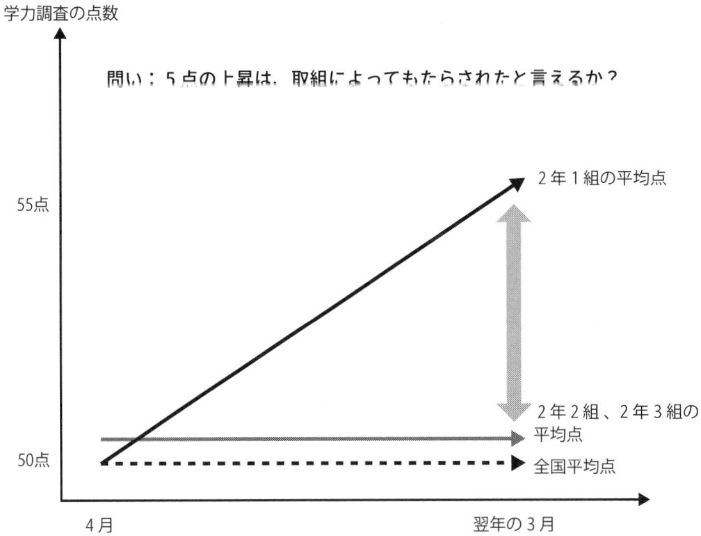

取組を行った2年1組の学力が1年間で5点伸びている一方、取組を行わなかった他のクラス（2年2組や2年3組）では点数が伸びていない場合、取組を行ったことによって点数の上昇がもたらされた可能性が一定程度ある。

図4－4－2　2年1組の学力の向上をどう解釈するか［2］

中学校の2年生全体で増えたということだけなのかもしれません。

3.　介入群と対照群

一方、例えば、B中学校の2年生のうち、あなたが行った学力向上のための取組を受けた2年1組の生徒のみが1年間で全国平均点と比べ5点上昇し、それ以外の他のクラス（2年2組や2年3組）の生徒は全国平均点とほぼ同等だったとした場合、これはあなたが行った1年間の学力向上のための取組の効果であったという可能性が一定程度高まります（図4－4－2参照）。このように得られた効果が本当にその取組の効果であることを示すためには、その取組が施されていない対象との比較を行わなければならず、比較される対象は、取組を施した対象と似たような属性・特徴を持っていることが必要です。何らかの取組を施された対象を「介入群」（または「実験群」）、比較する対象を「対照群」と呼びます（7－4・7－5で改めて説明します）。

4-5 悉皆調査と抽出調査の違い

1. 悉皆調査、抽出調査／標本調査、母集団、サンプル、推定

皆さんは「悉皆調査」や「抽出調査」という言葉を聞いたことがあるでしょうか。「悉皆調査」とは、悉皆（「残らず」「すっかり」「全部」）という意味からもわかるとおり、調査対象のすべてを残らず調査することを指します（調査対象全体のことを「母集団」と言います）。例えば、日本人が対象の調査であれば、その悉皆調査は1億2千万人余りのすべての人を調査するものになります。例としては、総務省が5年に1度実施している国勢調査などがあります。また、文部科学省が小学校6年生と中学校3年生を対象に行っている全国学力・学習状況調査も悉皆調査と言えます（ただし、当日欠席する児童生徒ももちろん存在しますし、教育委員会に参加の意向を確認した上で実施しており、私立学校は参加していない場合も一定数あります）。

一方で、「抽出調査」というのは、ある集団の中から一部の調査対象（「サンプル」と言います）を選び出して調べ、その情報をもとに、「母集団の状態を推測する」もので、「標本調査」とも呼ばれます。「母集団の状態を推測する」とは、抽出調査で現れた特徴が、「母集団においても生じているであろうと推し量る」ことです。あくまで「推測」という言い方をしているのは、母集団自体を調査しているわけではないので、サンプルで現れた特徴が母集団でも必ず同様に生じるとは言い切れず、おそらくそうであろう、そうである確率が一定程度ある、というものであるからです（サンプルを用いた母集団の統計的推測については、4－6以降で説明します）。各種のマスコミが行っている世論調査などが抽出調査の例になります。

2. 悉皆調査・抽出調査のメリット・デメリット

悉皆調査のメリットは、調査対象のことが正確にわかることです。調査対象のすべてを調査するわけですから当然と言えば当然です。一方、悉皆調査のデメリットは、労力と手間がかかることです。また、その他の調査コストも大きくなります。母集団そのものが小さい場合は、そこまでコストはかからないかもしれませんが、母集団が大きければ大きいほどコストはかさむことになります。

抽出調査のメリットは、悉皆調査と比べた場合、大幅に労力や手間、時間その他のコストを削減することができることです。一方、デメリットは、調査対象である母集団そのものの本当の姿を完全に正確に把握することはできず、あくまで統計的に推測することができるに過ぎないということです。

悉皆調査にするか、抽出調査にするかは、与えられた条件や目的によって使い分けることになります。大規模な母集団を調査することを考えた場合、悉皆調査は多額のコストがかかるため、抽出調査を検討することも１つの方法です。一方、母集団そのものが小さい場合は、悉皆調査のハードルも下がるため、あえて抽出調査を用いる必要がない場合もありますし、一人一人に結果を返すことが必要な場合は当然悉皆調査であることが必要です。なお、抽出調査において、悉皆調査を行った場合の結果に近づけたい場合は、抽出するサンプルのサイズを大きくすることが必要になってきます。

4-6 母集団、無作為抽出[1]

さて、抽出調査をするためには、①母集団、②サンプリング方法、③サンプルサイズをそれぞれ決める必要があります。

1. 母集団は何か

何を母集団と想定するかは、調査する人の立場や調査したい対象によって大きく異なってきます。例えば、文部科学省の立場で考えた場合、日本全体の学校や子供が対象になってきます。そのため、例えば、ある取組が小学校において効果的か否かを考える際、日本全国の小学校あるいは小学生を母集団として捉えることになります。

一方、教育委員会や学校レベルで考えた場合、母集団の範囲は小さくなります。例えば、ある市の教育委員会が把握したいのは市内の児童生徒の状況ですし、ある学校が把握したいのはその学校に在籍する児童あるいは生徒の状況ということになります。つまり、対象とする母集団というのは、「市内の児童生徒」であったり、「学校内の児童あるいは生徒」であったりということになります。母集団が小さくなればなるほど、悉皆調査は行いやすくなります。例えば、ある小学校の 5 年生 80 人の調査を行う際、あえて抽出調査を行い、一部のデータから 80 人の状況を統計的に推測するというアプローチも考えられますが、80 人すべてを調査してしまった方がむしろ簡単かもしれません。他方、県全体のことを把握しようとした場合には、悉皆調査にかかるコスト等を考慮し、抽出調査の活用を選択する手段もあるでしょう。

2. 作為的な抽出を避ける

悉皆調査ですべてを調査することができれば、母集団の「真の姿」を把握することができますが、抽出調査を行う場合、その抽出調査の結果をもって、母集団においても、（一定の確率で）同じ状況であると言えることが必要です。例えば、ある中学校の状況を把握するのに、特定のクラスを恣意的に取り出して調査したり、全国の状況を把握するのに、各都道府県から1校ずつ恣意的に取り出して調査しても（こういった抽出方法は、「作為的な抽出」と判断されます）、その結果が、その中学校の状況や全国の状況を表しているとは限らない点に注意しなければなりません。抽出調査によって、母集団の状況を推測する上では、作為的でない抽出、すなわち母集団からの無作為抽出（ランダムサンプリング）が最も適切な方法となります（無作為抽出の概要とそれがなぜ最も適切であるのかについては、次節を参照のこと）。

ただ、一言で無作為抽出と言っても、実は、単純無作為抽出法、経統抽出法、層化抽出法など、いくつもの抽出方法が存在します。少々専門的な話になりますので、ここで詳細について説明することは割愛しますが、恣意的要素をなくし、あくまでも無作為性を担保するということが非常に大切になります。

4-7 母集団、無作為抽出②

抽出調査において、無作為抽出が必要である理由を説明します。

1. 不良品の割合を知るために

ある工場で作った機械に不具合が発生し、作った機械1万台のうちどのくらい不良品があるかを調べなければならないとしましょう。機械を分解しないと不良品かどうかはわかりませんが、一度分解してしまうと二度と元に戻せないため、できるだけ分解する数は減らしたいとします（つまり全部を分解することはできません。悉皆調査はできず、抽出調査になります）。したがって1万台ある機械から100台だけ選んで不良品の割合を判断することになりました（何台分解すべきかは、4－9サンプルサイズの節に譲ります）。なお、当該機械は実は10台に1台は壊れているとします（図4－7－1参照）。

2. 恣意的な抽出

この工場に外見を見るだけで壊れているかどうかをある程度判断できるプロの目利きがいたとします。壊れていなさそうな100台を選んで分解してみたところ、不良品は1台しかなかったことから、この工場での不良品が出る確率は1%ですと結論づけた場合、この100台の選び方は恣意的であったため、これをもって、全体においても、不良品が出る確率は1%であると言うことはできません。

つまり、選び方が恣意的だと、恣意的に選んだことが、抽出した対象で起こったことに影響してしまうため、それをもって、全体においても同じ状況が起こると言うことができなくなるわけです。これを「サンプリングバイアス」と言います。

3.　無作為な抽出

では、検査する人が1から10000までの数字が書かれたくじの中から、100回引いて出た番号の機械を調べたらどうでしょうか。例えばサイコロを転がした場合、1の目が出るか6の目が出るかは、きちんとしたサイコロであれば確率はどちらも1／6になります。どのサイコロの目が出るかは偶然であって、誰かが意図的に選んだものではありません。同様に、くじで選ばれた100台の機械は、どれも選ばれる確率は1万分の1で、偶然選ばれたに過ぎません。もちろん、実際は11台見つかる場合や、9台見つかる場合もあるでしょう。ただ、少なくとも、100台の中で○台壊れていたという結果が、選び方の影響を受けていないということが、全体においても同じ状況が起こる（可能性が高い）というふうに結論づけるためには必要であることがわかるでしょう。

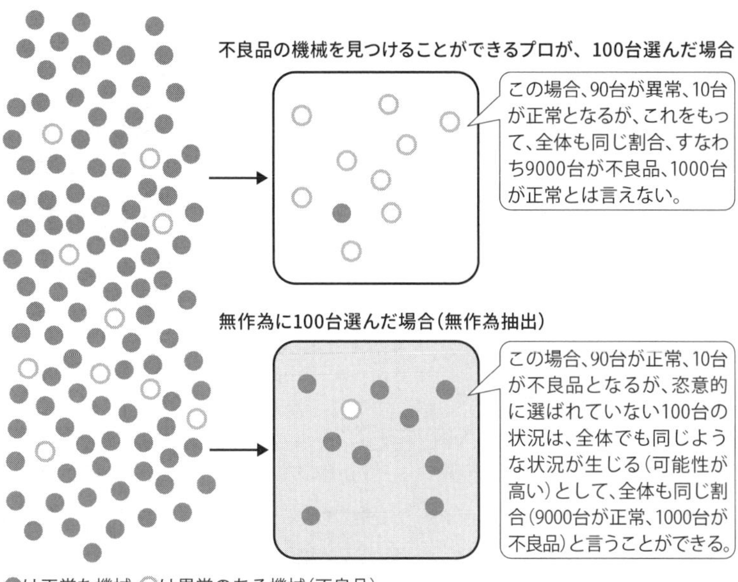

●は正常な機械、○は異常のある機械（不良品）
1つの丸が10台の機械を表す

図4－7－1　無作為抽出

4-8 無作為な選び方と手上げ方式の違い

1. 手上げ方式の留意点

教育委員会主導で行う学力向上事業等について、その効果を見極めようとした場合、管轄内にある複数の学校に協力をしてもらい、研究委嘱事業として、その事業の効果を検証するということが行われることがあります。この場合、教育委員会はどのように学校を選べばよいのでしょうか。教育委員会の担当者としては、この学力向上事業をぜひ成功させたいと考えるでしょうから、教育委員会の方針に理解があり、経験豊富な教師が揃っている学校で、かつ、学校側としてもぜひこの学力向上事業を活用したいと考えているような学校を選ぶことが最適であると考えるかもしれません。

実際、研究委嘱事業などの場合には、「手上げ方式」といって、学校（教育委員会）が希望を出した上で、その提案内容に基づいて、委嘱先を決める場合などは多々あります。しかし、このように事業の実施において、教育委員会にとって“都合の良い”やる気のある学校を中心に、各学校の希望に基づいて事業を行った場合、この事業の効果を正確に測ることが、実は逆に難しくなってしまうかもしれないことに留意しなければなりません。

2. 選択バイアス

やる気のある学校の希望に基づいて、そのうちの数校に学力向上事業を引き受けてもらったとしましょう。一定期間経過した後、適切な方法で効果検証を行った結果、これらの学校の学力が大幅に向上していたとします。しかし、これは本当にこの学力向上事業の効果でしょうか。もしかしたら学力向上事業の効果かもしれませんが、やる気のある学校ががんばった結果、学力が向上しただけなのかもしれず、必ずしも教育委員会の行った学力向上事業の効果であると言うことができないかもしれません。これは、「本を読めば勉強ができるようになる」「朝ご飯を食べると学力が上がる」という言説と似たようなことかもしれません。本を読んでいる児童生徒が、同時に勉強ができるだけなのかもしれませんし、朝ご飯をしっかり食べさせるなど家庭のしつけが良いために児童生徒の学力が高いのかもしれません。同じように、学力向上事業に率先して手を上げる学校では、他にもいろいろな取組を実施していることによって学力が高まっただけかもしれません。本人の意欲や選択など、本来原因として分析対象としたいことではない事象が結果に影響してしまうことがあります。これを「選択バイアス」と呼びます。

これらの学校のように、教育委員会の方針に理解があり、やる気のある学校ばかりであるとは限りませんので、本当に教育委員会の行う学力向上事業そのものの効果を測りたいということであれば（選択バイアスの影響を極力排除して関心のある施策の効果を分析したい場合は）、協力してもらう学校は本来無作為に選ばれるべきということになります。ここでは、そもそもこの事業に協力してもらう学校を選ぶ段階であるため、無作為抽出ではなく、「無作為な選び方」という表現になります。

3.　無作為な選び方に近づける方法

しかし、実際問題として、教育委員会が一部の学校を選ぶ際、あまりやる気のない学校に無理矢理事業を引き受けさせるのは、選択バイアスの問題は解決しても、行政上の難しさがあるのではないでしょうか。教育委員会と学校の関係は当然この事案だけではないわけですから、無理矢理当該事業を引き受けてもらった結果、他のことがうまくいかなくなってしまっては、トータルで見れば本末転倒になってしまいます。では、どのようにすればよいでしょうか。

１つの解決策としては、教育委員会内の全学校に協力してもらうことを前提にして、各学校は時期をずらして事業を実施するという方法があります。例えば、無作為に選んだ最初の５校は、今年の４月から、次の５校は来年の4月から、……というような具合です。こうすることで、今年の4月から来年の3月までの1年間は、無作為に「選ばれた」5校が事業を実施し、その他の学校（言い換えると、無作為に「選ばれなかった」学校）は事業を実施しない、という状態が作られます。この1年間の事業実施校のアウトプットを確認することで、事業実施による効果かどうかということが検証しやすくなります。

もしくは、無作為に事業実施をお願いする順番を決めておいて、断られたら次の学校にお願いするという方法があります。例えば、県内に100校小学校があって、そのうち30校に事業をお願いすることにしたとします。無作為に選んだリストを50校まで作っておいた上で、上から30校にまずお願いします。その上で例えば5校断られたとしたら、31番目から35番目までの学校に依頼するというわけです。もちろん、完全に無作為と言えるのかというところではありますが、作為的に選ぶのと比べればずっと無作為性が担保されることになります。

このほかにも方法はあると思いますが、いずれにしても、事業効果の測定の際には、対象の選び方をいかに無作為にするかを意識することが大切です。

4-9 サンプルサイズ

無作為抽出で得られる結果は、あくまで当該無作為抽出されたサンプルにおいて生じた内容であって、それが全体においても（母集団においても）同様に起こるかは、そのような可能性が一定程度ある（一定の確率がある）というものに過ぎません。その意味で無作為抽出で生じた結果をもとに、母集団について、一定の確率で同じような状況が起こっているであろうと推測するというわけです。

例えば、A県の中学校2年生1万人全体の平均的な数学力を推定するため、無作為抽出調査によってある一定数（例えば500人）の中学生に数学の試験を受けてもらったとします。結果、その500人の試験の平均点が100点満点で50点だったとした場合、A県の中学2年生全体の平均点はどれくらいでしょうか。例えば、このサンプルを用いた分析結果として、「A県の中学2年生全体の平均点における95%信頼区間は、45点から55点である」というような主張の仕方をします。95%信頼区間とは「無作為抽出を100回行った場合、100回中95回くらいの割合で母集団全体の平均点がその間に収まる」と考えられる区間のことです。この例における500人のサンプルからは、それが45点から55点の間だろうという推定結果が得られたということです[1]。あくまで抽出したサンプルから全体（母集団）の状況を推定していますので、若干の誤差の中でその結果が起こるであろう、と示すわけです。

無作為抽出で得られた結果の誤差を小さくしようとすれば、より大きなサンプルサイズが必要になります。上記の例で「49点から51点の間」という範囲に絞りたいのであれば、さらに大きなサンプルサイズが必要になります

1　ある無作為抽出サンプルから計算された信頼区間は実現値（当該無作為抽出サンプルから得られた数値）の1つに過ぎず、異なるサンプルからは異なる計算結果が得られる（例えば、上の例で再度500人を無作為抽出し直して信頼区間を計算すれば、「44点から53点の間」という結果が得られるかもしれない）。

し、「40 点から 60 点の間」という程度でよいということであれば、小さいサンプルサイズでも十分かもしれません。抽出方法やサンプルサイズに関しては、突き詰めると非常に専門的な話になるため、専門家である研究者の協力を仰ぐというのも 1 つの方法だと思います。教師や学校教育関係者としての専門性と、研究者の専門性との役割分担を行い、統計的な処理は研究者に任せるという考え方も妥当ではないかと思います。このあたりのことについては、第 8 章で詳しく述べたいと思います。

4-10 研究委嘱事業と普及事業の違い

国や教育委員会が主導する研究委嘱事業や普及事業など、学校は、様々な事業を引き受けることがあると思います。これらの事業目的はそれぞれ異なっていますが、事業を引き受ける際には、その事業がどんな目的で実施されるのかを意識することがとても大切になります（表4－10－1参照）。

1. 研究委嘱事業／実証研究事業

例えば、研究委嘱事業／実証研究事業というのは、ある取組について、どのような効果が得られるのか必ずしもはっきりしない場合に、仮説を立て、データを収集して、その取組が本当に効果的であるのかどうかを実証するという目的で行われることになります。国であれ、教育委員会であれ、この取組がまったく意味のない取組であると思っていることは稀であり、ある程度効果的な取組である可能性が高いと考えています。そこで実際に科学的にその効果を示すことができるかどうかが重要になってきます。ここで注意したいのは、事業実施をした結果、あまり効果的ではなかった、あるいはまった

	研究委嘱事業／実証研究事業	普及事業
目的	取組が本当に効果的であるのかどうかを実証する	取組を広げていく、普及していく
取組によって効果が出ることがわかっているかどうか	わかっていない	わかっている
取組の結果として効果が出る必要	必ずしも出る必要はない	できるだけ出た方がよい
実施校の選び方	できるだけ無作為抽出であることが必要	普及しやすいように作為的に選ぶことが可能

表4－10－1　研究委嘱事業／実証研究事業と普及事業の違い

く効果がなかった、という結果が示されることももちろんありうるということです。研究委嘱を受けた学校は、その取組が効果的であるという前提の下で事業を進めてしまいがちですが、本来の目的は、本当に効果的かどうかを確かめるというところにあることを意識する必要があります。例えば、教育委員会が国から研究委嘱を受けた場合には、前の節で説明したように、無作為性を意識しながら協力してもらう学校を選び、この取組を行った場合と行わなかった場合を適切に比較するなどの工夫が必要になってきます。

2. 普及事業

一方、普及事業では、過去の実証研究事業や研究委嘱事業等で、ある取組が効果的であることがわかっているという前提で、その取組をどのように広げていくか、どのように普及していくかというところに目的があることを意識することが重要です。この場合、研究委嘱事業のように、必ずしも無作為性を意識して学校を選ぶ必要はありません。むしろ、この取組に理解の深い、やる気のある学校に協力をお願いし、積極的に拡大、普及を図った方が効果的かもしれません。このように、事業を引き受ける際には、その事業の目的をしっかり意識することが大変大切になってきます。

第5章

プロである教師が使える測定結果であるために

第Ⅱ部の冒頭の第４章においては、“どのように”データを収集するか、ということについて説明してきました。後ほど、第７章から始まる第Ⅲ部において述べるとおり、学校、教育委員会単位や国のレベルにおいては、収集したデータを使って、因果推論を行い、どのような政策・指導によって、児童生徒の能力が向上したかを分析し、より効果的な政策や指導を見つけていくというのが、データを使う目的の１つと言えるでしょう。では、そのためには、“どのような”データを集めることが、彼らにとってプラスとなるのでしょうか。第５章では、その点を掘り下げてみたいと思います。

5-1 教師と医師、プロとしての職とデータの関係

1. 教師の指導は、データに基づいて決定されるのか

あなたはある町の教育委員会の指導主事です。町全体の方針として、データに基づいた行政を進めていこうということになり、教育現場でも、「データを集め、分析し、データを用いてよりよい指導を行いましょう」という話をすることになりました。しかし、定例の校長会においてその話をしたところ、とある校長から、「データからでは本当に児童生徒にとって大事なことはわからない。データではなく教師がどんな指導が最適かを考えるべきだ」「自分たち教師が気づきもしなかった夢のような指導方法がデータによって見つかるなどということはないはずだ」と言われたとします。あなたは何と答えたらよいでしょうか（表５－１－１参照）。

これらの指摘は大変重要な示唆を含んでいると思います。つまり、教師がどのような指導を行うべきかは、データに基づいて決定されるのか否か、という問いです。

2. 医師を例に考えてみる

第１章と同じく「人」を扱う医師（医療）を例に考えてみましょう。医師は診療・治療を行うために、多くのデータを取ります。そのデータや、データの変化の状況を見ることによって、その患者の状況を診察し、薬を投与するなどの治療を行います。また治療を行うにあたっては、過去の論文や発表に掲載されている治療結果や治験を踏まえて、どのような治療が効果があるかを判断の参考にすることもあるでしょう。

しかし、重要なことは、これらのデータによって必然的に治療方法が決定

	教師	（参考）医師
対象	人	人
データを取る	様々な調査をする	様々な検査をする
対象（人）と やりとりする	指導する	診察する
科学的知見を 踏まえて分析する	過去の論文や指導の 成功例を参考にする	過去の論文や治療の 成功例を参考にする
人に対して対応する	児童生徒を指導する	患者を治療する
データから対応が １つに決まる？	否	否
データを無視して よい？	否	否
妥当な対応	データを参考の１つとしつつ、 専門家として指導方法を決める	データを参考の１つとしつつ、 専門家として治療方法を決める

表5－1－1　問い：教師がどのような指導を行うべきかは、データに基づいて決定されるのか否か

されるわけではなく、医師が医療の専門家として最終的に判断しているということにあります。確かにデータをすべて無視して、もしくは科学的な知見を完全に無視して、医師が治療を行うことはないでしょう。しかし、データが揃えば必ず唯一の治療方法が導かれるのであれば、医師ではなく機械に大量のデータを記憶させ、そのパターンの中で、同じ状況であればこの薬、この治療ということが導かれ、医師はそのとおりに行えばいいことになるわけですが、実際はそうではありません。目の前の患者から話を聞き、その状況を診察した医師が、最終的にこの薬がよいと判断するわけです。つまりデータは医師の意思決定（ダジャレではありません）の重要な要素を占め、その方向性を一定程度規定する要素にはなるものの、どこまでいっても参考に過ぎず、最終的には医師が決定をしているということなのです。

3.　教師とデータの関係

これは、教師（教育）においても同じです。もしデータですべてがわかるなら、教師は必要なく、データを分析した結果として、児童生徒ごとに最適な指導方法が決まり、教師はそのとおりに実行すればよいということになりますが、そうではありません。データが教師の指導方法を決めるのではなく、教師がデータを参考にしつつ、最終的に指導方法を決めるのです。

4. データは参考、専門家が最終的に判断

このように専門的な職とデータの関係は、データが主で、職（指導や治療）が従ではなく、データはあくまで参考にするもので、最終的には専門家が判断をするということが重要です。この大前提をもとに、どのようなデータを集めることが、専門家である教師にとって有益かという観点から、次節ではデータについて考えていきましょう。

5-2 専門家である教師にとって参考となるデータとは

データはあくまで参考であって、専門家である教師が、どのような教育指導を行うかを最終的に判断する際の参考として、どのようなデータがあることが教師にとって有益なのでしょう。この点について医師を例として考えてみましょう。

1. 因果推論的分析

まず、医師には、患者にある症状があるときに、この治療をすると（この薬を投与すると）、治る・改善するという過去の治験・治療結果が科学的に蓄積されており、それを踏まえて当該患者の治療方法を考えるわけです。その際に参考にする治験データには、薬が認可されるプロセスにおいて、どういう状況においてどのように薬を投与するとどのような効果があるのか、その薬が有効な場面というのが具体的に示されています。それが医師としての判断の有効な助けとなるわけです（こういったアプローチを 4 － 2 で述べたとおり「原因と結果の関係を知る」すなわち本書では便宜的に「因果推論的分析」と呼ぶことにします）。

このことを踏まえて、教師にとって参考となるデータとは何かを考えてみましょう。因果推論的分析をベースにすると、過去に一定の科学的な方法で指導に効果があったかどうかの分析がなされ、その結果、このような指導に効果があるということが示されているとすれば、参考にすることができるでしょう。

ちなみに、ある事象について、その前後でデータを取って、その変化に影響を与えた原因となる指導方法を特定することによって、その指導方法を活用する、という因果推論的分析においては、①指導方法に関する情報と、②その前後での変化量、及び③それらを使った分析が必要になります（「因果推論」については、第7章で詳説します）。

2. 予測目的分析

因果推論とは別に、個別の児童生徒への指導においても、データは参考として用いることができます。これも医師を例として考えてみましょう。例えばある検査を行って、特定の特徴Aがあった場合に、将来特定の病気Bになる可能性が高いことがわかっていたとします。ここで気をつけておくべきなのは、特徴Aによって病気Bが引き起こされるという因果関係があるとは必ずしも言えない点です。例えば、小学生のときに21時以降にお風呂で歌っている児童は、お風呂で歌っていない児童に比べて中学3年生のときに、より何らかのケガをしやすかったとします。21時以降にお風呂で歌うことと、ケガの関係は当然不明です。しかし、仮にそういった関係が明確にある場合には、21時以降にお風呂で歌っている児童は、将来ケガをする可能性が高いというアラート的な機能を持たせることが可能となり、事前の予防策をとっていくことが可能となります。

特定の特徴Aがあることの後に、特定の病気Bにかかることが、特徴Aがないときと比べて多かったとしても、だからといって特徴Aが病気Bの原因であるとは言い切れませんが（これも、特徴Aが病気Bの原因でないと言い切れるということではなく、原因であると言い切れないという意味であり、原因である可能性はあります）、特徴Aというものを見つけることで、その後特定の病気Bが発現する可能性が高いと判断して、事前に手を打つことが可能となります。

また、一定数の症例と治療結果があることも、参考になるでしょう。ある特定の治療の結果として特定の症例が治癒したという事例の積み重ねがある場合、当該治療によって症状が改善するという因果関係は不明ながらも、ある特定の治癒を実現する場合には、特定の治療が有効だろうと推測するものです（一方、現時点で世界で唯一の症例の場合、この治療をしたら過去100年で1人助かりました、というだけでは特殊事例であるため参考になりません。一定の症例数と治療結果の数が集まることが必要な条件となるでしょう）。

これらはいずれにしても、何かの行為と、その後の変化の間に因果関係があるかどうかは定かではありませんが、ある状況に基づき将来の状況を推測するというもので4－2で「予測と」述べたのにならい「予測目的分析」と呼ぶことにします（詳細は10－5で解説します）。

教育で言えば、例えば中学校において、不登校傾向がある、暴力行為をする、虫歯の数が多い、非認知能力が低いなどの生徒について、小学校の段階からデータを取ってみると、いくつかの特徴が見つけられる可能性があります。これらの小学校段階での特徴は、中学校で起こる事象の原因であるとは限らない（原因でないとも言えません。原因だと決められない、ということです）わけですが、少なくとも、小学校段階でこれらの特徴が発現した場合は、中学校において上記の事象が起こる可能性が高い、ということで、これらの特徴をアラートにして、その児童に重点的な支援を早期に行うことが可能となります。

また、ある指導方法によって成長の実績が得られたという複数の事例がある場合、因果関係は別として当該成長をもたらしうる要因として、当該指導方法が参考となるでしょう。「因果推論的分析」と「予測目的分析」は、厳密な意味での因果関係の有無という違いはありますが、実際に活用する場面では、この違いを過度に意識する必要はないかもしれません。いずれにおいても、医師の治療の例と同様、指導の前後での児童生徒の変化がわかり、その変化の間に行われていた指導方法が示されていれば、同様の事例がある場合に、その指導方法を活用してみようと検討する際の参考とすることができます。

5-3 社会経済的状況(SES)とは何か

教師や学校、教育委員会等にとって、児童生徒の能力の変化や教師の指導方法、学校や教育委員会における取組についてのデータを収集することが有用であることについて触れてきました。一方で、児童生徒に大きな影響を及ぼしているのが社会経済的状況(SES)と言われる変数です。

1. SESとは

社会経済的状況(Social and Economic Status:SES、「エス・イー・エス」と読みます)とは、本人及びその家族などにおける社会的または経済的な状況を指します。SESに関する情報が必要なのは、SESが児童生徒の学力や非認知能力(第6章において詳述)に大きな影響を与えることが明らかになっているからです(図5－3－1を参照)。※別に7－15で述べる「社会情動的スキル」も(SES:Social and Emotional Skills)というので、ご注意ください。

2. SESの具体例

図5－3－1を見てください。例えば、学校Bよりも学校Aの方が学力が高かった場合、学校Aの方がよりよい教育を行っていると結論づけてよいのでしょうか。仮に学校Bにおいて経済的に大きな困難を抱える家庭の児童生徒が半数を超えていて、一方学校Aにおいてはほとんどの児童生徒は経済的な困難を抱えていないとしましょう。学校Bに通う児童生徒の保護者は塾に通わせたり、家庭で学ぶための教材を買うお金がほとんど捻出できず、児童生徒は学校での学習のみしか学習する機会がない一方、学校Aに通う児童生徒の保護者は積極的に子供に習い事や塾に通わせるとともに、家庭学習のための教材を多く買い与えている可能性があります。つまり、学

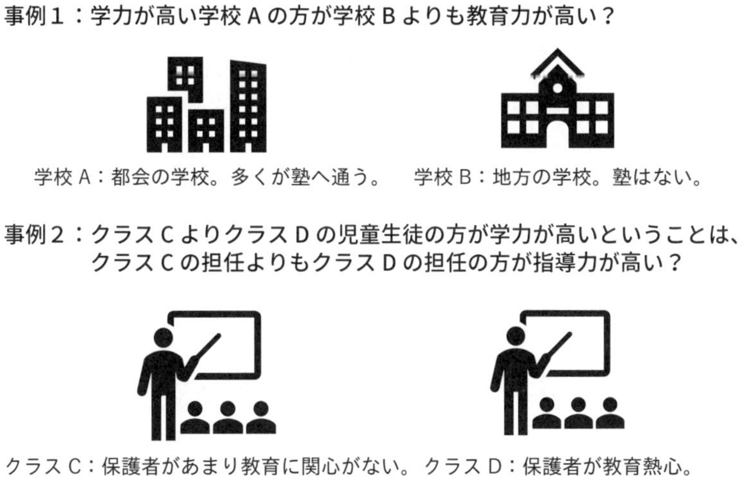

事例１：学力が高い学校Ａの方が学校Ｂよりも教育力が高い？
学校Ａ：都会の学校。多くが塾へ通う。
学校Ｂ：地方の学校。塾はない。
事例２：クラスＣよりクラスＤの児童生徒の方が学力が高いということは、
クラスＣの担任よりもクラスＤの担任の方が指導力が高い？
クラスＣ：保護者があまり教育に関心がない。
クラスＤ：保護者が教育熱心。

図5－3－1　SESを考える上での事例

校Ａと学校Ｂの教育力の差かのように見えた学力差は、実際は、学校Ａと学校Ｂに通う児童生徒の家庭の経済力の差を表したものに過ぎなかったという可能性があるのです。

経済的状況だけでなく、家庭の教育力も影響します。例えば、クラスＣよりクラスＤの方が学力が高かったとして、クラスＣの担任よりクラスＤの担任の方がよりよい教育をしたと結論づけてよいのでしょうか。クラスＤの保護者が多くの教育機会を子供に与えようとしているのに対して、クラスＣの保護者が子供の教育にほとんど関心がない状態であったとすれば、この学力差は担任の指導力の差によるものではなく、家庭の教育力の差によるものである可能性があります。

このように、教育効果と、その効果に与える教育的な影響（原因）との関係を分析しようとしても、実はその効果にはSESの影響が含まれているということが多く起こっていて、教育的な因果関係を分析する上での妨げとなる可能性があります。したがって、その影響を取り除いて、原因と結果との直接的な因果関係を分析できるようにする必要があるのです。

5-4 日本で収集可能なSES情報とは[1] 直接的な質問項目

SESの影響を取り除いて、政策や指導方法と児童生徒の成長の関係を分析（因果推論）していくためには、どのようなアプローチがあるのでしょうか。

1. ランダム化比較試験、擬似実験、パネルデータ（縦断調査）

第1のアプローチは、①ランダム化比較試験、②擬似実験を行うものです（それぞれ7－4、7－5で詳細を説明しています）。他国と比べると教育分野においてそれらを実施することがいまだに難しい日本においては、パネルデータ（縦断調査）を用いた因果推論というアプローチが有効です（詳細は7－6、7－7に記載しています）。パネルデータによる因果推論を行う場合には、各自のSESは異時点間で変わらないもの（専門用語では「固定効果」と言います）とみなされるため、仮にそのデータがなくても、因果推論ができないということはありません（詳しくは8－6で説明します）。ただし、パネルデータを用いた因果推論をする場合においても、時点間で変化のあるSESのデータがあった方がより正確に分析をすることができる上、緻密な分析が可能になるため望ましいでしょう。

2. SESの質問項目例（直接的な質問項目）

では、SESの質問項目としてはどのようなものがあり、どのように調べることができるのでしょうか（次頁「SESに関する直接的な質問項目の例」参照）。

1つは、直接的な質問項目を質問票に含めるという方法です。親の年収や親の学歴などが挙げられます。例えば国際的な学力調査であるTIMSS2019の生徒質問紙（中学2年生が対象）[1]では、「あなたの親（保護者）が最後に卒業した学校はどれですか」といった質問があったり、PISA2018の生徒質問

SESに関する直接的な質問項目の例

1．児童生徒質問紙

(1)　TIMSS2019（中学２年生が対象）

○「あなたの親（保護者）が最後に卒業した学校はどれですか」

(2) PISA2018（高校１年生が対象）

○「お母さん／お父さん（もしくはそれに相当する人）が卒業したことのある学校はどれですか」

○「お母さん／お父さん（もしくはそれに相当する人）の職業の名称を入力してください」

2．保護者質問紙

(1)　TIMSS2019

○「保護者の方の主な職種は何ですか」

○「保護者の方が最後に卒業した学校はどれですか」

(2)　全国学力・学習状況調査の「保護者に対する質問紙」

○「（お子さんの教育費について）お子さん１人について、学校以外の教育（学習塾や習い事）にかける１か月あたりの平均の支出はどれくらいですか」

○「お子さんの父親（または父親にかわる方）の現在の主な仕事は何ですか」

○「あなたのご家族全体の世帯収入（税込み年収）は次のどれにあてはまりますか」

○「お子さんの父親／母親（または父親／母親にかわる方）の最終学歴についておたずねします」

紙（高校１年生が対象）[2]では、「お母さん／お父さん（もしくはそれに相当する人）が卒業したことのある学校はどれですか」や「（お母さん／お父さん（もしくはそれに相当する人）の）職業の名称を入力してください」といった質問があるなど、実際に児童生徒に対してこうした質問紙調査が行われています。

これらは直接的にSESを問うものであるため、これらを質問項目に入れられれば、その影響をより正確に除去できるメリットがあります。一方で、日本において児童生徒を通じて、もしくは保護者に対してこれらの質問をすることは、ハードルが高いと感じる場合もあるでしょうし、回答が義務化されていなければ、例えば年収が高い方、学歴が高い方に偏って回答が集まるなどして代表性のあるデータとしての利用が難しい可能性も考えられます。

当該項目を児童生徒に聞く方法のほかに、保護者調査を別途実施し、児童生徒のデータと突合するという方法もあります。上記で取り上げたTIMSS2019の保護者質問紙[3]には、「保護者の方の主な職種は何ですか」や

1　https://www.nier.go.jp/timss/2019/T19_StuQ_IntSc_8_j.pdf
2　https://www.nier.go.jp/kokusai/pisa/pdf/2018/questionnaire_stu.pdf

「保護者の方が最後に卒業した学校はどれですか」といった質問項目があります。日本においても、全国学力・学習状況調査の「保護者に対する質問紙」[4]において、「(お子さんの教育費について) お子さん1人について、学校以外の教育 (学習塾や習い事) にかける1か月あたりの平均の支出はどれくらいですか」や「お子さんの父親 (または父親にかわる方) の現在の主な仕事は何ですか」「あなたのご家族全体の世帯収入 (税込み年収) は次のどれにあてはまりますか」「お子さんの父親／母親 (または父親／母親にかわる方) の最終学歴についておたずねします」といった質問項目が含まれており、これらの回答結果を、当該保護者の児童生徒のデータと突合し、分析を行うというアプローチもあります。

なお、質問紙への回答が保護者の心理的な負担とならないよう、当該質問紙の冒頭に「調査に協力できない」という選択肢を設けたり、「答えたくない質問項目には答えなくて構わない」という断り書きを入れるなどの配慮・工夫が必要です。

3 https://www.nier.go.jp/timss/2019/T19_HQ_4_j.pdf
4 https://www.nier.go.jp/17chousa/pdf/17hogosya-c_shou.pdf

5-5 日本で収集可能なSES情報とは[2]
間接的な質問項目

1. SESの質問項目例（間接的な質問項目）

SESについて直接的に質問するのではなく、下記のように間接的な質問により本来知りたいSESを把握しようとする方法があります。

例えば、TIMSSで使われていたのは、「家にある本の冊数」や、家にある財についてです。「家にある本の冊数」というのは、家庭の教育力に関する質問項目という側面があるとともに、家庭の経済力に関する質問項目とされるものであり、間接的な質問項目の中では、最もSESとの関連が強いものの1つと言われています。家庭にある財についても、家庭の経済力を表すとともに、財によっては、家庭の教育力に関する質問項目と言えます。家庭の財については、何か1つで間接的な質問項目となるというよりは、複数を組み合わせて、SESの間接的な質問項目として利用するものであるため、質問項目の総数を減らしたい場合などには不向きかもしれません。

なお、仮に家庭の財を項目として用いる場合、どの財がSESを表すものとなりうるかについては時代を踏まえて変わっていく点にも留意が必要です。地方自治体における学力・学習状況調査（例：埼玉県学力・学習状況調査など）においても、「家にある本の冊数」が質問項目に入っているものもあります。

SESに関する間接的な質問項目の例

1．児童生徒質問紙

(1)　TIMSS2019

〇家にある本の冊数

〇家にある財　※複数の質問項目を組み合わせて利用

(2)　地方自治体による学力・学習状況調査（例：埼玉県学力・学習状況調査）

〇家にある本の冊数

出典：TIMSS2019、「埼玉県学力・学習状況調査」

このように、教育に係る間接的な変数として利用することが許容されるのならばそういった項目を入れることが考えられます。

2. 別の調査等との突合

その他の方法として、調査とは別に存在するデータと照合するということが挙げられます。経済的状況を把握するのであれば、就学援助を受けているかどうか、という情報を結びつけたり、生活保護を受けているかどうか、という情報を結びつけたりすることが考えられます。税情報と結びつけるアプローチもあるかもしれません。

ただし、これらについては、各自治体の個人情報保護条例等との関係を確認する必要があります。就学援助に関する情報は、教育委員会が把握しているわけですが、その情報は就学援助を実施するためにあるわけであって、他の目的のために用いることが必ずしも許容されているわけではありません。自治体によって、その使用目的が経済的に困難を抱える児童生徒を対象として補習授業を実施するためであれば、目的外使用にならないと判断される場合もあれば、就学援助の実施以外はすべて目的外使用という判断になる自治体もあるでしょう。仮に目的外使用となったとしても、個人情報の目的外使用に係る委員会等に諮って、了解が得られれば利用できる場合もあれば、一切認められていない場合もあると思います。生活保護についても、首長部局が担当しており、同じ自治体とはいっても、首長部局と教育委員会とで担当が分かれている中で、首長部局が持っている情報を使用することについては、前述のように判断が分かれるところかと思います。

また、就学援助や生活保護に係る情報は経済的な状況を把握する上で有効に見えますが、一方で、対象か対象でないかという2択の情報のため、それ以上のことはわかりません。例えば就学援助の対象外ぎりぎりの年収の場合も、年収3億円の場合も、就学援助の対象外、というくくりにしかならないわけです。仮にある市区町村税の税額という情報を用いる場合には、その多寡が生じるので、前述の選択肢よりは分析に資することになりますが、これも一定年収以下は支払い免除となっている場合、その一定年収以下については差がつきません。世帯年収自体がより明確な区分を持って経済的な状況を把握するものとなりますが、いずれにしてもこれらの情報を教育分析に活用できるかどうかは、相当高いハードルがあることを理解する必要があります。分析の正確性と、かけるコストとのバランスを見て、一番よい方法でSES に関する情報を可能な限り得ることが重要でしょう。

5-6

指導に係るデータの集め方①

1. 指導の改善に必要なデータ収集・分析

教師自身にとっても、教師の指導力を上げようとしている校長にとっても、また教育委員会にとっても、

①教師のどのような指導・要素によって児童生徒の力が伸びたのか

②それらの指導・要素はどのようなことによって向上するのか

③各教師のこれらの指導・要素の状況はどうなっているのか

がわかることは、指導方法の改善において重要です（図５－６－１参照）。①・②のような因果関係がわかった上で、そのキーとなる指導・要素の状況や変化について把握することで、教師自身の改善や校長による教師に対する指導の方向が見えてくるからです（分析の詳細は９－４、９－５も参照）。

①に関して言えば、教師自身のどのような指導が、もしくはどのような要素が児童生徒の変容・成長の原因になったのか、その因果関係を検証することが必要です（詳しくは６－10で述べます）。児童生徒の成長の要因として、主体的・対話的で深い学びや、児童生徒同士の人間関係や児童生徒と教師の信頼関係（ここでは「学級経営」と呼びます）などが考えられ（その詳細は６－13、６－14で述べます）、これらの現状や変化を知ることが、指導改善にお

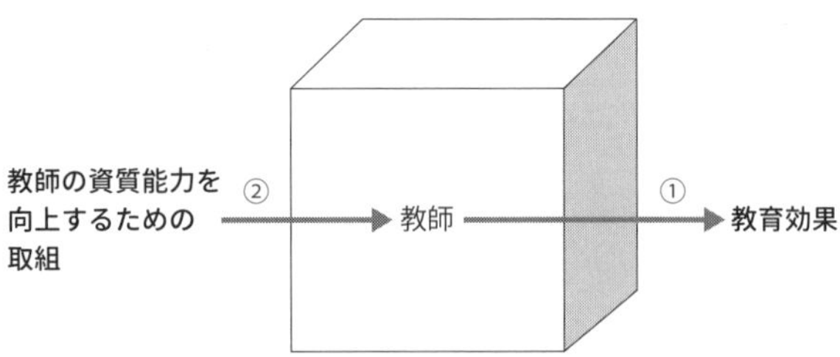

図５－６－１　教師に係るデータ

いて重要な役割を果たすことになります。

2. 指導に関するデータの把握方法

さて、教師の指導に関するデータの把握方法は様々ありますが、大きく分けると、(A)児童生徒が回答する、(B)教師本人が回答する、(C)他者が評価する、の3つに分けられるでしょう。

(A)については、指導を受けた児童生徒が、指導を行った教師の指導についてアンケートに答えるもので、例えば、埼玉県学力・学習状況調査[1](表5－6－1参照)では、小学校6年生の児童に対して、「あなたの小学校5年生の時の算数の授業では、次のようなことがどれくらいありましたか」といったことを聞いています。年度当初に、昨年度の算数・数学や国語の授業の進められ方について問えば、当該回答を昨年度のクラスごとにまとめることに

国語	・友達の考えを聞いて、文章の内容や表現の仕方がよくわかった ・自分の考えを理由をつけて発表したり、書いたりできること ・ノートやワークシート、プリントに書いた授業のまとめを先生に見てもらうこと ・ドリルなどをすること ・グループで活動するときに、一人の考えだけでなくみんなで考えを出し合って課題を解決すること ・授業で課題を解決するときに、みんなで色々な考えを発表すること ・授業のはじめに、先生から、どうやったら課題を解決できるか考えるように言われること ・授業のはじめには気が付かなかった疑問が、授業の終わりに、頭に浮かんできたこと
算数・数学	・課題を解決するときに、それまでに習ったことを思い出して解決できたこと ・自分の考えを理由をつけて発表したり、書いたりできること ・ノートやワークシート、プリントに書いた授業のまとめを先生に見てもらうこと ・ドリルなどをすること ・グループで活動するときに、一人の考えだけでなくみんなで考えを出し合って課題を解決すること ・授業で課題を解決するときに、みんなで色々な考えを発表すること ・授業のはじめに、先生から、どうやったら課題を解決できるか考えるように言われること ・授業のはじめには気が付かなかった疑問が、授業の終わりに、頭に浮かんできたこと
英語	・授業で、友達と英語を使って活動することで、新しい英語の表現を使えるようになりましたか ・授業で、自分や友達の考えや気持ちなどについて、英語で聞く、話す、読む、書くなどの活動を行っていましたか ・授業で、英語を使って活動することで、自分も英語を使ってみたいと思うようになりましたか

表5－6－1　主体的・対話的で深い学びに関する質問項目

出典：「平成29年度埼玉県学力・学習状況調査児童質問紙調査項目一覧」
https://www.pref.saitama.lg.jp/documents/97821/situmon06.pdf

1　https://www.pref.saitama.lg.jp/documents/97821/situmon06.pdf

よって、昨年度のクラスの指導の状況がわかります。PISA2018[2]やTIMSS2019[3]においても、児童生徒質問紙において、同様に、児童生徒に自身の受けた授業がどうであったかを問う質問項目があります（「指導に係る質問例［1］」参照）。この方法は、児童生徒に、例えば教科に関する調査を行う際に、併せて問うことによって調査が実施可能であり、比較的簡便である一方、調査実施が年度当初から離れた場合に、昨年度の状況についての把握が難しくなる点や、学年が低学年になるほど、その質問項目の設計が困難である点などに課題があります。

指導に係る質問例［1］

PISA2018 生徒質問調査　質問項目例

○学校での国語の学習（国語の授業方法）

（1）　先生は、私たちの学習の目標をはっきりと示す
（2）　先生は、私たちが学んだことを理解しているかどうか、確認するための質問を出す
（3）　先生は、授業の始めに、前回の授業のまとめをする
（4）　先生は、学習する内容を私たちに話す

TIMSS2019 生徒質問紙　質問項目例

○数学の授業

（1）　先生が私に何を期待しているかわかっている
（2）　私の先生はわかりやすい
（3）　先生は私の質問にはっきりした答えを返してくれる
（4）　先生は数学の説明がうまい
（5）　先生は、私たちが学習するのを助けるためにいろいろなことをしてくれる
（6）　先生は、新しい授業ですでに私が知っていることと結びつけてくれる
（7）　先生は、私たちがわからなかったときにもう一度説明してくれる

出典：PISA2018、TIMSS2019

2　https://www.nier.go.jp/kokusai/pisa/pdf/2018/questionnaire_stu.pdf
3　https://www.nier.go.jp/timss/2019/T19_StuQ_IntSc_8_j.pdf

5-7 指導に係るデータの集め方2

指導に関するデータの把握方法のうち、前節に続き、(B)教師本人の回答、(C)他者の評価、について説明します。

1. 教師本人の回答

(B)は、教師が自身の指導について回答するものです。自身がどのような指導を行っているのか、どのようなことを重点的に行っているのかなどを問うものです。例えば、TIMSS2019においては、教師質問紙調査[1]が行われ、指導や宿題、評価に関する質問項目が設定されています。例えば、「あなたは、調査対象学級の数学の授業で、次のことを生徒がするようにどのくらい指導しますか」として、以下「教師の指示に従って学級全体で問題に取り組む」などの小問8つに対して4段階で回答するものです（「指導に係る質問項目例[2]」参照）。

国内においても、埼玉県戸田市など、複数の自治体では、教師自身への質

指導に係る質問項目例 [2]

TIMSS2019 教師質問紙　質問項目例

○数学の授業における指導（次のことを生徒がするようにどのくらい指導するか）

(1)　教師の新しい数学の内容の説明を聞く
(2)　教師の問題の解き方の説明を聞く
(3)　公式や解き方を覚える
(4)　解き方を自分自身で練習する
(5)　既に習ったことを自分自身で新しい問題の状況に適用する
(6)　教師の指示に従って学級全体で問題に取り組む
(7)　能力が混じったグループ内で勉強する
(8)　能力が同じグループ内で勉強する

出典：TIMSS2019

1　https://www.nier.go.jp/timss/2019/T19_TQM_8_j.pdf

問紙調査が行われており、(B)の調査と児童生徒への調査(A)を組み合わせることで、その比較やより深い分析なども行うことができます。教師自身の評価であることから、(A)と比べてより直接的に把握することができる反面、自己評価であることから、他者との比較をすることが難しいという課題があります。ただし、本人の内部評価を過去との比較で経年的に調査し、その変化量をデータとして用いるのであればより有用です。一方、(A)とは別に(B)を行うとなると、教師の負担が別途発生する点も課題となります。

2. 他者の評価

(C)は、他者が評価を行う場合です。校長などの管理職が評価を行う場合、教育委員会が行う場合などのほかに、研究者が行う場合もあるでしょう。これらの場合、観察する項目をあらかじめ決定した上で、観察者の見る観点を揃えるための研修などが必要となり、最もコストの高い方法となるでしょう。ただし、本人でも児童生徒の回答でもないことから、一定の正確性により比較が可能となるメリットもあります。OECDが行ったOECD Global Teaching InSightsにおいては、この手法がとられています[2]。

メリット・デメリットを踏まえて、状況に応じて適切な選択肢を選ぶことが求められます。

2 https://www.nier.go.jp/kokusai/gti/index.html

第 6 章

学力・非認知能力などの測定

第Ⅱ部では具体的にどうやって教育データを集めるべきかについて説明してきました。特に、ある指導や政策の効果を測定するために必要なデータとして、第 4 章においては、データを取る上での留意点を、第 5 章では、データを利活用することを念頭に置いて取るべきデータについて説明してきました。第 6 章では、アウトプット／アウトカムデータの測定の仕方、特に学力・学習状況調査を行う場合の留意点について説明します。学力・学習状況調査はそもそも何を目的として行われるのか、正確に能力を把握するためのテスト理論である IRT や、いわゆる学力以外の要素である非認知能力／社会情動的スキルの測定方法などについて、埼玉県学力・学習状況調査を主な具体例として説明します。

6-1 学力・学習状況調査は何のために行われるのか1

1. 学力調査とは

皆さんは、「学力調査」と聞いて、どのようなものを思い浮かべるでしょうか。読者の方の立場によってそれは様々かもしれません。小学校や中学校の教師の方であれば、文部科学省が実施する「全国学力・学習状況調査」（以下「全国学調」と言います）や、都道府県や市区町村が実施する○○学力・学習状況調査を思い浮かべる方もいるでしょう。高等学校の教師の方であれば、塾など民間で実施される様々な模擬試験などを思い浮かべる方もいるかもしれません。各学校で行われる定期試験（中間試験や期末試験）、実力試験を思い出される方もいるでしょう。OECD が実施する PISA のような国際的な学力・学習状況調査をご存知の方もいるかもしれませんし、TOEFL、IELTS のような国際的に行われている英語の民間試験を思い浮かべる方もいることでしょう。

2. 学力調査の目的によって方法は多様

学力・学習状況調査というのは何を目的とするもので、その実現のためにはどのような準備をしておく必要があるでしょうか。例えば、ある高校生が A 大学に受かるかどうかを知るために模試を受けるとすれば、同じように A 大学を受けようとする高校生（や浪人生）を母集団として、A 大学の入学定員と毎年の合格点を考えたときに、「この程度であれば受かるだろう」ということを知ることができる必要があります。ここにおいては他者との比較において受かるか受からないかという情報が大きな意味を持つため、偏差値が一定の意味を持ちます。偏差値とは、全体の中での自分の相対的な立ち位置を示す値です。例えば、100 点満点の試験として、50 点の A さん、60 点の B さん、70 点の C さんがいた場合、60 点を平均点として、標準偏差は約 8.2 になります。この場合 A さんの偏差値は約 37.8 となります。しかし、50 点の A さん、60 点の B さん、70 点の C さん、40 点の D さんがいる場合には、平均点は 55 点で標準偏差は約 11.2、A さんの偏差値は約 45.5 になります。

これらの結果は、進路を考える上での参考材料とされるので、当然各個人に返却されます。一方で、繰り返し受けても試験問題の内容が同じでないため、点数が伸びたことが本人の実力の向上を必ずしも表すわけではなく、偏差値が上がったとしても、参加する母集団の違いによる影響かもしれず、能力の向上を正確に測定することはできません。

PISA (Programme for International Student Assessment (OECD 生徒の学習到達度調査)、「ピザ」と読みます) や TIMSS (Trends in International Mathematics and Science Study (国際数学・理科教育動向調査)「ティムス」と読みます) といった国際的な学力・学習状況調査は、世界的な学力や学習状況を調査するために実施するものであり、国ごとの学力水準などは公表されますが、原則各学校や個人の結果は返却されません (なお、PISA for School (PfS) は、例外として各学校に結果が返却されており、日本では埼玉県新座市において最初の PfS が実施されました[1, 2]。ただし、この場合も、個人には結果が返却されていません)。これらの調査は大きなトレンドを確認する目的で実施されることから、抽出調査であり、実施も PISA であれば 3 年に 1 度、その年度の 15 歳 (日本では高校 1 年生) が受けることになります。

これらと比較して、能力を絶対値として測ることに特化しているのが、例えば TOEFL や IELTS といった民間の英語試験です。これらは、後述する統計的な手法を用いて、本人がどの程度の能力を持っている可能性が高いかを計算し、それに基づいてどのレベルを達成しているかを示すものです。結果は個人に返却され、繰り返し受検した場合は、能力が伸びたかどうかを絶対値として知ることができますが、本人が希望して受検するものであり、悉皆調査や抽出調査のように、全体の傾向を知ることはできません。

1 https://www.oecd.org/pisa/pisa-for-schools/
2 https://www.city.niiza.lg.jp/site/kisyahappyou/kisyah310531.html

このように、学力を測定する調査や試験であっても、その目的によって、個人に結果が返却されるかどうかや、能力の伸びがわかるかどうかは様々です。

現在、多くの都道府県や市区町村では学力・学習状況調査が実施されています。その多くは、結果が個人に返却され、本人の点数（や正答率）、全体における相対的な立ち位置が示されている点では、一定の共通項があると言えるでしょう。一方で、受検者の能力の伸びが測定できているかどうかや、そもそも測定したい能力を測定できているかどうかという観点に立つと、実は多くの違いがあることをご存知でしょうか。次はその点を詳しく説明します。

6-2 学力・学習状況調査は何のために行われるのか2

能力の向上を測定する [1]

都道府県や市区町村で行われる学力・学習状況調査においては、共通項はありつつもその実態には多くの違いがあります。その中でも大きく異なるのが、第1に能力の向上を測るのか（6 − 2から6 − 3）、第2に目の前のどの学力を測るのか（6 − 6から6 − 9）、第3に教師の授業改善にどう役立てるのか（6 − 10）、という点です。

1. 能力の向上を測るのか（50メートル走を例に）

第1の能力の向上の測定について、50メートル走を例に考えてみましょう（図6 − 2 − 1参照）。みんなで7.5秒で走れるようになろうという目標を立てたとして、最初はAさんは8.5秒で、Bさんは7.0秒で走れたとします。走ることが得意でないAさんは、先生のアドバイスをよく聞いて一生懸命練習して、単元の最後には、7.6秒で走ることができました。一方Bさんは、50メートル走がつまらなかったため、練習もまじめにやらず、単元の最後

児童A：もともと8.5秒 → 最後は7.6秒
児童B：もともと7.0秒 → 最後は7.4秒

図6 − 2 − 1　50メートル走で7.5秒を目指した場合に……

も適当に走った結果 7.4 秒でした。

この結果を、どのように受け止めるべきでしょうか。確かに、7.5 秒という目標からすれば、A さんはクリアできずに、B さんはクリアしています。しかし、教育という観点に立てば、クリアすることができていなくても、8.5 秒から 7.6 秒にタイムを縮めた A さんの成長にもきちんと光を当てるべきではないでしょうか。

2. 学力ではどうか

学力についても同じことが言えます。そもそも学力が高い・低いということは、学校教育だけで決まるものではなく、家庭環境、保護者の社会経済的な状況（SES）や教育力などの影響を強く受けるものです（5 － 3 参照）。家庭の SES や教育力などの点で課題がある環境にいる児童生徒が平均点を超えるということには困難を伴うことが多いことは統計的に何度も示されているところです。そのときに、平均点以下の結果となった児童生徒 A に対して、「A さんは平均点以下だ」と言い続けることが教育として正しいのか。たとえ厳しい環境の中でその学力調査の結果が平均点以下であったとしても、その児童生徒が努力して成長したのであれば、その成長を褒めてあげることこそが教育の本質ではないか。

公教育の本質は、目の前にどんな子供がいても、どのような家庭環境にあろうと、一人一人と向き合って、それぞれのスタートラインは違えどその成長を支えることにあるはずです。確かにスタートラインは違うかもしれません。その結果として、学力の高い・低いにも違いが出ることは厳然たる事実です。そうであったとしても、苦しい中で頑張っている児童生徒が力を伸ばしたなら、その成長をめいっぱい褒めてあげることが教育の本質ではないのか。そうした考えに立った場合に、単に学力の高い・低いであったり、他者との比較であったりだけではなく、「成長」を測定すること、すなわち過去の自分との比較という軸が意味を持つわけです。

誤解がないように付言すれば、他者との比較が不要と言っているわけではありません。他者との競争という側面はあるでしょうし、平均より高いということ自体はポジティブに捉えてよいことだと思います。問題は、軸がそれだけでよいのか、ということです。

学力の伸びを測定する必要性は、児童生徒にとってだけでなく、教師・学校にとっても重要です。次の頁でそれを説明します。

コラム

埼玉県学力・学習状況調査［1］
（開始した背景と理念）

埼玉県学力・学習状況調査（以下「埼玉県学調」と言います）は、平成27（2015）年度から始まり、令和5（2023）年度で9年目を迎えました。その特徴の1つは、一人一人の能力の伸び、成長を測定することができる、という点です。これ以前の埼玉県の学力調査は、毎年度小学校5年生と中学校2年生を対象として行われていました。しかし、その場合、同じ児童生徒を継続的に追いかけるわけでも、後述するIRT（6－4、6－5参照）といった統計学的手法で能力測定をするわけでもなかったため、一人一人の児童生徒が、前の年度から（もしくは翌年度に）どの程度成長したのかについてを把握することはできませんでした。

当時、埼玉県議会から、学力調査の改善を求められたことをきっかけとして、県の教育局の教育振興基本計画において、「一人一人の成長を追う」ということを掲げていた中で、児童生徒の成長を褒める、という発想から、埼玉県学調は、能力の伸びを測定することを第1の目的に置くことにしたのです。

6-3 学力・学習状況調査は何のために行われるのか③
能力の向上を測定する［2］

児童生徒だけでなく、教師・学校の観点から能力の向上を測定する意義を考えてみましょう。例えば就学援助[1]を受ける児童生徒の割合は、学校ごとに大きく異なります。１～２人しかいない学校もあれば、半数を超える学校もあります。そして、５－３で述べたとおり、平均点の高い／低いといったことは、学校教育だけで決まるものではなく、家庭の社会経済的状況（SES）の影響を強く受けるものであり、その結果として、平均点が高い・低い学校やクラスというのがあるわけです。したがって、SESに課題がある児童生徒が多い学校やクラスの学力が平均点より低い場合に、それを教育力の低さと即座に結びつけることは妥当ではありません（図６－３－１参照）。平均点では低くても、その学校やクラスの児童生徒を一人でも多く、一歩でも成長させた学校や教師こそが良い学校／良い教師とされるべきで、平均点が高いことをもってその学校や教師が良いと即断することは避けなければなりませ

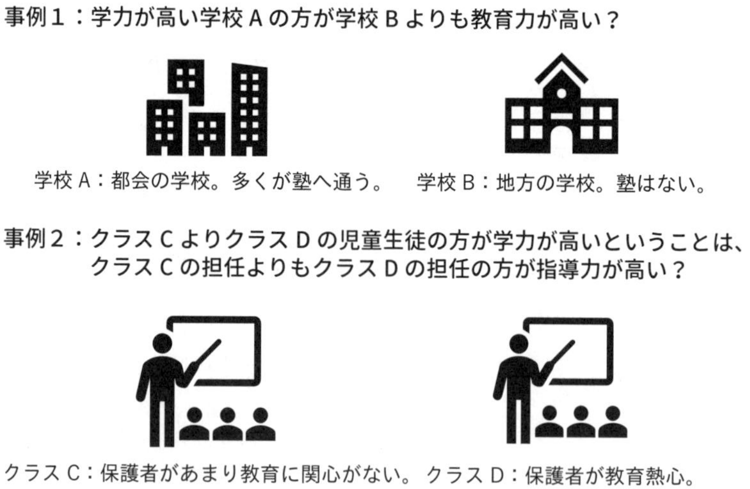

事例１：学力が高い学校Ａの方が学校Ｂよりも教育力が高い？
学校Ａ：都会の学校。多くが塾へ通う。
学校Ｂ：地方の学校。塾はない。
事例２：クラスＣよりクラスＤの児童生徒の方が学力が高いということは、クラスＣの担任よりもクラスＤの担任の方が指導力が高い？
クラスＣ：保護者があまり教育に関心がない。
クラスＤ：保護者が教育熱心。

図６－３－１　SESを考える上での事例（図５－３－１再掲）

ん。

誤解がないように言うと、学校ごとの学力データの公表をすべきかどうかは、各自治体、各学校の判断であり、その当否を述べているわけではありません。また学力が平均点より高いことは良いことですし、低いという事実は真摯に受け止めるべきことであると考えます。ここでも、大事なことは、その軸だけではないのではないか、ということです。

児童生徒が様々な課題を抱えている学校においても、一人一人と向き合い、一人でも多くの児童生徒を一歩でも成長させること。向き合う前より向き合った後に児童生徒が成長していること。これこそが教師の役割の本旨、学校の本来の役割ではないか。そのスタンスに立つ場合、教師にとっても、学校にとっても、高い・低いという軸だけでなく、どれだけ児童生徒を成長させたかにもっと光を当てて、その取組を見ていく。そのために能力の伸びを測定する調査が必要となるわけです。

1　学校教育法第 19 条において、「経済的理由によって、就学困難と認められる学齢児童生徒の保護者に対しては、市町村は、必要な援助を与えなければならない」と規定されていることに基づく措置。

6-4 能力の伸び・成長を測定するためには（パネルデータとIRT）

1. 一人一人を追いかける（継続的に測定する）

では、どうすれば一人一人の能力の伸びを測ることが可能となるのでしょうか。要の１つとなるのは、「一人一人を追いかける（継続的に測定する）」ということです。４－３で説明したとおり、例えば、毎年度小学校５年生のみを調査対象とした場合、前後のデータがないので、児童生徒の能力の伸びがわかりません（図６－４－１参照）。したがって、同じ児童生徒を、小４→小５→小６→中１……と追跡調査をすることによって、その能力の伸びを測定することが可能となります。こういった継続的に行われる調査を「縦断調査」と言い、そのデータを「パネルデータ」と言います（一方、追跡調査が行

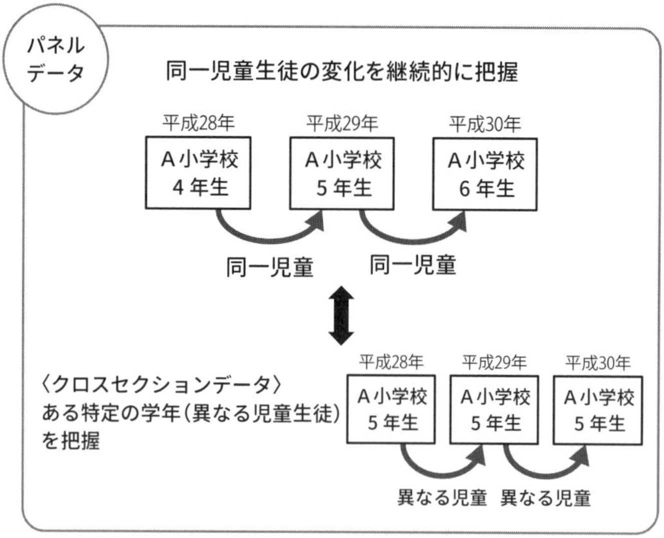

図６－４－１　パネルデータ・クロスセクションデータ（図４－３－１再掲）

われていないある1時点のみのデータを「クロスセクションデータ」と言います)。こういった縦断調査のうち有名なものとして箕面市の「箕面子どもステップアップ調査」が挙げられます[1](パネルデータを用いた分析については、7－7を参照)。

2. 「ものさし」を揃える

さらに、能力の伸びを測る上でもう1つの要となるのが、「ものさし」を揃えるということです(図6－4－2参照)。例えば、ある児童が50点を取ったとして、次の年に60点を取った場合、点数は伸びていますが、もしかすると試験問題が簡単になっていたために結果として点数が伸びただけかもしれません。50メートル走であれば、秒という単位(ものさし)は何回測定しても変わりませんが、学力については、そのものさしが必ずしも同じでないため、せっかく縦断調査をしても、学力の伸びが正確にわからない危険性があります。そこで、ものさしを揃えるためのツールとして、「IRT」という統計学的手法があります。

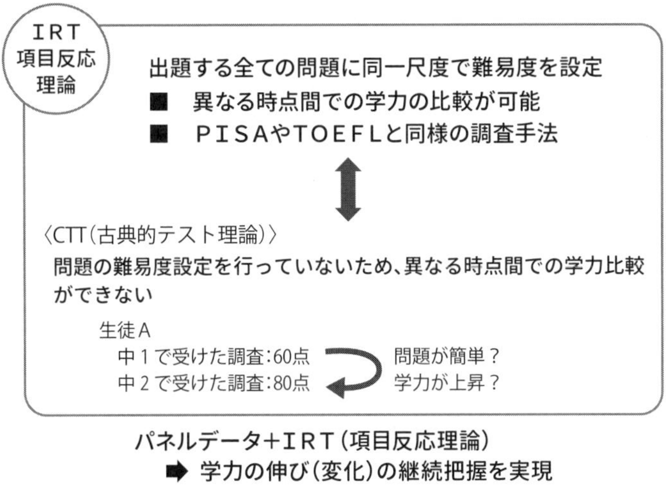

IRT
項目反応
理論
出題する全ての問題に同一尺度で難易度を設定
■ 異なる時点間での学力の比較が可能
■ PISAやTOEFLと同様の調査手法
〈CTT(古典的テスト理論)〉
問題の難易度設定を行っていないため、異なる時点間での学力比較ができない
生徒A
中1で受けた調査:60点
中2で受けた調査:80点
問題が簡単？
学力が上昇？
パネルデータ+IRT(項目反応理論)
学力の伸び(変化)の継続把握を実現

図6－4－2　IRT (Item Response Theory)

1　https://www.city.minoh.lg.jp/edugakkou/stepup-research.html

コラム

埼玉県学力・学習状況調査 [2]
(埼玉県学調における縦断調査とIRT)

埼玉県学調は、パネルデータとIRTという要素を備えた調査です[2]。小学校4年生から中学校3年生まで、6年間継続的に学力調査を行っており、平成27 (2015) 年度より、さいたま市を除いた県内62市町村[3]、合計1000以上の学校において、各学年約5万人、合計で30万人の児童生徒を対象に実施しています。教科は、小学校は国語と算数、中学校1年生は国語と数学、中学校2・3年生は国語・数学・英語を対象としています。学力の調査に加えて、児童生徒、学校、市町村教育委員会を対象とした質問紙調査も実施しています。教科の調査における問題は、IRTという統計学的手法を用いて設計されており、各問題の難易度が計算され、問題の正誤を踏まえて各児童生徒の能力値 (θ値 (「シータ値」)) が推定されています。この数値 (θ) を、12のレベルに分け、各レベルを3段階に分けることで、合計36のレベルで能力が表示されます。図6－4－3の例で言えば、小4のときにレベル4－Aであった児童生徒は、小5のときにレベル6－Bに能力が向上し、この伸びが成長として位置づけられています。

2 https://www.pref.saitama.lg.jp/f2214/gakutyou/20150605.html
3 新型コロナウイルス感染症拡大の影響で、令和2年度の実施は55市町村。

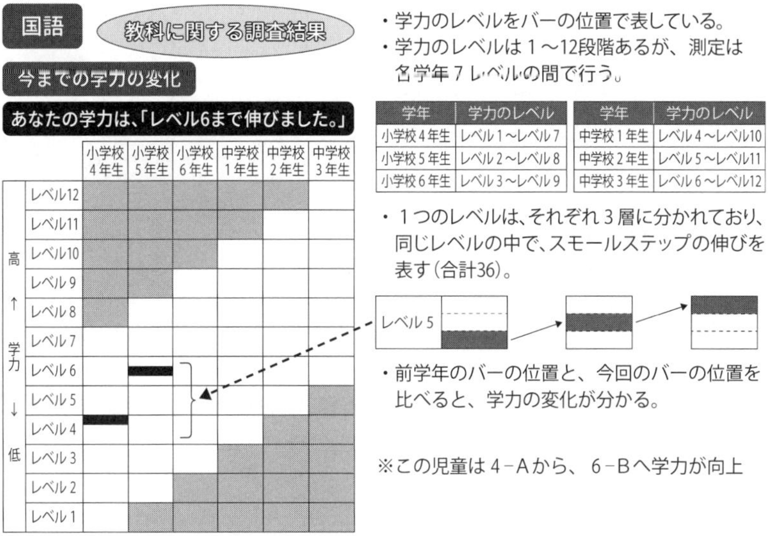

学年	学力のレベル
小学校４年生	レベル１～レベル７
小学校５年生	レベル２～レベル８
小学校６年生	レベル３～レベル９

学年	学力のレベル
中学校１年生	レベル４～レベル10
中学校２年生	レベル５～レベル11
中学校３年生	レベル６～レベル12

図６－４－３　個人結果票：小学校５年生の例（学力の伸び）

出典：「平成28年度埼玉県学力・学習状況調査報告書」

6-5 IRTとは何か

皆さんはIRT（「アイ・アール・ティ」と読みます）というテスト理論について聞いたことがあるでしょうか。おそらく多くの方にとっては馴染みが薄いのではないでしょうか。IRTというのは、Item Response Theoryの略語であり、「項目反応理論」あるいは「項目応答理論」などと訳されるテスト理論です。身近なところでは、TOEFLや情報処理技術者試験、OECDの実施する国際的な学習到達度調査（PISA）などで使用されています。では、普通の試験とは何が異なるのでしょうか。

1. 素点方式

比較の対象となるのが、素点方式と呼ばれるものです。学校で行われる小テストや中間試験、期末試験、多くの自治体で行われている学力調査などがこれにあたります。20問で100点満点といったような、いわゆる一般的に馴染みのあるオーソドックスな調査形式を思い浮かべてみてください（表6－5－1参照）。仮に、この試験が、難易度の比較的低い問題10問（前半の1～10）と、難易度の比較的高い問題10問（後半の11～20）の合計20問で作られていたとしましょう。そして、Aさんが難易度の比較的高い問題を7問、低い問題を3問正解し、Bさんが難易度の比較的高い問題を3問、低い問題を7問正解したとします。配点1のように、もし各問題が5点であった場合、AさんもBさんも同じく10問正解のため、両者とも50点ということになります。

一方、Aさんの方がより難しい問題を正解できたため、Aさんの方がより高い実力を持っているという立場に立つのがIRTになります。素点方式の場合でも、例えば配点2のように、難しい問題は10点、簡単な問題は1点といったように配点することは可能であり、この場合に、Aさんは62点、

Bさんは41点となり、ある程度それぞれの能力を反映した結果を示せたと言えるかもしれません。しかし、出題者の主観の影響を受けた配点となっているため、必ずしも難易度をすべて正確に反映できているとは限りません。また、出題者が変われば、難易度に関する考え方も変わるため、異なる出題者が作った試験の結果を用いて受験者の実力を比較したりすることは困難です。

2. IRTの利点

しかし、IRTでは、統計学的手法を用いて客観的に、問題の難易度と受検者の実力をあわせて推定することができます。※IRTの理論的な説明をしようとすると、それだけで膨大な紙面を割かなければならず、また、複雑な数式も必要になってくるため、ここでは詳細な説明は割愛させていただきます。

客観的な難易度把握ができれば、異なる時期、異なる対象者（母集団）に対して行う試験同士を比較することが可能になります（厳密には、「等化」という別の作業が必要になります）。主に米国の大学に入学する際の英語の実力

問題	1	2	3	4	5	6	7	8	9	10	11	12	13	14	15	16	17	18	19	20	計
Aさん	○			○		○						○	○	○		○	○	○		○	
Bさん	○	○	○	○	○		○	○					○	○					○		
配点1	5	5	5	5	5	5	5	5	5	5	5	5	5	5	5	5	5	5	5	5	100
配点2	2	1	4	3	3	2	1	3	2	3	6	10	7	8	6	8	7	7	9	8	100
難易度	3	2	3	4	5	3	1	2	3	4	8	9	8	7	7	10	6	8	8	9	

【配点1の場合】 Aさん：50点、Bさん：50点
【配点2の場合】 Aさん：62点、Bさん：41点
【難易度を踏まえて能力を推定した場合】 Aさん：レベル8、Bさん：レベル4

表6－5－1 問題の解答、児童生徒A・B（ある試験の例）

を評価するための試験であるTOEFLが良い例となります。TOEFLの受検者は、春に受検しようが秋に受検しようが、例えば、65点といったように客観的な点数が示されることとなります。春に東京で受検したAさんの75点と秋に大阪で受検したBさんの85点を比較することが可能になります。また、同じAさんが昨年春に名古屋で受検したときの70点と、今年の春に仙台で受検したときの80点を比較して、1年間での英語力の伸びを把握することも可能になります。例えば、たまたま昨年の春に名古屋で受検した人たちが皆、英語力に乏しく、また今年の春に仙台で受検した人たちが皆高い英語力を持っていても、母集団の違いに影響されずに客観的に問題の難易度を把握することができます。素点方式ではなかなかこのようにはいきません。A中学校3年生の期末試験の80点とB中学校3年生の期末試験の70点を比較しようとしても、A中学校の期末試験の難易度、生徒の実力とB中学校の期末試験の難易度、生徒の実力を把握できないため、比較のしようがありません。

IRTを用いた試験の情報は、教育データとして大変便利で有益なものとなります。異なる時期に行われた試験同士であっても比較可能なため、前後でデータを取って変化量を分析するというパネルデータを用いた因果推論が可能になるのです。

IRTは、主に検定試験の分野で発展してきました。いつ受検しても客観的に実力を特定することができることから、多くの検定試験でIRTが用いられています。

コラム

埼玉県学力・学習状況調査 [3]
(IRTと埼玉県学調)

学校教育や教育行政においては、これまであまりIRTは取り入れられてきませんでした。このIRTを自治体が行う学力調査として初めて取り入れたのが埼玉県です(分析の詳細は7－10参照)。

問題の難易度と児童生徒の能力はそれぞれ以下のように定まります。例えばある能力を持っているとわかっている児童生徒に、新しく問題を解かせることで、その集積として問題の難易度が推定されます。一方、問題の難易度がわかっている状態で、児童生徒が解答することにより、その問題の正誤を踏まえて、当該児童生徒の能力が推定されます。

本来のIRTは、予備調査を行った上で、問題の難易度を一定程度固めつつ、問題のプールを作成し、その問題プールの中から問題を出していくという形がより望ましいものです。しかしながら、予備調査を行うためには、その時間や労力などを現場の教職員や児童生徒が費やすことになり、また問題プールを作ろうとすると、問題プールにストックする問題の数によっては非常に多くの時間がかかります。そこで埼玉県では、これらの負担を軽減する観点から、予備調査も、巨大な問題プールも作らずに、初年度のみ3種類の問題を作成し、「最尤法(さいゆうほう)」という統計学的手法で、各問題の難易度と各児童生徒の能力を推定し、それを基盤に、毎年度問題を作成して、新しい問題の難易度と新4年生の能力を推定しています。もちろん予備調査や問題プールを作るアプローチがより望ましいわけですが、実際の結果の分析を統計学の専門家に依頼するとIRTになっている点が確認されており、限られた予算・労力・時間の中で実現する方法としては妥当なやり方であると思います。

6-6 能力を測定することはいかに困難なことなのか1

ここまで、学力・学習状況調査における違いとして、「能力の向上をどうやって測るのか」について説明してきましたが、ここからは、「どの学力を測るのか」、という点について深掘りしてみましょう。

能力を測定する方法の1つとして、問題が与えられて、その問題に解答することによって、その本人の持っている能力を測るという方法があります。当たり前のことを言っているようですが、実はこれはとても繊細な難しいことなのです（ちなみに、ある個人が、1人で、与えられた問題を解き、その解答結果をもって能力を測るという方法そのものにおける限界については、第11章で解説します）。

1. 測りたい能力の特定

第1に、測りたい能力を特定する必要があります。小中学校や高校において測定する場合は、どういった力を測定するのかを学習指導要領[1]に基づいて、確定させることが必要です。

2. 測りたい能力を正確に問う問題の作成

第2に、その能力を正確に問う問題となっていることが必要です。ここで注意すべきは教科についての専門的な知見があるからといって、その能力を正確に問う問題を作れるとは限らない、ということです。文章の組み立て次第、場合によっては「てにをは」が違うだけで、問いたい力が変わってしまうことがあるのです。例えば、読む力を問うているはずが、そうでない力

1　文部科学省が示す告示として、法的な拘束力があります。児童生徒が何を学ぶかについて規定されています。

を問うてしまっていた場合、問題が解けていても読む力があるとはならず、また逆も然りです。問題を作成するためには、測定したい能力を測定することができる問題を作成する専門的知識が必要であるということを知っておく必要があるでしょう。その点、学力調査によっては、能力測定の専門家が入らずに、教師のみで問題を作成する場合がありますが、その場合には能力測定上に一定の課題があることを踏まえておく必要があります。民間業者が作成した問題を購入して実施する場合においても、当該会社がテスト理論を熟知している場合でない限り、同様の課題を抱えていることになります。

ちなみに、例えば教科書に載っている問題を出すなど、既出の問題を出すということにも、能力測定上の課題があることに留意する必要があります。その場合、その問題で問おうとしている能力の有無の判別と、問題とその答えを覚えているかどうかの記憶力の有無の判別が混ざってしまっているからです。正確に能力測定をするためには、問題は初出であることが必要です。IRT を実施し、能力測定を正確に行おうとしている場合は、いずれも問題のプールを作成し、そのストックの中からランダムに問題を出すことによって、事実上初出となる状況を作っています。一方、問題が最初から明らかとなっていると能力測定に影響が出るので、問題は非公開となります。

6-7 能力を測定することはいかに困難なことなのか2

1. 識別力があるか

前節（6－6）において、能力を測定するためには、第1に測りたい能力が特定されていること、第2にその能力を正確に問う問題となっていることが必要である点を述べましたが、本節はその続きです。前節の第1・2に続いて、能力の測定に必要な点の第3として、「識別力」があるかどうかがあります（図6－7－1参照）。能力が異なる様々な児童がある問題を解いたとします。例えば能力が1から12（12が高い）まであるとして、ある問題Aについて、能力1の児童は0%、能力2から11の児童は50%、能力12の児童は100%正解した場合、この問題は能力2から11の児童が同じ程度の確

児童生徒の能力	1	2	3	4	5	6	7	8	9	10	11	12
問題A	0	50	50	50	50	50	50	50	50	50	50	100
問題B	3	3	3	3	3	90	91	92	93	93	93	93

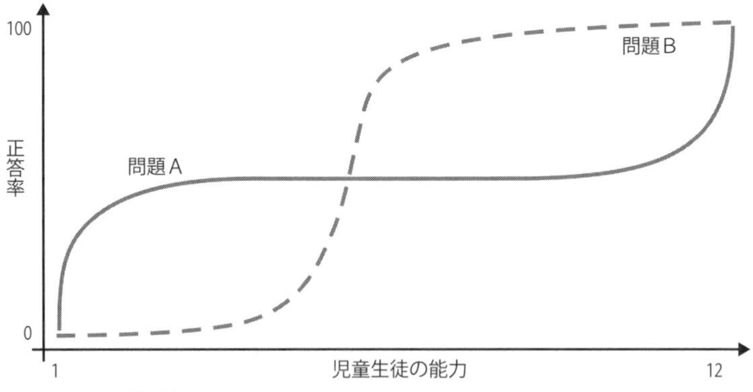

図6－7－1　識別力

率で解けてしまう問題であるため、この問題を解けた児童の能力が、2 なのか 7 なのか 11 なのかが判断できません。一方、別の問題 B について、能力 1 から 5 の児童は 3%、能力 6 から 12 の児童は 90%を超えて正答する問題であった場合、少なくとも、当該児童の能力が 5 以下か 6 以上かを見分けることができる問題ということになります。

2. 適切な難易度

第 4 に、「難易度」の問題があります。通常、学力調査においては、問題を解く前にその問題の難易度が設定されていたり、それを踏まえて解答の配点の高低が決められたり（難しいと考えた問題は 5 点、簡単な問題は 2 点などと判断）する場合があります。しかし、どの問題がどの程度の難易度であるかは、問題を作成した側がそれまでの経験をもとに、このくらいの難易度だろうと推量をすることは可能であるものの、実際どの程度の難易度であるかは問題を解いてもらった実績がなければ知ることは困難です。

TOEFL や PISA、埼玉県学調ではこの点について 6 − 5 で述べた IRT という統計手法を用いることで、問題の難易度を正確に把握し、それに基づいて解答した者の能力を推定する手法を用いています。前述の第 3 の「識別力」が確保されていても、難易度が偏ってしまっている場合、様々な児童生徒の能力を判断することができないため、まんべんなく難易度を配置することが必要になります（例えば、難易度が 5 と 6 で正答率が大きく異なる識別力の高い問題があって、他の問題も同様であれば、能力が 5 以下か 6 以上かは判断できますが、それ以上の判断ができません。能力の 4 と 5、6 と 7 を識別できる問題が一緒にあることで、能力が 4・5・6・7 のどれかがわかることになるのです）。

以上のように、問題を解くことによって能力を測る場合、問題を作成するにあたっては、①どの能力を問うのか、②その能力を正確に問える問題になっているか、③識別性や④難易度は適切に確保されているかといった点を解決してはじめて問題に解答して能力を測るということが可能となるのです。

以上述べた問題を作成する上での課題に加えて、一方で解答についても課題があります。それについては次の頁で説明します。

6-8 能力を測定することはいかに困難なことなのか3

前節までにおいて、問題を作成する上での課題について説明してきましたが、ここでは解答の扱いにおける留意点の説明をします。

1. 正答率の扱い

第1に、正答率をそのまま扱うことの意味です。例えば、難易度（1から10まで。10が最も高い）が表6－8－1にあるようにわかっている問題が計10問あったとして、児童AからDが以下のとおり正誤答したとします。この場合、児童AからDの学力はどの程度だと考えるべきなのでしょうか。

児童Aは、難易度1から6までの問題が解けていて、7から10が解けていません。したがって、6までの能力があるとすぐに結論してよいかというと必ずしもそうとは限りません。児童B・C・Dを見てください。児童Bは、難易度1から4までの問題は解けて、5が解けずに、6が解け、7から10は解けていません。一方児童Cは、難易度1から5まで解けて、6が解け

難易度	1	2	3	4	5	6	7	8	9	10	
A	○	○	○	○	○	○	×	×	×	×	
B	○	○	○	○	×	○	×	×	×	×	
C	○	○	○	○	○	×	○	×	×	×	
D	○	○	○	○	○	○	○	×	×	×	
配点	5	6	7	8	9	11	12	13	14	15	計100

表6－8－1　児童A～Dの解答結果

ずに、7が解け、8から10が解けていません。児童Dは、難易度1から7が解けて、8から10が解けていません。難易度1から4まで解けていることと、難易度8から10までが解けていないことは全員共通ですが、難易度5から7の状況が微妙に異なります。

2. 問題が解ける・解けないの要因

問題が解けるか解けないかについては、いくつかの要因があります。1つ目は、その問題を解く能力があって解けた場合です。2つ目は前述のとおり、問題とその答えを知っていたから解けた場合です。今回はIRTで問題が非公開であったと仮定して、この可能性はないものとします。3つ目は、偶然解けた場合です。例えば多肢選択式の問題であると、鉛筆を転がして選択肢3と答えた場合も、解く能力があって選択肢3と答えた場合も、選択肢3が答えである場合、両方正解となってしまいますが、意味が違うわけです。

したがって、解けたか解けなかったかのみをもって、即能力があるかどうかを判断することは偶然解けた可能性を排除できないため正確な能力判断には適切とは言えないことになります。表6－8－1にある先ほどの児童AからDを例にとれば、それぞれが解けたうち一番難しい問題は、児童AとBは6、児童CとDは7ですが、児童Aが難易度6が解けたこと、児童Cがそれを解けなかったことなどは偶然を排除できていないので、これをもって即座に児童A・Bの能力は6、児童C・Dの能力は7と断定することはできません。

次に、正答率ベースで考えると、児童Dが70％、A・Cが60％、Bが50％ですが、AとCの解いた問題の難易度は異なる上に解けたかどうかは偶然も関与しているため同じ能力水準であると断定することはできず、BがA・Cよりも能力が低いと即断することも難しいということになります。最後に、各問題に点数を事前に配分し、難易度が高いとする問題の点数を高く設定したとします。わかりやすいように、今回は、難易度順に5・6・7・8・9・11・12・13・14・15点、計100点の試験であるとします。この場合、児童AからDは順に、46点、37点、47点、58点となりますが、前節（6－7）

の問題における第4の留意点において示したとおり、問題を作成した側が、問題に配分した点数が妥当であるかは統計学的に定かでなく、かつ偶然解けたか否かという点は排除できていないので、これも完全ではありません。

3. IRTの活用

以上のとおり、偶然を排除できていない能力測定は課題を抱えることになります。前述のIRTは、このような偶然を統計学的手法に基づき排除して、ある程度確からしい数値として、能力がこの程度ではないかと推定するものです。すなわち、多くの人が解いた結果を踏まえて、ある問題が解けていて、別のある問題が解けていないとすれば、能力αであるという確率が最も高いため、能力αと推定する、というものです。現在PISAなどで用いられているIRTに基づく能力推定はすべてこの方法を採っています。埼玉県学調も同様です。

6-9 能力を測定することはいかに困難なことなのか④

解答における第2の留意点は、測定の誤差の問題です。例えば、2020年度より小学校から順次全面実施されている学習指導要領を踏まえ、表現力を測定しようとしたあなたは、500字の作文の問題を出すことにしたとします。特定のテーマについて、自由な意見を書かせる問題です。採点がぶれないように、採点基準のポイントを整理し、採点する教師間で共有しました。

実際の採点の際には、何が問題となるでしょうか。まず、どれだけ採点基準を統一したとしても、採点者間での採点の違いを埋めることは難しいものとなります。もしその差を少しでも小さくしようとすれば、作文の制限字数をできる限り少なく設定して、形式的に誰が採点してもぶれがないような採点基準（例：○○という言葉が入っているか、5つの文で構成されているか、など）で採点することが必要となりますが、これを突き詰めるほど、本来測定したいと考えていた表現力から離れていく可能性があります。このように測定したい能力によっては、正確な能力測定との両立が難しい分野もあるのです。

しかしこれは表現力に関する問題を出す意味がない、ということでは決してありません。PISAや埼玉県学調も、能力測定の推定における一定の正確性とのバランスがとれるぎりぎりのところで表現力を問う問題を出しており、両立は可能です。また、こういった測定を通常の調査と切り離すことも解決策の1つです。こういった測定については、採点者によって誤差があることを理解した上で、例えば、通常の評価は細かい能力水準に分けて示す（50段階のどこかに該当するといった方法）一方、測定において誤差が比較的大きい分野は、○か×か（可か不可／合格か不合格）のみを判断するといったアプローチもあります。

1つの例として、医学の世界では、大学4年生から5年生に上がるときに、

CBT（IRT）による知識などを問う試験とともに、OSCEという臨床能力に係る試験がありますが[1]、この2つは別立てとなっており、それぞれで一定の基準が達成された場合に、5年生から臨床実習につくことができるというスキームになっているのは良い例です。OSCEにおいて医療面接や身体の診察、救急などにおける臨床能力を評価することにより、求められている能力はどのようなものであるかを示す効果があり、これは学校における学習に大きな影響をもたらします。

大事なことは、能力測定においては、問題作成や解答に関して様々に留意すべき点があることを理解した上で、どのように問題・解答の形を組み立てることが、目的との関係で妥当かを考えることです。

1 https://www.cato.or.jp/cbt/establish/index.html

6-10 教師の授業改善に必要なこと

ここまで、様々な学力・学習状況調査において生じうる違いとして、どのように能力の向上を測定するか、どのような能力を測るかなどについて説明してきましたが、ここで、教師の授業改善をどのように図るか、という点を掘り下げてみましょう。

例えば、年度当初（4月）に行われた学力調査の結果を、夏に受け取った、ある小学校の5年1組の担任Aの立場で考えてみましょう。自分のクラスの学力がそれぞれどうなっているのかを知り、それを踏まえてそれぞれの児童の強みや弱みを理解して、その年度の授業改善を行っていくことは当然重要なことです。一方で、このデータからは自身の授業の仕方がよいかどうかを判断することは困難です。この調査は4月に行われているわけですから、直近でこの調査結果に影響を持っていたのは、今の5年1組の担任Aではなく、去年の4年○組の担任ということになるでしょう。一方で、去年の4年1組の担任Bは、昨年1年間授業を工夫して児童の力を伸ばそうと努力してきたわけですが、その結果どのような結果が出たのかを知る機会を得ずに、本年度の担任クラス（3年○組かもしれませんし、6年○組かもしれません）の授業を行っていることになります。

一般に「改善」という言葉は、辞書では「よい方に改めること」[1]などと記されています。よい方に改めるということは、「現状」があり、「よい方」として目標とする状況があり、その差をどのように埋めていくかということになるわけです。通常の学力調査の場合、教師一人一人が、自身の指導が良かったどうかを客観的に知る上で参考となるデータを得ることが困難でした。

1 『日本国語大辞典』より。

この点、先ほどの例で言えば、昨年の4年1組のクラスで、何割の児童の学力が伸びたかがわかるということは、まさに昨年の4年1組の担任が1年間教えた結果としての成長になるわけですから、今年4月の5年1組の学力が高いか低いかをもって、今年の5年1組の担任Aの教える力を推定するよりも、むしろ4年1組の担任だったBにとってより参考となる数値となることがわかるかと思います。

コラム

埼玉県学力・学習状況調査 [4]
(学力調査を用いた授業改善)

埼玉県学調の特徴の1つが、昨年度の教師に結果を返すことができるという点です。何割の児童生徒を、学力や後述する非認知能力・学習方略において伸ばすことができたか、主体的・対話的で深い学びのための授業改善がどの程度行われていたか、学級経営はどういう状況であったかを、昨年度の教師ごとに知ることができます。

このデータをもとに、各教師が自省し、特に学力を伸ばした教師がなぜ伸ばせたのか、教師同士が互いに学び合うことが大変重要です。第10章でその具体的な内容については詳述します。

6-11 非認知能力（社会情動的スキル）・学習方略とは何か[1]

　さて、ここまではいわゆる学力をどのように測定するかということについて説明してきましたが、測定すべきは学力だけでよいのでしょうか。当たり前のことですが、学校教育は学力を伸ばすためだけにあるわけではありません。苦手でも頑張ろうとする力、自己効力感や、人の気持ちをくみ取る力、他の人と力を合わせて問題を解決する力……言い方は様々あるでしょうが、学校教育を通じて多くの力が育まれていることは、論をまたないことでしょう。

1. 認知能力以外の能力

　実際、学力以外の力（以下では、「学力」を「問題に解答することで計測できる認知能力」とした場合に、認知能力以外の力を「非認知能力」と呼ぶこととします）については、各教科等を通じて身につけるべきものとして、学習指導要領においても様々な形で位置づけがなされています。例えば、「小学校学習指導要領　解説（特別活動編）」においては、「特別活動における「人間関係形成」「社会参画」「自己実現」の視点」という3つの視点で育成を目指す資質・能力が整理されました。また、こういった力が、社会に出て必要とされていることは、経済産業省が示した「社会人基礎力」[1]など、多くの社会に出て求められる力として定義されることによっても示されてきています。

　OECDも、「社会情動的スキル（Social and Emotional Skills）」の調査を開始しており、群馬県が2022年6月に調査への参加を表明しました[2]。これらの背景には、将来の収入を増加するといった場合にも、よりよく生きること（最近の言葉でWell-being、「ウェルビーイング」と読みます）においても、非

1　https://www.meti.go.jp/policy/kisoryoku/
2　https://www.pref.gunma.jp/uploaded/attachment/156586.pdf

認知能力を高めておくことが重要であることが、研究において明らかになりつつあるためです（幼児教育の無償化に係る議論においても、この点が指摘されています[3]）。特に幼少期に可変性が高いとされる非認知能力を、どのように向上させるかが重要とされる中で、非認知能力の向上を継続的に計測し、その向上に影響を与える教育上の要因を分析することは、教育行政において大変重要です。過去の研究では、認知能力の向上において、非認知能力の向上が鍵となるという研究結果も出ており、学力向上の文脈においても、非認知能力を向上させることがポイントとなることからも、非認知能力を学力とともに調査することに意義があります。

2. 非認知能力に係る留意点

非認知能力は、認知能力以外のすべてということなので、その対象は大変広いため、いくつかの留意点が必要です（詳しくは小塩真司編著『非認知能力――概念・測定と教育の可能性』（北大路書房、2021 年）をお読みください）。

第 1 に、その名称です。「認知能力」という場合「認知」できる「能力」ということになりますが、「非認知」といった場合、認知できないと言っていることになります。認知できないと言いつつ、測定をしようとしているというのはそもそも矛盾ではないかという指摘がある点、留意が必要です。

また、「能力」としている点は、これは英語の「skill」を訳しています。例えば OECD は、「社会情動的スキル」の定義[4]の 1 つに、「学校教育またはインフォーマルな学習によって発達させることができる」こととしていて、よりよく伸ばすことができるものとしています。一方で、例えば心理学の分野では、性格特性（「ビッグ 5（ビッグファイブ）」という言い方もされます）と言われる、本人の性格の特徴を判断するための調査手法があります。これは内向性／外向性といった、どちらかであることがよりよいとされているわけではなく、あくまでそういった傾向を本人が持っていることを示しているに過

3　https://www.kantei.go.jp/jp/content/000023187.pdf
4　（a）一貫した思考・感情・行動のパターンに発現し、（b）学校教育またはインフォーマルな学習によって発達させることができ、（c）個人の一生を通じて社会・経済的成果に重要な影響を与えるような個人の能力と定義している。

ぎず、また将来へ向けて変化・伸長していくことが想定されているものではないため、継続的に調査し、その変容を追う必要性は高くはありません。調査によっては、この２つが混ざっていることがあるので注意が必要です。

第２に、誰が質問項目を作るのかという点です。例えば自己肯定感を高める教育をしよう、ということで、その効果を測定するための質問項目を作成するとなったとき、どういった内容にすることが妥当なのでしょうか。よくあるのが、教師自らが質問項目を考えるというものですが、次の6 − 12で後述するとおり、正確に心理の状況を把握しようとした場合は、心理の専門家の知見を踏まえて、その質問項目を作成する必要が生じます。なぜならば、過去の研究の積み重ねを踏まえなければ、問いたい項目を適切に調査することができないからです。しっかりと専門家の意見を踏まえて、質問項目を考える必要があるでしょう。

第３に、回答結果をどのように活用していくかという点です。一般的に、心理学においては、多くの回答結果を全体として分析していくことが多く、個別の結果を本人に返す場合には、専門家のアドバイスの下で行うことがほとんどです。その際、継続的に回答し、その結果の変化を本人や教師が知ることで学習や指導の改善に活かしたり、他の情報と組み合わせて、課題の早期発見に役立てたりするといった方法も考えられます。

非認知能力の質問項目

〈自制心〉

○授業で必要なものを忘れた
○他の子たちが話をしているときに、その子たちのじゃまをした
○何か乱暴なことを言った
○つくえ・ロッカー・部屋が散らかっていたので、必要なものを見つけることができなかった
○家や学校で頭にきて人や物にあたった
○先生が、自分に対して言っていたことを思い出すことができなかった
○きちんと話を聞かないといけないときにぼんやりしていた
○イライラしているときに、先生や家の人（兄弟姉妹は入りません）に口答えをした

出典：E. Tsukayama, Angela. L. Duckworth, & Betty. Kim (2013) Domain-Specific Impulsivity in School-Age Children. *Developmental Science*, vol.16 (6), pp.879–893.

〈自己効力〉

○授業ではよい評価をもらえるだろうと信じている
○教科書の中で一番むずかしい問題も理解できると思う
○授業で教えてもらった基本的なことは理解できたと思う
○先生が出した一番むずかしい問題も理解できると思う
○学校の宿題や試験でよい成績をとることができると思う
○学校でよい成績をとることができるだろうと思う
○授業で教えてもらったことは使いこなせると思う
○授業のむずかしさ、先生のこと、自分の実力のことなどを考えれば，自分はこの授業でよくやっているほうだと思う

出典：P. Pintrich et al. (1991) A Manual for the Use of the Motivated Strategies for Learning Questionnaire (MSLQ) .

コラム

埼玉県学力・学習状況調査［5］
（非認知能力等の調査について［1］）

埼玉県では、非認知能力の調査として、①自制心、②自己効力感、③勤勉性などの項目を調査しています。これらの質問項目は、その質問のセットで当該項目を問えることが過去の研究で明らかになっており、かつ学力の向上との関係で明らかにされているものを利用しています（「非認知能力の質問項目」参照）。

6-12 非認知能力（社会情動的スキル）・学習方略とは何か2

1. 非認知能力の測定方法

非認知能力の測定方法は、いくつかのカテゴリーに分けることができます。第1は、教師や親など第三者が、子供の忍耐力などを評価するという方法です。この方法は後述する自己評価と比べてより客観性が担保できますが、評価者の評価基準を揃えようとすると、研修をするなど多くのコストが必要になります。

第2は、何らかの実験をするアプローチです。「マシュマロテスト」という実験はその中でも有名です。目の前にあるマシュマロを今食べるのか、15分我慢してより多くのマシュマロをもらうのかについての実験で、我慢できた子供は、成長した後の学力が高いというプラスの点があったとされます。7－4でも改めて述べますが、公教育の中で実験をすることに対しては強い懸念が示されることが多く、日本の学校教育で行うにはハードルが高いのが実情です。

第3は、問題を解くことで、当該非認知能力の有無を測定するという方法です。実際、心理学関連の測定では、こういったアプローチが用いられることがあります。一方で、問題を解いた結果が、本当にその能力の測定として妥当かという点はよく検討することが必要です。例えばPISA2012において「問題解決能力」について調査されました。（これが非認知能力であるかどうかは別として）日本は世界最高水準の正答率となった一方で、問題解決能力に係る忍耐力についてのアンケートでは最下位となりました。例えば、「創造性」といった力を測るのに、問題を解かせることで測定しようと考えたとして、その正答率が高い場合に本当に「自発性」があると言ってよいかというのは、様々な意見があるところであろうと思います。

最後の第4は、埼玉県学調などが用いているアンケート調査（自己評価）の方法です。他の方法と比べると、主観的判断によるのは事実であり、実際に各国比較などを行うと、日本は比較的低く出る傾向が強く、文化的背景などの影響が出るこういった主観的な質問項目を国別の比較に用いるというのは向いていない方法ですが、例えば自己評価が低めな児童生徒であっても、その児童生徒の経年変化を追うことで非認知能力の伸びがわかり、その伸びとインプットの関係に因果関係があるか分析することは可能なので、そうした点では十分分析に耐えるデータを集めることができます。PISAやTIMSS、「社会情動的スキル」調査などの国際調査においても、アンケート調査を行っており、当該調査でどのような項目が用いられているかなども参考にすることができるでしょう。

2. 学習方略

非認知能力（社会情動的スキル）と同じように、学力以外の情報として、調査対象としうる項目の1つが学習方略です（認知能力以外が非認知能力であれば、学習方略も非認知能力の一種なのかもしれません）。学習方略は、「学習者自身が学習効果を高めるために意図的に凝らす工夫」のことを指します。例えば、「努力調整方略」とは、たとえ苦手なことであっても苦手という気持ちをコントロールし、目標の達成に向けて自らの努力を調整する方略を指しています。この学習方略も、学力向上において有用であることが過去の研究で示されており、分析する価値のある項目であると言えます。

その他に、例えばPISA2009においては、「算数・数学に対する興味・関心や有用性を感じているか」について調査を行っています（表6－12－1参照）。PISA2009及び2012の分析によると、日本の児童生徒は、OECDの対象国・地域との比較において平均よりもこれらが低い結果となっており、PISA2012では改善したものの、これらを改善する必要性が依然ある状況となっています。ただし、PISA2009、2012は縦断調査ではない（同じ児童生徒を継続して調査するものではない）ため、どのような教育によってこれらが向上するかは因果関係としてはわからない状態でしたが、こういった項目を利用して分析することも１つのアプローチかと思います。

　このように、過去の調査においてその有用性が一定程度証明されている質問項目を用いて、継続的に調査を行うことが、分析においては重要です。

○OECD（経済協力開発機構）が実施するPISA2009や2012における生徒質問において調査している質問項目
○「動機付け」として「数学における興味・関心や楽しみ」と「道具的動機付け」が、「自己信念」として「数学における自己効力感」（問題を解くことで推定するため、ここでは除外）と「数学における自己概念」、「数学に対する不安」があり、計５つから構成されている。

数学における興味・関心や楽しみ	数学についての本を読むのが好きである 数学の授業が楽しみである 数学を勉強しているのは楽しいからである 数学で学ぶ内容に興味がある
道具的動機付け	将来つきたい仕事に役立ちそうだから、数学は頑張る価値がある 将来の仕事の可能性を広げてくれるから、数学は学びがいがある 自分にとって数学が重要な科目なのは、これから勉強したい内容に必要だからである これから数学でたくさんのことを学んで、仕事につくときに役立てたい
数学における自己概念	数学はまったく得意ではない 数学では良い成績をとっている 数学はすぐわかる 数学は得意科目の一つだといつも思う 数学の授業ではどんな難しい問題でも理解できる
数学に対する不安	数学の授業についていけないのではないかとよく心配になる 数学の宿題をやるとなると、とても気が重くなる 数学の問題をやっているといらいらする 数学の問題を解くとき、手も足も出ないと感じる 数学でひどい成績をとるのではないかと心配になる

表６－12－１　PISA（動機付け・自己信念）
出典：PISA2012 https://www.nier.go.jp/kokusai/pisa/pdf/pisa2012_reference_material.pdf

コラム

埼玉県学力・学習状況調査 [6]
（非認知能力等の調査について [2]）

　埼玉県学調を例に取ると、過去の研究において、当該学習方略を向上させることが学力の向上をもたらしたという結果がわかっている学習方略（６つのカテゴリー）について、それぞれ４つの質問項目を導入し調査を行っています。

出典：https://www.pref.saitama.lg.jp/documents/52863/houkokusyo29-hp.pdf　p.54.

○児童生徒質問紙では、学習方略（学習方法や態度）についても把握
○学習方略は、以下のすべての質問に全ての学年の児童生徒が継続して回答

柔軟的方略	勉強のやり方が、自分に合っているかどうかを考えながら勉強する 勉強でわからないところがあったら、勉強のやり方をいろいろ変えてみる 勉強しているときに、やった内容を覚えているかどうかを確かめる 勉強する前に、これから何を勉強しなければならないかについて考える
プランニング方略	勉強するときは、最初に計画を立ててからはじめる 勉強をしているときに、やっていることが正しくできているかどうかを確かめる 勉強するときは、自分できめた計画に沿って行う 勉強しているとき、たまに止まって、一度やったところを見直す
作業方略	勉強するときは、参考書や事典などがすぐ使えるように準備しておく 勉強する前に、勉強に必要な本などを用意してから勉強するようにしている 勉強していて大切だと思ったところは、言われなくてもノートにまとめる 勉強で大切なところは、くり返して書くなどして覚える
人的リソース方略	勉強でわからないところがあったら、友達にその答えをきく 勉強のできる友達と、同じやり方で勉強する 勉強でわからないところがあったら、友達に勉強のやり方をきく 勉強するときは、最後に友達と答えあわせをするようにする
認知的方略	勉強するときは、内容を頭に思い浮かべながら考える 勉強をするときは、内容を自分の知っている言葉で理解するようにする 勉強していて分からないところがあったら、先生にきく 新しいことを勉強するとき、今までに勉強したことと関係があるかどうかを考えながら勉強する
努力調整方略	学校の勉強をしているとき、とても面倒でつまらないと思うことがよくあるので、やろうとしていたことを終える前にやめてしまう 今やっていることが気に入らなかったとしても、学校の勉強でよい成績をとるために一生懸命頑張る 授業の内容が難しいときは、やらずに諦めるか簡単なところだけ勉強する 問題が退屈でつまらないときでも、それが終わるまでなんとかやり続けられるように努力する

表6－12－2　学習方略

出典：堀洋道監修、櫻井茂男・松井豊編（2007）『心理測定尺度集Ⅳ――子どもの発達を支える〈対人関係・適応〉』（サイエンス社）

6-13 アウトプットに影響を与える要因①

ここまで、学力や非認知能力（社会情動的スキル）、学習方略など、その測定方法について説明してきました。ここからは、これらを向上させる可能性がある要因について、その捕捉方法（測定方法）を説明することとしましょう（5－6及び5－7で述べたことと一定程度重なります）。

まず、教師についてです。誰しもが、良いか悪いかは別として、影響を受けた教師がいるのではないでしょうか。その教師は、学校の先生である場合もあれば、塾の講師かもしれませんし、スイミングスクールのコーチかもしれません。子供に影響を与える存在として、保護者以外に教師がいるであろうことは、多くの方が納得できることだと思います。しかしながら、その教師の要素を分解したときに、どの要素が児童生徒に影響を与えるのか、そしてその要素は、どのようにすれば向上するのか。このブラックボックスはまだまだ解明の途上にあります（図6－13－1（図5－6－1再掲））。第7章で述べる因果推論は、このブラックボックスを開いていくプロセスと言えるでしょう（統計学的な分析は7－12、現場の分析の詳細は9－4、9－5）。

1. 教師の指導方法

5－6で述べたとおり、教師の要素として調査をしうる項目の1つは、教

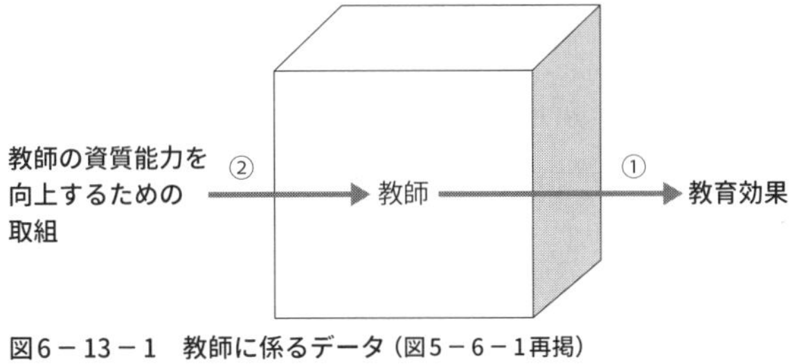

図6－13－1　教師に係るデータ（図5－6－1再掲）

師の指導方法です。令和2（2020）年度から順次全面実施となっている学習指導要領解説（総則編）においては、以下の6つを重要事項として示した上で、その中の「どのように学ぶか」において「主体的・対話的で深い学び」の視点から授業の改善を行うことが教師には求められています[1]。

① 「何ができるようになるか」（育成を目指す資質・能力）

② 「何を学ぶか」（教科等を学ぶ意義と、教科等間・学校段階間のつながりを踏まえた教育課程の編成）

③ 「どのように学ぶか」（各教科等の指導計画の作成と実施、学習・指導の改善・充実）

④ 「子供一人一人の発達をどのように支援するか」（子供の発達を踏まえた指導）

⑤ 「何が身についたか」（学習評価の充実）

⑥ 「実施するために何が必要か」（学習指導要領等の理念を実現するために必要な方策）

教師が主体的・対話的で深い学びの観点からの学習・指導の改善・充実を行っているかどうかが、学力や非認知能力・学習方略の伸びに関係するのではないかという観点に立ち、質問項目を設計するということはありうるでしょう。アプローチの1つは、児童生徒に対する質問紙調査です。例えば、小学校6年生に対して、「あなたの小学校5年生の時の国語の授業では……グループで活動するときに、一人の考えだけでなくみんなで考えを出し合って課題を解決すること……がありましたか」と聞きます。調査は年度当初に行うことで児童が前の学年の国語の授業を思い出して回答をするという方法をとるわけです（もしくは年度末に行うことで児童が当該年度の学年の国語の授業を思い出して回答をするというアプローチも考えられます）。OECDが実施するPISAやIEAが実施するTIMSS（次頁「指導に係る質問例［1］」参照（5 − 6より再掲））においては、教師の教え方について児童生徒に対して質問紙調査を行っており、こうした質問項目も参考となるでしょう。

---

1 https://www.mext.go.jp/component/a_menu/education/micro_detail/__icsFiles/afieldfile/2019/03/18/1387017_001.pdf p.2.

2. 学級経営・クラス経営

もう1つの仮説は、学級経営・クラス経営についてです。学習指導要領解説（総則編）においては、「学習や生活の基盤として、教師と児童生徒との信頼関係及び児童生徒相互のよりよい人間関係を育てるため、日頃から学級経営の充実を図ること」とされています[2]。

クラスの児童生徒同士の人間関係がどれだけよいか、教師と児童生徒の人間関係がどれだけ構築されているか（教師を児童生徒がどれくらい信頼しているか）が学習の成果を生む上で重要ではないか。もちろん日々の授業において、どのように指導するかという技術も能力の向上に大きな影響を与えるものであると思われますが、それと同じ程度に、教師と児童生徒、児童生徒同士の関係を、授業時間を中心にどう構築していくかも重要なことです。これは現場に近い方ほど肌感覚として理解できるのではないでしょうか。

指導に係る質問例［1］

PISA2018 生徒質問調査　質問項目例

○学校での国語の学習（国語の授業方法）

（1）　先生は、私たちの学習の目標をはっきりと示す
（2）　先生は、私たちが学んだことを理解しているかどうか、確認するための質問を出す
（3）　先生は、授業の始めに、前回の授業のまとめをする
（4）　先生は、学習する内容を私たちに話す

TIMSS2019 生徒質問紙　質問項目例

○数学の授業

（1）　先生が私に何を期待しているかわかっている
（2）　私の先生はわかりやすい
（3）　先生は私の質問にはっきりした答えを返してくれる
（4）　先生は数学の説明がうまい
（5）　先生は、私たちが学習するのを助けるためにいろいろなことをしてくれる
（6）　先生は、新しい授業ですでに私が知っていることと結びつけてくれる
（7）　先生は、私たちがわからなかったときにもう一度説明してくれる

出典：PISA2018、TIMSS2019（5－6より再掲）

2　新学習指導要領 第1章総則 第4節1(1)。https://www.mext.go.jp/component/a_menu/education/micro_detail/__icsFiles/afieldfile/2019/03/18/1387017_001.pdf　p.96.

6-14 アウトプットに影響を与える要因2

本章の最後の節として、教師自身の調査の必要性について説明します。教師が、児童生徒に大きな影響を与える要因である以上、教師自身についての情報が重要です。教師がどのような教育を受けてきたか、どのような研修を受けてきたか、どういった性格であるか、など様々な要素が児童生徒の成長に影響を与えていると考えられます。こういったデータがあることがより分析に資することは言うまでもありません。PISAやTIMSSで採用されています（以下の「指導に関する項目例[2]」参照（5－7より再掲））。

なお、OECDの事業であるGlobal Teacher Insights (GTI)（旧名TALIS VIDEO STUDY (TVS)）（7－14も参照）においては、どういった授業が児童生徒の学力を伸ばすかについて、第三者による授業観察における良い授業の評価項目を定めており、これらの項目も参考となると思われます。

これ以外に項目として重要なのは、5－4や5－5において示したSESに関する質問項目です。例えばTIMSSなどの質問項目では「あなたの親（保護者）が最後に卒業した学校はどれですか」といった直接的な質問項目が使

指導に係る質問項目例[2]

TIMSS2019教師質問紙　質問項目例

○数学の授業における指導（次のことを生徒がするようにどのくらい指導するか）

（1）教師の新しい数学の内容の説明を聞く
（2）教師の問題の解き方の説明を聞く
（3）公式や解き方を覚える
（4）解き方を自分自身で練習する
（5）既に習ったことを自分自身で新しい問題の状況に適用する
（6）教師の指示に従って学級全体で問題に取り組む
（7）能力が混じったグループ内で勉強する
（8）能力が同じグループ内で勉強する

出典：TIMSS2019（5－7より再掲）

われていますが、日本においてこういった調査を行うことは現実的にはかなり困難なことであり、より間接的に、質問項目としては「家にある本の冊数」というようにSESの状況を変数としてコントロールすることが可能となるように工夫することが現実的でしょう。

第6章においては、第7章において因果推論を行うにあたって必要となる要素、インプットとアウトプットについてそれぞれ整理してきました。アウトプットは学力と非認知能力・学習方略について、インプットは指導方法と学級経営、SESについてそれぞれ説明してきました。これらを利用してどのように因果推論を行うのか、その結果、埼玉県学調では、現時点でどのようなことがわかってきているのかについては、次章で説明しましょう。

コラム

埼玉県学力・学習状況調査 [7]
(教育活動、SESについての質問項目、教師調査)

埼玉県学調では2つの仮説を立て、調査を行っています1つは「主体的・対話的で深い学びの観点で行われる授業改善が学力等を向上させるであろう」というもの。もう1つは、「児童生徒同士の人間関係や教師と児童生徒の信頼関係の構築が主体的・対話的で深い学びと相まって児童生徒の能力向上に影響を与えるであろう」ということです(表6－14－1参照(表5－6－1再掲))。

主体的・対話的で深い学びに係る質問項目は、埼玉県教育局と県内4つの教育事務所の指導主事が議論を重ねて作った質問項目であり、学問的な裏付けを持たせる観点から、今後より改善させていく必要があるものですが、後述のとおり、アウトプットとの関係が一定程度明らかとなってきています(なお、7－14で後述するとおり、GTIと埼玉県学調の関係をGTIを実施した戸田市において分析したところでは、一定の相関関係があることが明らかになっており、当該項目に一定の信憑性があることが推察されるところです)。

「学級経営に関する質問項目」も、専門家に意見を聴きつつ、県教育局で作った項目です(次頁参照)。学問的蓄積を踏まえて、今後改善をする必要がありますが、これもアウトプットとの関係が一定程度明らかとなっています。

SESについては、家庭にある本の冊数として「家には、自分や家の人が読む本がどのくらいありますか」という質問項目を使い分析をしています(これはTIMSSでも使用されている質問項目です)。

埼玉県学調では、各教師に対する調査は行っていませんが、戸田市など県内の複数の市町村で教師に対する調査を追加的に行っており、これらのデータと組み合わせることでさらに深い分析をすることが可能となっています。

国語	・友達の考えを聞いて、文章の内容や表現の仕方がよくわかった ・自分の考えを理由をつけて発表したり、書いたりできること ・ノートやワークシート、プリントに書いた授業のまとめを先生に見てもらうこと ・ドリルなどをすること ・グループで活動するときに、一人の考えだけでなくみんなで考えを出し合って課題を解決すること ・授業で課題を解決するときに、みんなで色々な考えを発表すること ・授業のはじめに、先生から、どうやったら課題を解決できるか考えるように言われること ・授業のはじめには気が付かなかった疑問が、授業の終わりに、頭に浮かんできたこと
算数・数学	・課題を解決するときに、それまでに習ったことを思い出して解決できたこと ・自分の考えを理由をつけて発表したり、書いたりできること ・ノートやワークシート、プリントに書いた授業のまとめを先生に見てもらうこと ・ドリルなどをすること ・グループで活動するときに、一人の考えだけでなくみんなで考えを出し合って課題を解決すること ・授業で課題を解決するときに、みんなで色々な考えを発表すること ・授業のはじめに、先生から、どうやったら課題を解決できるか考えるように言われること ・授業のはじめには気が付かなかった疑問が、授業の終わりに、頭に浮かんできたこと
英語	・授業で、友達と英語を使って活動することで、新しい英語の表現を使えるようになりましたか ・授業で、自分や友達の考えや気持ちなどについて、英語で聞く、話す、読む、書くなどの活動を行っていましたか ・授業で、英語を使って活動することで、自分も英語を使ってみたいと思うようになりましたか

表6－14－1　主体的・対話的で深い学びに関する質問項目

出典：「平成29年度埼玉県学力・学習状況調査児童質問紙調査項目一覧」(表5－6－1再掲)
https://www.pref.saitama.lg.jp/documents/97821/situmon06.pdf

学級経営に関する質問項目

・学級での生活は楽しかったですか
・学級は落ち着いて学習する様子でしたか
・あなたの学級はいろいろな活動にまとまって取り組んでいたと思いますか
（運動会や遠足などの学校行事も入ります）
・学校の先生たちは自分のよいところを認めてくれましたか
・学校の先生たちは自分の悩みの相談にのってくれましたか
・学校の友達は自分のよいところを認めてくれましたか【H29 新規】
・先生は、授業やテストで間違えたところや、理解していないところについて、わかるまで教えてくれましたか【H29 新規】

出典：「平成29年度埼玉県学力・学習状況調査児童質問紙調査項目一覧」
https://www.pref.saitama.lg.jp/documents/97821/situmon06.pdf

第 III 部

教育効果の測定結果の分析と活用

第 7 章

因果推論の基礎

第Ⅰ部及び第Ⅱ部においては、教育データとは何か、そしてそれをどのように測定・収集するかという点を説明してきました。その中で学力や非認知能力などを測定しようとしたときに、多くの留意点があることを学んできました。では、現状がわかった上で、それはなぜもたらされたのか、もしくはよりよくする（改善を行う）ためにはどうすればいいでしょうか。例えば、ある児童の 50 メートル走のタイムが速くなった、あるいはあるクラスの学力が向上したとします。当該結果が出たこと自体はデータの「収集」であり、その変化はどうして起きたのだろう、どういった政策・指導を行えば同じような結果をもたらすことができるのだろうと考えることが「分析」になります。第Ⅲ部においては、収集した教育データを分析・活用することについて考えていきます。第 7 章においては、分析方法の 1 つである因果推論の基本的なところを押さえることにしましょう。

7-1 教育データを用いた分析

1. 分析の信頼性

せっかく苦労して集めたデータも、ただやみくもに組み合わせただけでは信頼性のある分析にはなりません。また、特に行政に携わる方が注意しなければならないことですが、分析を行う主体にとって都合の良いつじつま合わせの分析であると第三者に思わせることがないよう、信頼性のある分析を行う必要があります（分析の信頼性の程度については後述）。もちろん、自分たちの力だけで分析をする必要はなく、必要に応じてその道の専門家である信頼できる研究者の手を借りるというのもありうる対策かと思います。

巷には様々なデータが溢れています。また、それらを用いて分析されたものを目にすることも多くあります。ただし、これらのすべてが正しいものばかりではありません。特に、教育効果の分析に関しては、客観性・信頼性に乏しく信頼に足るとは言い難い分析結果が公表されているのも事実です。そして、ある分析が100％正しく、また別の分析が100％間違っているとも言えないのも事実です。分析の信頼性は、0％か100％のどちらかではなく、階層があると考える方が適切かもしれません。

2. エビデンスヒエラルキー

分析の信頼性を考える際に１つの参考になる例として、エビデンスヒエラルキーというものがあります（図７－１－１参照）。これは主に医療の分野で議論されてきたもので、どの方法で分析された結果がどれくらい信頼性があるかが、基準や目安として規定されています。海外では、国や研究機関それぞれが独自の基準を持っていることが多く、様々なものが存在しますが、図７－１－１はこれらを単純化して示しています。もちろん、これは医療分野に適用されているものなので、必ずしも教育にそのまま当てはめられるわけではありませんが、単なる意見や事例だけでは信頼性のある分析と呼ぶことはできず、統計学的に信頼性の高い方法で得られた分析結果の積み重ねによって、信頼性が高まっていくことがうかがえます（図７－１－１に出てくる「ランダム化比較試験」や「擬似実験」については、７－３で説明します）。また、ただ１回の分析をもって、「それが絶対に正しい唯一の分析結果である」と言い切ることはとても難しいことです。データ分析でわかることは一部である、という謙虚さが重要であり、その中で、なるべく信頼性の高い分析方法を積み重ねることで、確からしい結果を追求していくという姿勢が必要ではないでしょうか。

第７章では、因果関係と相関関係の違いや因果関係を分析するためのいくつかの方法を紹介していきます。また、学力・非認知能力などについて今わかっていることについても簡単に紹介していきます。

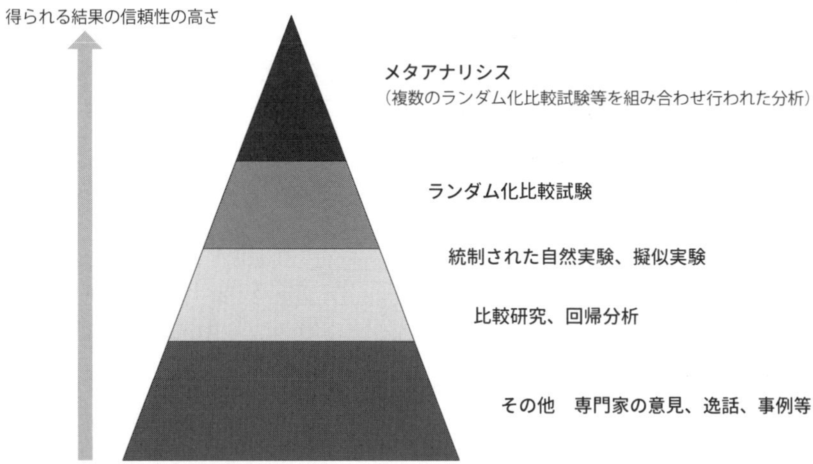

図７－１－１　エビデンスヒエラルキー
出典：諸外国の複数の研究機関におけるエビデンスヒエラルキーを参考に筆者が簡素化して作成。

7-2 相関関係と因果関係の違い

1. 相関関係があっても、因果関係があるとは限らない

教務主任であるあなたは、ある日新聞で「新聞を読んでいる子供の学力が高い」という記事を目にしました。以前より子供たちの読む力が足りていないと感じていたあなたは、子供に新聞を読ませることで学力が伸びているのであれば、新聞を読ませてみよう、と判断し、子供たちが複数の新聞を読めるよう、図書室に新聞を置くことにしました。この教務主任の判断は正しいのでしょうか。

ここで最も気をつけるべきことは、「相関関係」と「因果関係」は異なる、ということです。「相関関係」とは、A という事象と B という事象には関係がある、ということです。一方、「因果関係」とは、事象 A によって事象 B が生じたということを指します。先ほどの例で言えば、「新聞をより読んでいる児童ほど、学力が高い」が相関関係であるのに対し、「新聞を読むことによって、学力が向上する」が因果関係です。相関関係の場合、新聞を読む頻度と学力の高さに関係はありますが、どちらがどちらに影響を与えたかはわかりません。もしかすると、学力が高い児童生徒は文章を読むことが好きなので、新聞を読んでいる可能性があります。つまり原因と結果が逆である可能性があるのです。

今回の問題点は、相関関係しかないことを、あたかも因果関係があると早急に結論づけた点にあります。もっとも、この 2 つの事象については、何らかの関係があるのは事実なので、まったく因果関係がない、と結論を下すこともできません。この相関関係は因果関係であるかもしれない、と仮定して取組を行うということは、十分可能性としてあることにも留意が必要です。

2. 別に原因があるかもしれない

別の日。教務主任であるあなたは、新聞で「朝ご飯を食べている子供の学力が高い」という記事を目にしました。以前より朝ご飯を食べていない子供の学力が低いということを感じていたあなたは、朝ご飯を食べていない子供が登校後に何か食べることができるように、朝給食を導入することを決めました。この教務主任の判断は正しいのでしょうか。

先ほどの事案と異なり、学力が高まることによって朝ご飯をより食べるようになるという、原因と結果が逆の可能性があるということは、この事案においてはなさそうです。しかしながら、この朝ご飯と学力の間の相関関係から因果関係があると結論づけることは正しいのでしょうか。もしかすると、朝ご飯を食べていて、学力が高い児童生徒の保護者は、自身の子供を育てることに非常に熱心で、朝ご飯もきちんと作るし、学力が身につくように家庭教育もしっかりとしているのかもしれません。つまり、朝ご飯と学力の間に相関関係があるように見えたのは、実は別のもう 1 つの原因がそれぞれに影響を与えていたからであって、朝ご飯と学力が原因と結果の関係にあったわけではなかったかもしれないのです。

このように相関関係があることから一見すると因果関係があるように見えるものには、別の要因が隠されていることがあるため、相関関係があることをもって必ず因果関係があると結論づけることには注意が必要です。この事案においても、朝食と学力の関係において因果関係がないと結論づけられるわけではない点に注意が必要です。あくまで相関関係があることがただちに因果関係があることにならない、と留意することに意味があるのです。したがって、因果関係があるのではないかと仮定して、朝給食を提供するという判断は十分ありえます。

7-3 因果関係を分析するための方法①

事象AとBの間に因果関係があることを示すためには、事象Aによって事象Bが生じたということを示さなければなりません。実は、多くの場合において、このことを示すのはそう簡単なことではありません。一見、事象Aによって事象Bが生じたように見えても、そうでない場合もあります。事象Aによって事象Bが生じたことをより統計学的に妥当な形で示すためには、①「事象Bが生じたために事象Aが生じた可能性（あるいは、事象Aと事象Bがお互いに影響を及ぼし合っている可能性）」、②「事象Cという別の要因によって、事象Aと事象Bの両方が生じた可能性」など、他の様々な可能性を排除しなければなりません。それでは、どのようにしてこれらの可能性を排除すればよいでしょうか。

1. ランダム化比較試験（RCT）

因果推論の手法はいくつか存在します（表7－3－1参照）。有力な方法の1つは、5－4で述べたとおり、ランダム化比較試験（Randomized Controlled Trial：RCT、「アール・シー・ティ」と読みます）と呼ばれる実験的な方法です。これは、新薬の効果や安全性を確かめるときなどによく用いられる方法で、ある集団から、何らかの介入を行うグループと、介入を行わないグループを無作為に割り当て、介入を行ったグループに生じた結果と、介入を行わなかったグループに生じた結果とを比較することで、その介入の純粋な効果を測定するという方法です（詳しくは、エステル・デュフロ、レイチェル・グレナスター、マイケル・クレーマー著、小林庸平監訳・解説『政策評価のための因果関係の見つけ方――ランダム化比較試験入門』（日本評論社、2019年）をお読みください）。この手法のメリットは、統計学的に妥当な方法で因果関係の検証が可能である点にあります。一方、デメリットとしては、実験の方法

	メリット	デメリット
ランダム化比較試験（RCT）	・理論上最も妥当な因果推論が可能	・実際の教育現場では実現が難しい
擬似実験	・比較的妥当な因果推論が可能 ・工夫によっては教育現場での活用もしやすい	・ランダム化比較試験と比較すると因果推論の妥当性は低い
回帰分析	・データさえあれば、実験的な方法を用いずに分析することが可能	・ランダム化比較試験や擬似実験と比べ因果推論の妥当性は低い

表7－3－1　因果関係を推定する方法とそれぞれのメリット・デメリット

として、介入を行うかの割り当てについて無作為性を担保しなければならないため、特に子供の教育など、子供の人生に直接関わるようなテーマの場合、倫理的な理由などから現実的に実施が困難であるということが挙げられます（RCTを行ってはいけない、という意味ではありません。RCTが支障なく実施できる場面があれば、もちろん許容されます）。

2.　擬似実験

また、ランダム化比較試験のような直接的な実験ではないものの、あたかもランダム化比較試験を行ったかのような状態を作り出す方法として、「擬似実験」と呼ばれる手法があります。この擬似実験には、「差の差分析法」や「回帰不連続デザイン」など複数の手法が存在します。これらの手法のメリットは、完全に実験的な方法ではないため、ランダム化比較試験のデメリットとして挙げられるような、実験の行いづらさというのがなく、子供の教育に関する分析などにも応用が利くということが挙げられます。一方、デメリットとしては、完全に無作為性が担保されているわけではないため、ランダム化比較試験ほど妥当な因果関係の検証はできないということが挙げられます。

3. 回帰分析

ランダム化比較試験や擬似実験以外の方法として、回帰分析があります。実験的な方法や擬似実験ではなく、すでに存在しているデータであっても用いることができるのが特徴で、結果となる変数と要因となる変数の関係を調べて、それぞれの関係を明らかにしようとする手法です。要因となる変数を「説明変数」、結果となる変数を「被説明変数」と言い、「説明変数」が１つの場合を「単回帰分析」、複数の場合を「重回帰分析」と言います。すでにあるデータを用いて回帰分析を行う手法は、大変手軽に行うことができるというメリットがあります。一方で、デメリットは、因果推論の妥当性（データ分析をもとに因果関係があると判断できる余地）がランダム化比較試験等に比べて低くなってしまうということが挙げられます。

これらの手法については、それぞれ７－４、７－５、７－６で説明します。

7-4 因果関係を分析するための方法[2] ランダム化比較試験

ランダム化比較試験（RCT）は、ある集団のうち、何らかの介入を行うグループと、介入を行わないグループを無作為に割り当て、介入を行ったグループに生じた結果と、介入を行わなかったグループに生じた結果とを比較することにより、介入の効果を測定するという方法です。このとき、介入が行われるグループを「介入群」（または「実験群」）、介入が行われないグループを「対照群」と呼びます（4－4も参照）。

1. 無作為抽出の必要性、選択バイアス

「ランダム化比較試験」という名前が表しているとおり、この手法では、それぞれのグループの割り当てを「無作為」（ランダム）に行わなければなりません（無作為抽出については、4－6、4－7を参照のこと）。割り当てを無作為にしなければならないのはどうしてでしょうか。例として、朝読書を1年間続けたクラスAと、そうでないクラスBの1年後の学力を比較する場合を考えてみましょう（図7－4－1参照）。まず、クラスAでは、毎朝10分間の朝読書を児童が行うこととします。そして、クラスBでは、朝の同じ時間は、自由時間として何をしてもよいということにします。ここで、児童やその保護者がクラスA、クラスBのどちらかを選択できるとしたら、どのようなことが起こるでしょうか。おそらく、自由時間として何もしないより、毎朝必ず読書を10分間行う方がよいと考えるような教育熱心な保護者や、もともと読書が好きな児童がクラスAを選ぶ傾向があるでしょう。この例からもわかるように、クラスAには、教育熱心な保護者を持つ児童や、もともと読書が好きな児童が多くなる可能性が高く、1年間の朝読書の実施と関係なく、クラスを選択した時点で、そもそも学力等に偏りがある可能性が出てきてしまいます。このようにして生じた偏りを「選択バイアス」と呼び

ます。介入群と対照群の割り当てに無作為性が担保されない場合、最終的に得られたクラスAとクラスBの結果の差が、介入によって生じたものなのか、それとも選択バイアスによって生じたものなのか、あるいはその両方の要因によって生じたものなのか、わからなくなってしまいます。

他方、クラスA、クラスBへの配属を選択できないようにして、無作為に児童を選んだ場合（図7－4－2参照）、もともと児童が持っている特性（この場合、保護者の特性や児童がもともと持っている好みは当然のこととして、性別、学力、体力などを含みます）に偏りが生じず、1年後の学力の差は、クラスAとクラスBにおけるそれぞれの朝の時間の過ごし方の差に起因していると考えることができます。つまり、仮にクラスAの方がクラスBより学力が高い児童が多かった場合、1年間取り組んだ10分間の朝読書の成果が学力向上という結果として現れたと推測することができます。

2. RCTが直面する困難

しかしながら、通常のクラス分けとは異なり、保護者の意向をまったく聞かずに、一方のクラスではある取組を実施し、もう一方ではその取組を実施しないというのは、実際にはなかなか難しい場合もあります。もちろん、工夫によっては、教育現場にランダム化比較試験を導入することも可能ですが、「子供たちに対して実験をしてよいのか」といった批判が起こる可能性もある中で、この方法の導入に消極的になってしまう学校関係者の気持ちもよくわかります。次節では、ランダム化比較試験以外の方法についても紹介したいと思います。

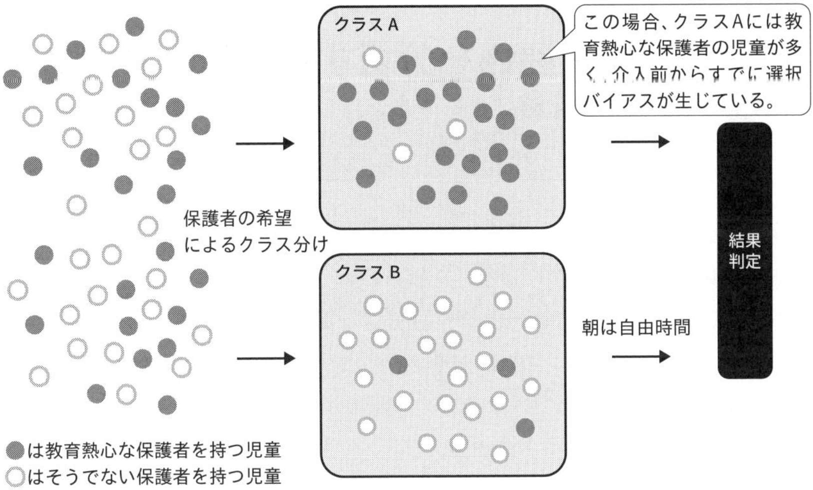

図7－4－1　選択バイアスが生じている例

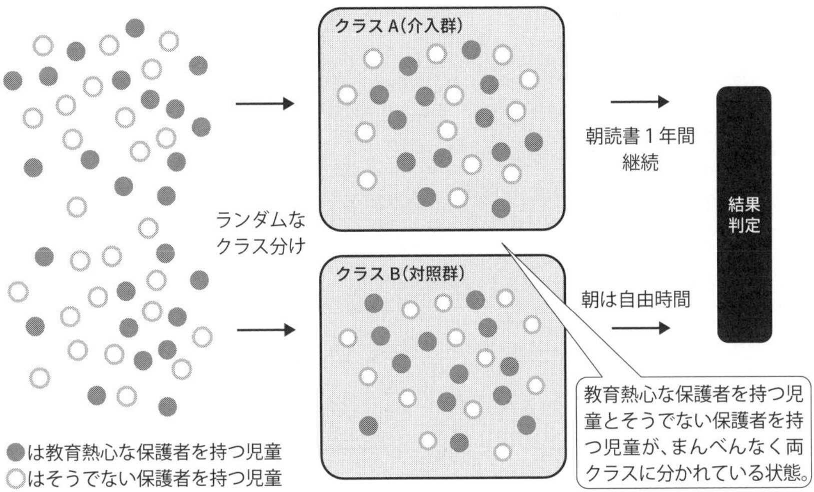

図7－4－2　無作為な割り当ての例

7-5 因果関係を分析するための方法③
擬似実験

ランダム化比較試験は、統計学的に妥当な因果推論を可能にする一方、倫理的な理由などから現実的に行いづらいというデメリットがあります。ランダム化比較試験のような直接的な実験ではないものの、あたかもランダム化比較試験を行ったかのような状況を利用して分析する方法として、「擬似実験」と呼ばれる手法があります。擬似実験の中には、これから説明する「差の差分析法」のほか、「操作変数法」「マッチング法」「回帰不連続デザイン」など、様々な方法があります。

これらのうちのいくつかは、やや専門的な説明が必要になるため、ここでは教育現場でも活用しやすいものとして、「差の差分析法」(Difference in Differences：DID、「ディー・アイ・ディー」と読みます)を紹介します。名前だけ聞くと、何やら複雑で難しい印象を受けるのですが、考え方は非常にシンプルでわかりやすく、教育現場の方にも扱いやすいのではないかと思います。ここでは、例として、ボール投げの記録を考えてみましょう(図7－5－1及び図7－5－2参照)(4－4では学力を例として取り上げています)。

あなたが担任を受け持つ5年1組の児童の投力を向上させるため、1学期の初めから、クラスの全児童に対して放課後に週1回、投球の特別教室を導入したとします。そして、年度末にその成果を見極めるため、全児童の記録を取り、平均記録を算出したところ、17.2メートルだったとします。一方、特別教室を行っていない5年2組の児童の平均的な記録が年度末には17.9メートルだったとします。この結果のみを比較して、あなたが導入した放課後特別教室はあまり効果がなかったと言えるでしょうか。

もちろん、これだけでは特別教室の効果はわかりません。5年1組にはも

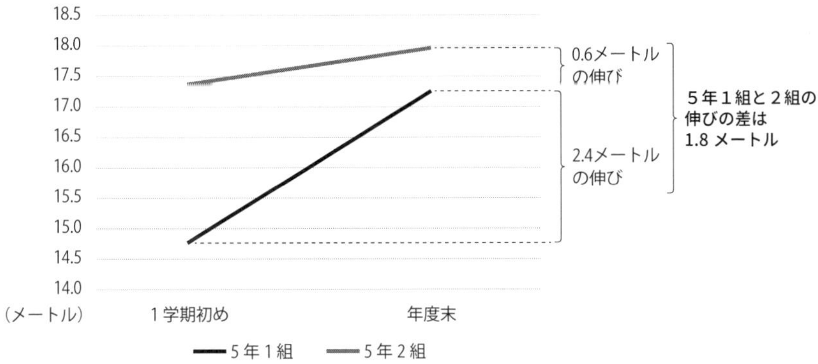

図7－5－1　差の差分析法の例（ボール投げの記録の推移）

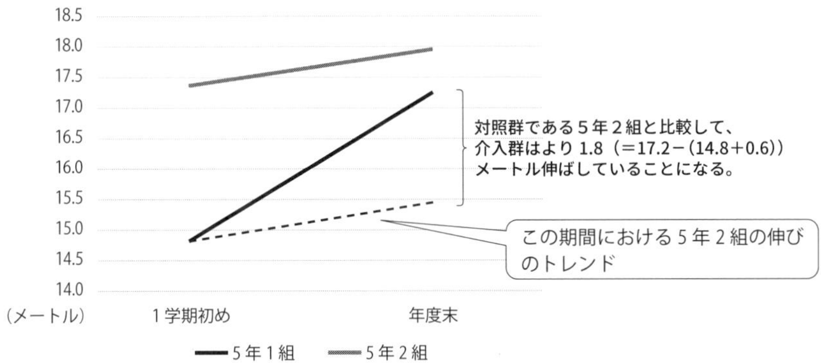

図7－5－2　差の差分析法の例（ボール投げの記録の推移）

ともと投力が高くない児童が集まっていたのかもしれません。本書で、これまでも言及していますが (4 － 3)、ある取組の効果を推定するには、その取組が行われる前と後の比較をすることが必要です。ここでは、仮に5年1組と5年2組で、ともに1学期の初めにもボール投げの記録を取っていた場合を考えましょう。1学期の初めの時点では、5年1組の平均記録が14.8メートル、5年2組の平均記録が17.3メートルだったことがわかりました。これらのことから何がわかるでしょうか。

1学期の初めと年度末の平均記録をそれぞれ比較した場合、取組をした5年1組は2.4メートルの伸びがあり、取組をしていない5年2組では0.6メートルの伸びがあることがわかります。つまり、取組をしていなくても0.6メートルの伸びがもたらされる前提で、取組を行っている場合には、それに加えた伸び、すなわち1.8メートル（2.4メートル − 0.6メートル）の伸びがもたらされたと考えるわけです。1学期の最初と年度末の「差」について、5年1組と2組の「差」を見るため、このような方法を「差の差分析法」と呼びます。

差の差分析法を用いることで、1学期の初めから年度末にかけて、取組を行った5年1組の方が、行っていない5年2組の児童よりも、ボール投げの距離をより伸ばせたと評価することができます。そして、この結果から、この1.8メートルの伸びを5年1組が実施していた放課後の特別教室の効果であると解釈することができます。

ランダム化比較試験のように、クラス編成を無作為に行っていれば、理論上は1学期初めのボール投げの平均記録は、両クラスで差がないはずですが、実際には、完全に無作為にクラス編成を行うことは難しい（もちろん学校にもよると思いますが、通常、クラス編成を考えるとき、学力や児童生徒同士の相性なども考慮しつつ、教師たちが話し合いで決めることが多く、厳密な意味で無作為にクラス編成を行うことはあまり考えられないと思います）ため、このような擬似実験は大変有益です。

7-6 因果関係を分析するための方法④ 回帰分析

ランダム化比較試験や擬似実験が行えない場合や、すでに取得しているデータを用いてある取組の事後検証を行いたい場合などは、回帰分析を用いることによって、その取組の効果を推定することができます。ただし、ランダム化比較試験や擬似実験に比べると、その結果の因果推論における妥当性はかなり劣ってしまうことに留意する必要があります。

1. 回帰分析とは

回帰分析とは、ある変数 *X* の変化によってもう一方の変数 *Y* が変化する、つまり *X* が *Y* の原因であるという想定のもとに、*X* と *Y* の（相関）関係を分析する方法です。この場合、*X* を「説明変数」もしくは「独立変数」と呼び、*Y* を「被説明変数」もしくは「従属変数」と呼びます。実際には、回帰分析のみによって *X* と *Y* との間に本当に因果関係が存在するかどうかを確定することは困難です。しかしながら、ランダム化比較試験や擬似実験ほど実施のハードルが高くないため、とりあえず手元にあるデータを使って、因果関係を推定しようとする際には使いやすい手法です。回帰分析のみでは、統計学的な信頼性が高い因果推論を行うことは難しいのですが、先行研究やその他の方法によって補足することで信頼性を高めることも可能です。

2. 単回帰分析

回帰分析には、「単回帰分析」と「重回帰分析」があります。単回帰分析は、2 つの変数の間の関係性を評価する方法です。例えば、1 週間当たりの家庭での勉強時間と学力調査の結果という 2 つの変数について、勉強時間が多いことが原因となって、学力調査の点数が高い結果となるということを想定し、分析を行うことができます。もちろん、この分析のみで因果関係を決定づけることはできません。

3. 重回帰分析

重回帰分析というのは、説明変数が 2 つ以上ある場合の回帰分析です。例えば、「学力調査の点数」を「家庭の年収」と「1 週間当たりの家庭での勉強時間」の 2 つの要因で説明しようとする場合が考えられます。「学力調査の点数」と「1 週間当たりの家庭での勉強時間」の関係のみで分析（単回帰分析）しようとした場合、仮に両者に関係があったとしても、「家庭の年収」が高い場合に「家庭での勉強時間」が高くなり、また「学力調査」の結果が良かったとすると、「家庭での勉強時間」と「学力調査の結果」の関係は実際は「家庭の年収」が生み出しているに過ぎない（この場合の「家庭の年収」を「交絡因子」（両方に影響を与える要素）と言います）可能性があり、単回帰分析の結果をもって、家庭での学習時間を増やすことで学力調査の結果を向上させようとする取組が妥当かどうかは判断できません。しかし、もし「家庭の年収」もあわせて説明変数に入れた場合（重回帰分析）、「家庭の年収」を考慮しても（ここで言う「考慮する」とは、「その影響を排除ができている」という意味で捉えてください）、「家庭での勉強時間」と「学力調査の結果」の関係が認められる場合には、これら 2 つの変数の間に何らかの関係があるという可能性が高まります。

単回帰分析でも重回帰分析でも、表計算ソフトなどを使用すれば、誰でも簡単にこうした分析を行うことができます。仮に重回帰分析を行った場合でも、その分析は相関関係を表しているに過ぎず、因果関係の検証にはやはり限界があることを指摘しておきます。ただし、「交絡因子」と呼ばれる要因を見つけ、それを説明変数に加えることで、因果推論を行うことができる場合もあります。交絡因子とは、原因と結果の両方の変数と関連がある「第 3 の要因」のことですが、詳細な説明は専門書に譲ることにします。

7-7 パネルデータの利用価値

1. 「パネルデータ」・「縦断調査」とは

皆さんは「パネルデータ」や「縦断調査」という言葉を聞いたことがあるでしょうか。4 − 3、6 − 4で少し触れましたが、時間を一時点に固定して各地点、各グループなどで起こっていることを記録したのが「クロスセクションデータ」であるのに対して、その特徴とともに、時間ごとにデータを記録した「時系列データ」としての特徴も有するデータのことを「パネルデータ」と言い、パネルデータを収集する調査を「縦断調査」と言います。例えば、A市の中学校の3年生全員のある年の学力調査の得点を集めたものはクロスセクションデータになります。一方、A市のA中学校の3年生のある生徒aaさんの学力調査の得点を過去3年間にわたって集めたものは、時系列データになります。これら両方の特徴を組み合わせ、A市の中学校の3年生全員の学力調査の得点を過去3年間にわたって集めたデータが「パネルデータ」であり、当該調査が「縦断調査」ということになります（図7 − 7 − 1参照）。

2. パネルデータ・縦断調査のメリット

パネルデータを用いると、同一主体（個人、学校、企業等）を集団で複数年にわたって調査し続けられるため、ある政策や取組とその効果の関係を観察しやすくなります。例えば、先ほどのA市の中学校の例で考えた場合、過去3年間のうち、中学校2年生から3年生にかけて、市内の3校だけをピックアップして、ある教育的な取組を行ったとします。この場合、仮にこの3校を無作為に割り当てた場合には、ランダム化比較試験とみなせることになり、中学校2年生から3年生にかけてのこの3校の学力の変化とその他の学校の学力の変化を比較することで、この取組と学力変化の因果関係を高い

時系列データの例
（A市B中学校３年のaaさんの過去３年間の学力調査の得点）

受検時期	学力調査の得点（５教科）
中学校１年次（2018年）	388
中学校２年次（2019年）	404
中学校３年次（2020年）	391

時系列データとクロスセクションデータの特徴を兼ね備えたデータ

クロスセクションデータの例
（ある年のA市中学校３年生全員の学力調査の得点）

中学校名	生徒名	学力調査の得点（５教科）
A	aa	391
A	ab	289
A	ac	359
⋮	⋮	⋮
B	ba	229
B	bb	456
B	bc	309
⋮	⋮	⋮

パネルデータの例
（A市中学校３年生の過去３年間の学力調査の得点）

受検時期	中学校名	生徒名	学力調査の得点（５教科）
中学校１年次（2018年）	A	aa	388
中学校１年次（2018年）	A	ab	329
⋮	⋮	⋮	⋮
⋮	B	ba	354
⋮	B	bb	441
⋮	⋮	⋮	⋮
中学校２年次（2019年）	A	aa	404
中学校２年次（2019年）	A	ab	379
⋮	⋮	⋮	⋮

図７－７－１　パネルデータ

信頼度で検証することができます。また、この３校の割り当てが仮に無作為でなかったとしても、差の差分析法などの擬似実験を用いることで、この取組と学力変化との因果推論が可能となります（実は、差の差分析法は、パネルデータ分析の１つです）。

3.　パネルデータを用いた重回帰分析

パネルデータを用いた重回帰分析は、クロスセクションデータを用いたものよりも精緻な分析を可能とします。クロスセクションデータを用いた重回帰分析では、児童生徒の社会経済的背景（SES）や本人に本来備わっている資質といった要因が排除されていない場合、仮にある取組と学力の関係を分析したとしても、取組の効果がSESや資質などの影響によるものか取組によるものかを区別することができません（このような排除されていない要因がもたらす影響を欠落変数バイアスと言います）。しかしながら、パネルデータを用いる場合、SESや資質が急に変わらないという前提に立てば、取組における変化と学力の変化の関係を見ることによって、欠落変数バイアスとなりうる要因を「固定効果」として除去し、取組と学力の関係をより純粋に取り出し分析することが可能となるのです。もちろんこの場合においても、SESなどの欠落変数バイアスとなりうる要因に係るデータは取れた方が望ましいですが、単純な重回帰分析よりも、因果推論の精度は格段に上がることになります。

ただし、大変残念なことに、こうしたパネルデータを収集する調査（「縦断調査」）は、これまで学校などの教育現場の関係者において実施されることは決して多くありませんでした。多くの学力調査は、毎年のように実施されているのですが、例えば、毎年の小学校5年生のみを対象にした学力調査など、学年を固定した調査が多数を占めており、同じ学年集団を複数年にわたって継続的に調査した事例はあまり多くありませんでした。

コラム

パネルデータとなっている地方自治体が実施する学力・学習状況調査の拡大

平成27（2015）年から埼玉県が小学校4年生から中学校3年生までの全児童生徒（約30万人）を対象にした学力・学習状況調査を開始し、学力等を含んだ膨大なパネルデータの蓄積を進めています。

当該調査はその後、福島県や鳥取県、横浜市など、他の自治体にも広がりを見せています（表7－7－1参照）。このような動きによって、日本全国で教育に関するパネルデータが蓄積することで、優れた教育政策や取組の検証や共有が進むことを願っています。

IRT・パネルデータを活用した学力・学習状況調査が全国的に拡大している。
※複数の自治体においてCBTによる実施を準備・開始

	参加市町村数	開始年度
福島県	59	平成30(2018)
埼玉県	62	平成27(2015)
京都府内	6	令和３(2021) ※うち２市町は 令和２(2020)
鳥取県内	14	令和２(2020)
高知県内	10	平成31(2019)
横浜市	–	令和３(2021)

	開始年度
宮城県白石市	平成31(2019)
東京都三鷹市	令和２(2020)
神奈川県小田原市	令和３(2021)
神奈川県秦野市	令和３(2021)
広島県福山市	平成30(2018)
島根県益田市	令和２(2020)

表７−７−１　縦断調査の実施自治体（筆者が把握する限りにおいて掲載）
出典：筆者作成。

7-8 平均の問題点

1. 平均が示す教育力

家を買おうと考えたあなたが、関連雑誌において以下の内容を見つけたとき、どう思うでしょう。「全国的に実施されている学力調査の結果をとある県内で市町村ごとに比較したときに、平均点が一番高い A 市は 70 点であるのに対し、平均点が一番低い B 町は 30 点であった。A 市は県内で一番教育力がある自治体である」。

「C 市内の全小学校の学力調査の結果を比較したときに、D 小学校と E 小学校の平均点がともに 60 点で最高、F 小学校の平均点が 40 点で最低であった。D 小学校と E 小学校の教育力が C 市内で最も高い。不動産選択の参考にすることをお勧めする」。

前提として、学力が高いか低いかは、学校の教育だけによってもたらされるわけではないことは、繰り返し述べているとおりです (5 − 3)。図 7 − 8 − 1 は、IRT・パネル型の学力・学習状況調査を実施している横浜市の例[1]ですが、これを見てもわかるとおり、学力が高い学校を色分けして並べた場合 (図の左側)、同じ順番で学力を伸ばした学校 (図の右側) が並ぶわけではないことがわかります。学力などの児童生徒の能力については、社会経済的な状況 (SES) の影響を強く受けることは繰り返し指摘されているところであり、学力が高いから教育力のある市町村・学校である、低いから教育力のない市町村・学校であるという結論を導くことは早計です (繰り返しますが、学力が高い自治体の教育力が高くないと言っているわけではありませんので、ご注意ください)。

1 https://www.city.yokohama.lg.jp/kurashi/kosodate-kyoiku/kyoiku/plankoho/plan/kyoikuplan/kyouikushinko.files/0110_20220901.pdf

IRT型の横浜市学力・学習状況調査の分析でわかったこと

「学力」平均が低い学校も、大きく「伸ばす」ことができる

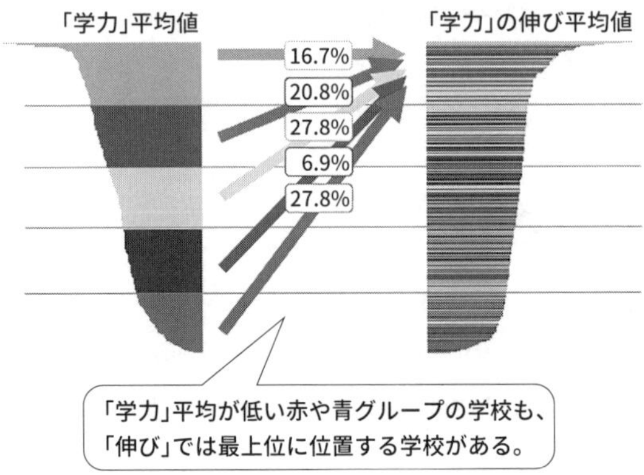

図7－8－1　「学力の高い学校」・「学力を伸ばす学校」

出典：「令和4年度 横浜市総合教育会議資料」より抜粋。
https://www.city.yokohama.lg.jp/kurashi/kosodate-kyoiku/kyoiku/plankoho/plan/sogokyoiku/r4.files/0019_20230125.pdf

2.　平均を見る際の留意点

平均という数字は、教育力の比較として用いることの危険性に加えて、多くの留意点をもって見るべき数値と言えます。

先ほどの例において、とある県内で一番平均点が低いのはB町（30点）となっていました。しかし仮にB町の児童で、当該学力調査を受けた児童が2人しかいなかった場合はどうでしょう。当該児童2名が60点と0点でも平均点は30点になってしまいます。非常に優秀な転校生が現れて100点をとり、0点の児童が風邪で休んだ場合には、平均点は80点となり、県内で最も平均点が高い市町村ということになってしまいます。このように、平均は特に大きく中心から外れた数値の影響が出やすく、サンプルサイズ（ここでは、分母となる児童生徒数）が少なければ少ないほどその影響が強く出るという特徴があります。

もう1つの例でD小学校とE小学校は平均点が60点で市内で最高ということになっていますが、これも実情はかなり異なる可能性があります。D小学校は調査に参加した20人がほぼ55点から65点の間にいるのに対して、

E 小学校では調査に参加した 20 人は、最低が 20 点から最高は 100 点まで大きな幅の間でばらけていたとします。また D 小学校は 60 点をとった人数が最も多く、人数のばらつきは 60 点を頂点として前後で徐々に減っているのに対して、E 小学校は 80 点と 40 点に大きな山があり、いわゆる二こぶラクダの状況になっていたとします。このように点数の分布の仕方に違いがあっても、D 小学校と E 小学校の平均点は 60 点で同じということになります。

このように、平均というのは、わかりやすい代表値である一方で、特徴を指し示す数値としては一長一短あるのですが、これのみをもって全体を理解しようとする傾向が教育行政の中にあるきらいがあります（これを、巷では「平均の呪縛」と呼んだりもします）。

3. 中央値と分散

平均値だけでなく、全体を捉える代表値として、「中央値」と「分散」を紹介します。「中央値」とは文字どおり、全体を大きい順（小さい順）に並べたときの、真ん中の数値のことです。例えば、表 7 － 8 － 1 にある F 小学校と G 小学校の児童の学力調査の結果については、平均点はどちらも約 60 点ですが、中央値は大きく異なります。

	1	2	3	4	5	6	7	平均	中央値	分散
F小学校	100	100	90	40	35	35	30	約60	40	－
G小学校	70	65	60	60	60	60	40	約60	60	－
H中学校	100	90	80	50	20	10	0	50	－	約1430
I中学校	65	60	55	50	45	40	35	50	－	100
J中学校	80	80	80	50	30	30	30	50	－	約540

表7－8－1　各学校の児童生徒1～7の点数

また、「分散」とは、データがどの程度散らばっているかを表しています。平均値に近いところにデータが集中している場合は分散は小さく、平均値から遠いところに分布している場合は、分散は大きくなります（分散の計算方法については統計学の本をお読みください）。表7－8－1で言えば、H・I・Jの各中学校は、平均点についてはすべて50点ですが、分散は大きく異なります（より分散しているほど、分散の値は大きくなります）。

このように、同じ平均でも状況が異なることを考えれば、平均だけで結論を出すことは早計であり、中央値や分散などと組み合わせてみることが必要でしょう。注意していただきたいのは、平均を使ってはいけないということではないということです。平均が、全体を捉えるのに便利な代表値の1つであることは事実です。ただ、利用する場合は平均が表すことの限界、留意点を理解した上で使うこと、他の代表値と組み合わせるなど、より多角的に捉える努力をすることが必要であるということです。

7-9

学力・非認知能力などについて今わかっていること1

パネルデータを用いてどのように分析するのか

第７章の前半では、因果関係を推定する「因果推論」の方法について説明してきました。相関関係と因果関係の違いを前提として、因果関係を推定するためにいくつかのアプローチがあること、その中でも、パネルデータを用いた因果推論は、教育に関する実験を行うのが難しい日本では有用なアプローチであることを説明してきました。また、第６章においては、パネルデータによる因果推論を行う場合に、どのようなデータを収集する必要があるかについて解説しました。第６章を通じてコラムという形で紹介した埼玉県学力・学習状況調査（埼玉県学調）は、まさにこれらのデータを集めているわけですが、これらのデータを用いて分析し、因果関係を検証した結果どのようなことがわかっているのか、筆者らが関わった内容を中心に、分析結果の一部を皆さんと共有したいと思います（詳細は研究者による調査報告書等をお読みください[1]）。

埼玉県学調においては、分析をするにあたって、３つの仮説を立てました。第１に、非認知能力や学習方略を伸ばすこと（原因）によって、学力が向上する（結果）のではないか。第２に、非認知能力等や学力を伸ばす（結果）のにアクティブ・ラーニング（主体的・対話的で深い学び）が有効（原因）なのではないか。第３に、学級経営（児童生徒同士の人間関係や教師と児童生徒の信頼関係）（原因）も児童生徒の能力の向上にとってプラス（結果）となる要因ではないか。これらの仮説は、過去の調査研究においても立証されてきたものであり、埼玉県学調を用いて検証できるのではないかと考えたわけです。

これらの仮説を確認するために、アウトプットのデータとして学力と非認知能力に関するデータを、インプットのデータとしてアクティブ・ラーニングと学級経営に関するデータをそれぞれ集めつつ、SESに関するデータと

1　https://www.pref.saitama.lg.jp/documents/52863/houkokusyo29-hp.pdf

して、家庭にある本の冊数と通塾時間を用いることにしました。

分析方法は、パネルデータを用いた重回帰分析を行い、因果関係を検証するというものです（本書においては、具体的な数式などは示しませんが、詳細は、前述の埼玉県学調の調査報告書のページへアクセスすれば、ご覧いただくことができます）。簡単に言うと、結果とされる変数を Y（左辺）に、原因とされる変数を X（右辺）に代入します。パネルデータで因果推論をする場合には、結果を表す変数のうち変化前のデータも X に代入することになります。埼玉県学調においては、学力への影響を見るのであれば、下記のとおり2020年の学力のデータを Y（左辺）に代入して、非認知能力、アクティブ・ラーニング、学級経営といった変数を X の側（右辺）（この場合は X は複数ありますので、非認知能力が X_1、アクティブ・ラーニングが X_2、学級経営が X_3 となります）に代入した上で、2019年の学力のデータも X の側に説明変数として入れたときに、これら X が変化することで Y が変化するかどうかを見るわけです。

このとき、SESなどの情報は、他の変数と比べると変化量が少ない、と考えられることから、変わらないものとして扱うことが可能です。したがって、仮にSES情報がなかったとしても、Y の**変化**と X の**変化**の関係を見ることで、変わらないものは変化の前後で影響を与えないので分析は可能とされています（変化しないものは「固定効果」として除去されるためです）。ただ、より正確に分析するためには、SESについても変化量として扱い、X の1つとして代入することになります。埼玉県学調の場合には、本の冊数と通塾時間について、それぞれ X_4、X_5 とします。

これを式で表すと下記のようになりますが、これらがどのような関係になっているのかを次の節で見てみましょう。

$$Y_{it}=b+a_1X_{1it}+a_2X_{2it}+a_3X_{3it}+a_4X_{4it}+a_5X_{5it}+a_6Y_{i(t-1)}+\varepsilon_{it}$$

Y＝学力
X_1＝非認知能力
X_2＝アクティブ・ラーニングの実施
X_3＝学級経営
X_4＝SES（本の冊数）
X_5＝学力（通塾時間）

ε＝誤差項（説明変数以外の要因）
i：児童生徒個人を表す添え字
t：時点（年）を表す添え字

7-10 学力・非認知能力などについて今わかっていること②

学力は伸びているのか［1］

前節で示した仮説について分析した結果、どのようなことがわかったでしょうか。

まず、そもそも学力は向上しているのか、という点です。この点については、学力は、確実に向上している一方、学年によっては、その伸びに違いがあることがわかってきました。

ここで児童生徒の能力がどのように推定されるかについて概説しましょう。埼玉県学調は「垂直等化」したIRTを採用しています（IRTについては6－5を参照）。IRTには同じ学年の異なる年度の児童生徒でも、同じレベルの異なる問題を使って能力測定が同じようにできるようにする「水平等化」と同じ子供が学年が変化しても、異なる問題を使って能力の変化を測定できるようにする「垂直等化」があります。一般的に「垂直等化」の方が「水平等化」よりも設計が難しいと言われています。詳細は、別府正彦著『「新テスト」の学力測定方法を知るIRT入門』（河合出版、2015年）や、豊田秀樹著『項目反応理論［入門編］』（第2版、朝倉書店、2012年）といった専門書に譲ります。

垂直等化したIRTに基づくと、各問題に絶対値としての難易度が推定され（この難易度は小学校5年生が解いても中学校2年生が解いても変わりません）、当該難易度が推定された問題を複数パッケージで解くことによって、本人の能力値が推定されます。埼玉県学調においても、問題ごとに難易度が定まっており、問題が解けたかどうかに応じて12レベル、さらに各レベルが3段階（例えばレベル4－A、4－B、4－Cに分かれ、C<B<Aとレベルが上がります）に分かれており、全体として36段階の学力水準が測定できます（1（1－C）が最低、36（12－A）が最高）（図7－10－1を参照（図6－4－3再掲））。この児童は小学校4年生のときに解いた問題を踏まえて、能力が4－A（36段階では12）であることが推定され、1年間学習した後、小学校5年生のと

国語　教科に関する調査結果

今までの学力の変化

あなたの学力は、「レベル6まで伸びました。」

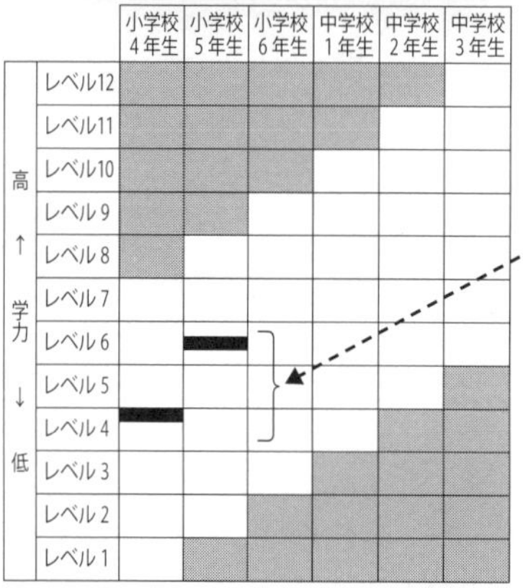

・学力のレベルをバーの位置で表している。
・学力のレベルは 1～12段階あるが、測定は各学年 7 レベルの間で行う。

学年	学力のレベル
小学校 4 年生	レベル 1～レベル 7
小学校 5 年生	レベル 2～レベル 8
小学校 6 年生	レベル 3～レベル 9

学年	学力のレベル
中学校 1 年生	レベル 4～レベル10
中学校 2 年生	レベル 5～レベル11
中学校 3 年生	レベル 6～レベル12

・１つのレベルは、それぞれ 3 層に分かれており、同じレベルの中で、スモールステップの伸びを表す（合計36）。

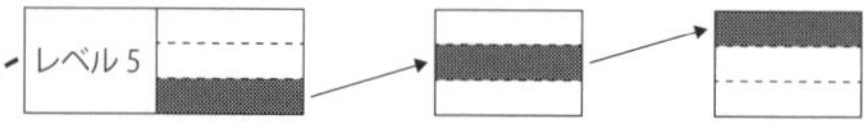

・前学年のバーの位置と、今回のバーの位置を比べると、学力の変化が分かる。

※この児童は 4－A から、 6－B へ学力が向上

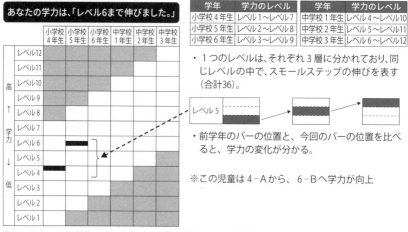

図7－10－1　個人結果票：小学校5年生の例（学力の伸び）（図6－4－3再掲）
出典：「平成28年度埼玉県学力・学習状況調査報告書」

きに改めて問題を解いたところ、6 － B（36 段階では 17）であることが推定されています。この差分（36 段階では 5 段階分）が学力が向上したという扱いになるということです。

では、この 36 段階について、まず、各学年において大体どの程度の学力を達成しているのか、そして学力はどのように向上しているのかを見ていくことにしましょう。

図 7 － 10 － 2 は、令和 2（2020）年度の中学 3 年生集団が 6 年間で国語に関してどのように学力を変化させたかを示したものです。もちろん、個々の児童生徒の状況は異なりますが、全体として見れば、15 → 19 → 20 → 22 → 23 → 25 と、一定して向上してきていることがわかります。当たり前と思われるかもしれませんが、学力はそもそも向上しているのか、ということは、これまで日本において「垂直等化」の IRT（縦断調査の形で能力を学年を越えて追いかけていくもの）が、この規模で公教育において実施されたことが

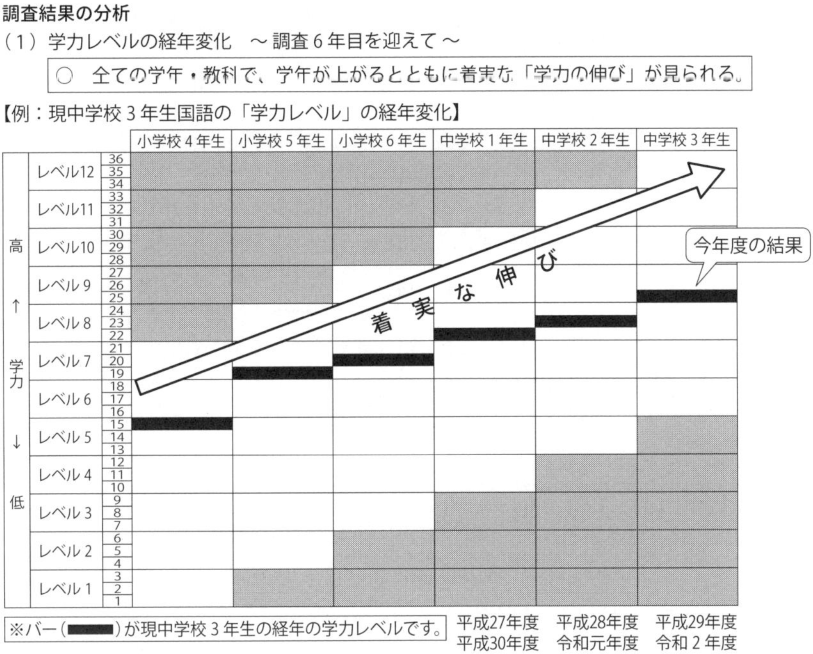

図7－10－2　学力の伸び

出典：「令和２年度埼玉県学力・学習状況調査結果について」p.7。
https://www.pref.saitama.lg.jp/documents/52863/r2nokekkatoyajirushi.pdf

なく、初めてわかったことです。

次に表７－10－１を見てみます。これは、各学年の児童生徒の算数・数学の学力がどのように変化してきたかを表したもので、毎年度の公表結果を筆者がまとめ直したものです。この資料を横に見ると、必ずしも６年分は揃っていないものの、やはり学年が上がるにつれてコンスタントに学力を向上させていることがわかります。特定の学年集団に限らず、どの学年集団においても、学力は学年が上がるにしたがって（少なくとも集団として、平均的には）向上していくことがわかります。またこの資料を縦に見ると、おおよそどの学年においても同様の学力水準を達成していることがわかります。例えば中学校１年生の数学を見てみると、７回（年）連続で平均は20となっています。

R 3	小 4	小 5	小 6	中 1	中 2	中 3
19歳				20	21	24
18歳			18	20	22	24
17歳		17	19	20	21	23
16歳	14	17	18	20	22	24
中 3	14	16	18	20	22	24
中 2	14	16	18	20	22	
中 1	14	17	18	20		
小 6	14	16	19			
小 5	14	17				
小 4	15					

表7－10－1　学力の水準と伸び（算数・数学）

出典：埼玉県学力・学習状況調査について、埼玉県教育局が「「埼玉県学力・学習状況調査」結果について」として毎年発表している資料から筆者が作成。
https://www.pref.saitama.lg.jp/f2214/gakutyou/20150605.html

他の学年や他の教科についても、多少の違いはあれど、ほぼ同じ程度の学力を達成していることがわかっています。

また、この調査結果から、この学力調査が、IRTとして機能している（能力測定をきちんと行えている）ことが示されている、とも言えることになります。

7-11 学力・非認知能力などについて今わかっていること③

学力は伸びているのか［2］

次に、1年間でどのくらいの児童生徒が学力を向上させることができているかを示したのが図7－11－1です。これは、例えば小学校5年生の4月に学力調査を受けた段階の学力水準が、1年間学習し、次の学年（小6）になったときに、小5の学力水準より36段階で1以上上がっているかを調べ、その割合をグラフにしたものです。

これを見ると、第1に、小4から小5にかけての1年間で学力を向上させた児童が最も割合が高く、学年が上がるにしたがってその割合が下がり、中1から中2の1年間で学力を伸ばした生徒の割合が最も少なく、中2から中3においてその割合が増加に転じていることがわかります（当該傾向は、年度間で若干の変動はあれど、一貫しています）。

第2に、国語と比べると、算数・数学の方が、学力を伸ばした児童生徒の

2　調査結果の分析

（2）学力が伸びた児童生徒の割合（令和3年度の結果と平成28年度からの6年間の平均との比較）

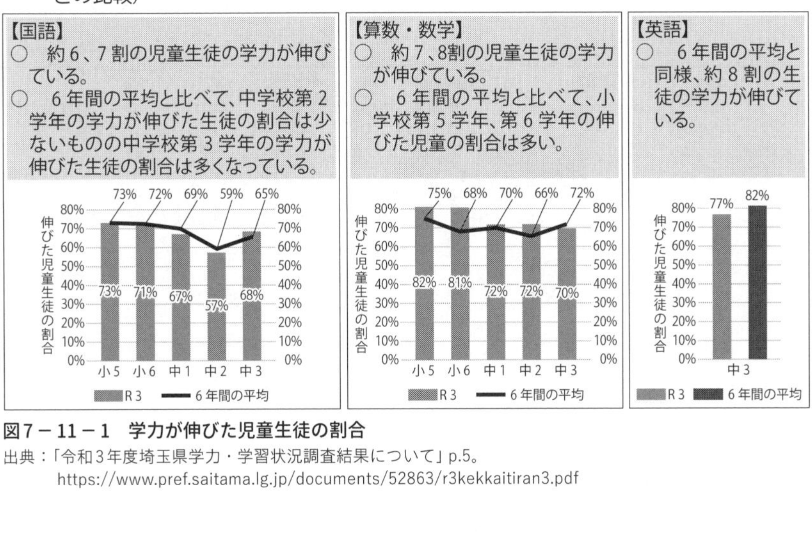

図7－11－1　学力が伸びた児童生徒の割合

出典：「令和3年度埼玉県学力・学習状況調査結果について」p.5。
https://www.pref.saitama.lg.jp/documents/52863/r3kekkaitiran3.pdf

【パターン1】

段階	7	8	9	10	11	12	13	14	15	16	17	18	19	20	算出された学力水準
小4	○	○	○	○	○	×	○	○	×	○	○	×	×	×	→16
出題学年	2	3	3	2	2	3	3	3	2	3	3	2	3	3	
小5	○	○	○	○	○	○	○	×	○	○	○	○	×	×	→18
出題学年	3	3	3	4	3	3	3	3	4	3	4	3	4	4	

【パターン2】

段階	7	8	9	10	11	12	13	14	15	16	17	18	19	20	
小4	○	○	○	○	○	×	○	○	×	○	○	×	×	×	→16
出題学年	2	3	3	2	2	3	3	3	2	3	3	2	3	3	
小5	○	×	×	○	○	×	○	×	○	○	○	○	×	×	
出題学年	3	3	3	4	3	3	3	3	4	3	4	3	4	4	→16

下線がアンカー問題(再度出た問題)

パターン2では、小4で新しく学んだ問題(段階10や15、17の問題)が解けていて、一定の成長がみられる。一方で、小3で習っていた問題で小4の時には解けていた問題(段階8や9の問題)を不正解になっていて、一定の忘却がみられる。これらを統計的に処理すると、学力水準は16となり、学力は伸びていないという計算になる。

表7－11－1　学力の伸びを考える上での例

割合が総じて高く、英語の学力の伸びが最も高いことがわかります。

これらの結果を解釈する上での前提として1点留意すべきなのは、学力が向上していないということが、新しいことを学んでいないとか成長していないということを意味してはいないということです。

前述のとおり、「学力の伸び」というのは、より難易度が高い問題が解けた場合に、学力が伸びたという扱いにしているものです。例えば小5の児童が4月に解く問題は、主に小3と小4の学習内容で構成されています。そして、1年間学習した児童が、翌年度小6の4月に解く問題には、小4と小5の学習内容で構成されています。このとき、小5の1年間で学んだ内容が、それまでに学んだことよりすべて難しいとは限りません。小5の1年間で学んだ内容の中で、小3・小4の問題よりも簡単な問題しか解けなかった場合は、学力が伸びた、という扱いにはなりません。また、小4の内容の問題がほとんど解けていなかった場合(過去に学んだことを忘れてしまった結果解けないということは、よくあります）、仮に小５の問題でそれまでより難易度の高い問題が１問解けたとしても、学力が伸びたという扱いになるとは限りません（表７－11－１参照）。

つまり、「学力が伸びた」と言えるのは、

①新しく学んだ内容の問題が解けること

②その解けた問題が、それまで解けた問題よりも難易度の高い問題であること

③過去に学んだ内容についても、忘れることなく改めて解くことができていること

という条件が揃った場合に限って、難易度が高い問題が解けた、すなわち学力が向上したとなるのです。逆に言えば、学力が伸びていないという児童生徒の中には、新しく学習した問題は解けている児童生徒がおり、この児童生徒は１年間の学習で成長している点に注意が必要です（実際、学力が伸びていない児童生徒のほとんどはこれに該当し、新しいことが何１つできるようになっていない児童生徒はほぼいません）。

この点を前提とした上で、改めて図７－11－１を見てみましょう。国語に関し、中１から中２の１年間で、学力が伸びた生徒は、平均で６割を切っていることがわかります。つまり、中学校に入学して、１年間国語を学習し、より難易度が高いことができるようになるのは、５人に３人以下であるということです。これはあくまでも埼玉県における調査の結果ではあるものの、もしかしたら、ここには大きな論点が潜んでいる可能性があります。学校教育は、教育課程を履修することを踏まえて、次の学年への進学が行われています。これは教育課程を履修すれば、その履修した内容は身につけているであろうという前提に立って、その履修内容を前提とした次の教育課程を履修することが可能になっていると考えて進級させているということになります。

しかしながら、埼玉県学調の結果によると、４割を超える生徒、40人のクラスなら15人以上の生徒が、１年間国語の勉強をする中で難易度の高いことができるようにならないままに次の学年に進んでいることになります（これは中１の学習内容ができるようになった生徒が６割以下という意味ではなく、

それぞれの学力において、過去の自分より難易度の高いことができるようになった生徒が6割以下ということです)。ちなみに、学習指導要領に定める中1の国語の標準授業時数は140です(50分授業なので、合計7000分となります)[1]。これが全国的な状況を示しているのかどうかは、埼玉県の調査結果からだけではわかりませんが、大変興味深い論点の1つではないでしょうか。

1　https://www.mext.go.jp/content/1413522_002.pdf

7-12 学力・非認知能力などについて今わかっていること④

学力・非認知能力はどのようにすれば向上するのか

7 － 10、7 － 11 では、埼玉県学調において、学力がどう向上したか（しなかったか）について説明してきました。ここでは、学力は学校教育の何によって向上するのか、非認知能力と学力両方を伸ばす学校（教師）の要素とは何か、という点について、現在までにわかっていることを説明します。これらの分析も、委嘱事業先である、慶應義塾大学 SFC の中室牧子教授のグループによって行われたものです（詳細は図 7 － 12 － 1 の URL から報告書をご確認ください）。

7 － 9 で示した、学力を伸ばす要因について、パネルデータを用いた重回帰分析を行った結果、わかったことは主に以下の 3 つです（図 7 － 12 － 1 を参照）。

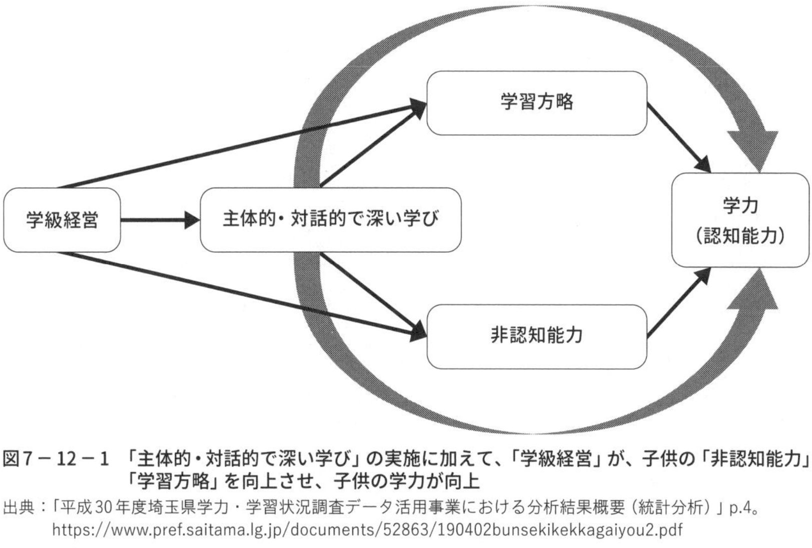

図 7 － 12 － 1　「主体的・対話的で深い学び」の実施に加えて、「学級経営」が、子供の「非認知能力」「学習方略」を向上させ、子供の学力が向上

出典：「平成 30 年度埼玉県学力・学習状況調査データ活用事業における分析結果概要（統計分析）」p.4。
https://www.pref.saitama.lg.jp/documents/52863/190402bunsekikekkagaiyou2.pdf

①「アクティブ・ラーニング」は学力を向上させている可能性があること。

②第１の点は直接的な因果関係ではなく、「アクティブ・ラーニング」によって、「非認知能力」と「学習方略」が向上し、その結果として間接的に「学力」が向上している可能性があること。

③「アクティブ・ラーニング」はよりよい「学級経営」との相互作用によって、「非認知能力」や「学習方略」を向上させている可能性があること。

厳密に言えば、回帰分析の結果自体はその２つに相関関係があったということしか示していません。例えば、「学力の変化量」と「非認知能力の変化量」の間に相関関係があったということです。ですが、適切な推論のもとでは、観察された相関関係が因果関係であると解釈することができます。

第１に、過去の研究で、片方が変化した結果、もう片方が変化したことが観察されたことから、片方が変化することによってもう片方が起こるという因果関係があると考えられます。

また、第２に、パネルデータの利用により、変化量と変化量を比較する中で、それぞれの児童生徒の属性が与える影響（社会経済的な状況（SES）については、５－４、５－５参照、パネルデータについては、７－７等参照）は考慮されていますので（さらにSESについては一定程度追加しており、さらにその影響が排除されています）、単純な相関関係をもって因果関係であるかのように説明するものとは異なり、一定の因果関係がある可能性をより妥当な形で説明することができるということになります。

すなわち、よりアクティブ・ラーニングの観点からの授業改善がされている授業を受け、また同時に、よりよい学級経営がなされている（児童生徒の人間関係や教師と児童生徒の信頼関係が築けている）場合、非認知能力や学習方略がより向上し、これらが向上することによって、学力が向上している、という因果関係がある可能性が示唆されたということになります（ここでは統計学的な分析結果を述べました。この分析結果を踏まえて個々の教師の能力をどう向上するかについては９－４、９－５を参照のこと）。

7-13 学力・非認知能力などについて今わかっていること5
わかったことから得られる示唆は何か

7 − 12で示した分析結果から、4つの示唆が得られると、筆者は考えています。

1. アクティブ・ラーニングの重要性

第1は、アクティブ・ラーニングの観点からの授業改善は能力向上において効果的であるという点です。これまでも、主体的・対話的で深い学び（アクティブ・ラーニング）の重要性・必要性については、新学習指導要領の解説編（総則）においても、「「主体的・対話的で深い学び」の実現に向けた授業改善の推進」として示されているところです[1]。一定の因果関係の可能性をもって統計的に立証されたということは、アクティブ・ラーニングの観点からの授業改善を日々努力している先生方にとってとても朗報となることと思います。

2. アクティブ・ラーニングは手段

第2は、一方で、こういったことをやること自体が目的ではないという点です。確かに統計的には、アクティブ・ラーニングの観点からの授業改善が能力向上にプラスであることが示されていますが、一方で、授業改善自体は目的ではなく、あくまで手段であるということです。そういった観点から現在授業を改善しているので何も改善する必要がない、ということでは必ずしもなく、結果として児童生徒の能力が向上していなければ、授業において何らかの改善の余地がまだあるということになります。

1　https://www.mext.go.jp/component/a_menu/education/micro_detail/__icsFiles/afieldfile/2019/03/18/1387017_001.pdf

3. 学力向上とそれ以外の教育活動は二律背反ではない

第3は、ここで示された因果関係の可能性は、学力向上に限った話ではないということです。学校教育においては、特別活動を通じて何かを作り上げたり、部活動で一定の結果を出したりということがあるわけですが、それぞれの教育活動の背景には、非認知能力等の向上があり、さらにその背景に学級経営やアクティブ・ラーニングの観点からの教育活動の改善があるということです。学力の向上も、それ以外の教育活動の効果も、教育活動として二律背反なものではなく、その根っこの部分に共通項があるのではないか、ということです。

4. 学級経営の重要性

第4に、学級経営との関係です。授業改善と学級経営は両輪であるということが示されています（ここでいう両輪とは、学級経営をしっかりしてから授業改善が行われるべきであるという意味でも、教科担任ではなく学級担任が能力向上に責任を負っているという意味でもなく、授業を含めてまさに個々の教育活動の中で人間関係が構築される環境を同時並行的に作れるかどうかという意味です。授業改善ではなく学級経営こそが必要だということでも当然ありません）。教師が児童生徒と人対人として関わる中で教育が行われる学校教育において、児童生徒の力が伸びる原因に、児童生徒同士の人間関係や児童生徒と教師の間の人間関係があるということは、教師が児童生徒と人対人として関わる中で行われる学校教育の最も重要とされている部分が、データにおいても裏付けられたと言うことができるでしょう。

7-14 OECD調査と埼玉県学調の関係[1]

OECD（経済協力開発機構）という国際機関が実施する事業（PISAやTALISなど）が目指していることと埼玉県学調が目指していることには共通点がいくつかあります。1つは、どのような教師が児童生徒の力を伸ばし、そういった教師はどのようにしてその資質能力を向上させているかを明らかにしようとしている点、もう1つはいわゆる学力以外の力も学力と同じように重要視している点です。

OECDは、生徒の学習到達度調査（PISA：Programme for International Student Assessment）を実施しています。PISAは我が国も参加しています。PISA調査では15歳児を対象に読解力、数学的リテラシー、科学的リテラシーの3分野について、これまで3年ごとに調査を実施してきました[1]。

また、学校の学習環境と教師及び校長の勤務環境に焦点を当てた国際調査である国際教員指導環境調査（TALIS：Teaching and Learning International Survey）も実施しています。2008年に第1回（24か国・地域）、2013年に第2回（34か国・地域）、2018年に第3回（48か国・地域）が実施されています。日本は、中学校は第2回調査、小学校は第3回調査から参加しています[2]。

これらを行う中で、OECDは各国の学力の水準を明らかにするとともに、教師の指導環境の調査を行ってきたわけですが、この2つがどのような関係にあるのかを明らかにするために、Global Teaching Insight（GTI）（もともとの名称はTALIS VIDEO STUDY（TVS））を実施しました（6－14も参照）。ここでは、特定の数学の単元の授業をビデオ撮影し、その授業について世界共通の指標で評価を行うとともに、その前後で試験を行い、どのような授業が試験の点数を向上させるかを分析しています。日本では、静岡市とともに、埼玉県熊谷市・戸田市の学校を対象校として実施されました。

1　https://www.nier.go.jp/kokusai/pisa/
2　https://www.nier.go.jp/kenkyukikaku/talis/

OECD 教育・スキル局のアンドレアス・シュライヒャー局長は、埼玉県学調を、①パネルデータである点、②学力だけでなく非認知能力なども調査している点において、どのような教師の要素が児童生徒の学力や非認知能力などを向上させるかの因果関係を分析できるものとして高く評価しています（図７－14－１参照）。

埼玉県学調では、アクティブ・ラーニングの観点からの授業改善の状況について、各教師ごとに状況を把握することができます。埼玉県戸田市のデータと GTI における教師の指導に関する評価データを結びつけて分析をした結果、GTI において、良い授業を行っていると評価されている教師は、埼玉県学調の調査において、主体的・対話的で深い学びに係る質問項目のうち、特に「授業のはじめには気が付かなかった疑問が、授業の終わりに、頭に浮かんできたこと」と児童生徒が回答している場合が多いことがわかっています[3]。主体的・対話的で深い学びについて、データに基づいた分析の１つとして埼玉県学調は多くの示唆を与えていると思われます。

「世界水準の事例」OECD局長　埼玉県学力・学習状況調査を絶賛

OECD 教育・スキル局長のアンドレアス・シュライヒャー局長は、埼玉県が独自に取り組む「埼玉県学力・学習状況調査」について、「ワールドクラスの優れた事例だ」と絶賛した。

教育現場でのエビデンスについて議論したパネルディスカッション

図７－14－１　海外からも注目されている埼玉県学力・学習状況調査
出典：2019年６月５日『教育新聞』より抜粋。

3　出典：https://www.oecd-ilibrary.org/sites/20d6f36b-en/1/3/8/index.html?itemId=/content/publication/20d6f36b-en&_csp_=d25b1acca05b4baf66e88a1892028e22&itemIGO=oecd&itemContentType=book#section-d1e163999

7-15 OECD調査と埼玉県学調の関係②

前節に続いて、OECD が実施する教育関連の事業と埼玉県学調が目指していることの共通点を見ていきましょう。

OECD に、「教育研究革新センター」(Center for Educational Research and Innovation：CERI、「セリ」と読みます) という組織があり、そこが「社会情動的スキル調査」(Survey on Social and Emotional Skills：SSES、「エス・エス・イー・エス」と読みます) を実施しています。これは、いわゆる非認知能力を、OECDにおいて「社会情動的スキル」と位置づけて、その測定を行うものです。具体的には、「広い心」「他者との関わり」「協働」「感情抑制」「作業の成果」の5要素を軸に「達成動機」と「自己効力感」とともに多角的に調査を行うものとなっています (図7 − 15 − 1参照)。

第1次調査が2016〜19年に9か国が参加して実施されており、群馬県が、日本で初めて第2次調査から参加をすることになりました。高校1年生に相当する15歳が主な対象で、「新しいことを学ぶのが好きか」「緊張した状況でも落ち着いていられるか」などの質問に対して、5段階で自己評価する形になっています。各国・都市が実施した実地調査の結果を受け、各国の文化などの影響を取り除いた本調査が、令和5 (2023) 年に実施される予定です。前述のとおり、埼玉県を筆頭に全国の多くの自治体で、学術的に裏付けられた非認知能力の調査が実施されていますが、今回国際的な枠組みに基づいた非認知能力／社会情動的スキルの調査が群馬県において行われ、それぞれの分析結果が共有されることによって、この分野の検討がさらに進むこととなるでしょう。

このように、いわゆる認知能力以外の力を測定しようという動きは、OECDにおいて様々な検討がされています。6 − 12で示したとおり、測定

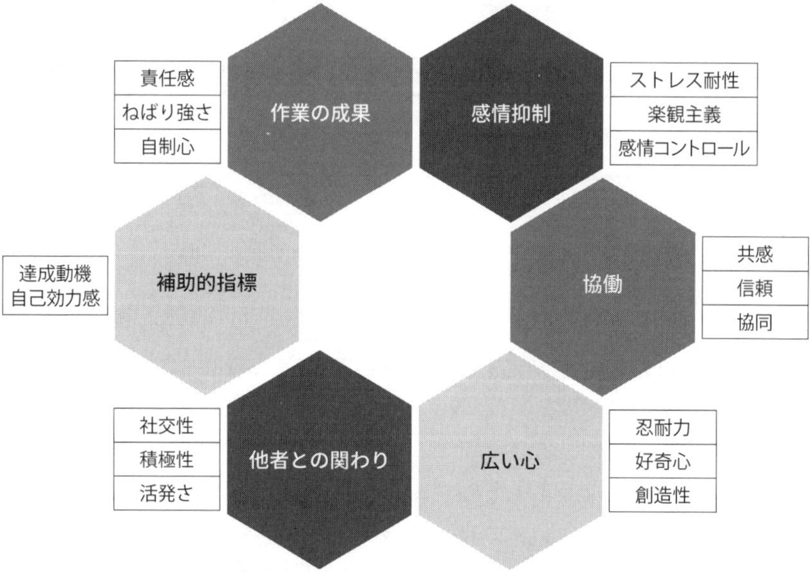

図7－15－1　SSESが調査するスキル
出典：OECD作成の資料をもとに筆者が和訳。
http://t4.oecd.org/education/ceri/social-emotional-skills-study/about/

方法が様々考えられる中で、国際機関においても、どのような測定方法が妥当なのか、今まさに議論が進められているところです。国際機関におけるプログラムであっても、地方自治体が参加を希望すれば、SSESにおける群馬県のように参加は可能です。国際機関で進められる最新の研究を、各自治体においても取り入れていく最善の機会と言えるでしょう。

第8章

研究者と測定結果を分析する

第Ⅱ部において、因果推論に必要な質や量を備えたデータをどのように収集（測定）するかを議論してきました。また、その上で第7章においては、そのデータを用いた分析の1つである、因果推論における基本的なポイントについて説明をしてきました。第8章においては、これらデータの収集（測定）・分析を、学校現場や教育委員会とともに進めていく上で欠くことのできないパートナー、「研究者」に焦点を当てたいと思います。「研究者」とはどういった人たちなのか、それを前提としたときに、研究者に何をどのように依頼するか、結果として提示された分析結果をどう理解し、どのように受け止めるべきかについて提案します。

8-1 研究者という存在
なぜ研究者が必要か

1. データの収集・分析は誰が行うか

データの収集・分析は、誰が行うことが適当なのでしょうか。現場の教師だけ、教育委員会の職員だけで実行することは可能なのでしょうか。例えば、読者の皆さんが、市教育委員会からある研究委嘱を受けた学校の研究主任であるとして、「自制心」を向上させる指導の在り方を研究テーマとするとします。その際、どういった質問項目を用いて、児童生徒の自制心を把握することが妥当なのでしょうか。児童生徒を観察していて、こういった質問項目で尋ねればいいのではないかと 10 個の質問項目を自作するかもしれません。また、収集した自制心に関する調査結果や、それに影響を与えるであろうと仮定して収集した指導に関するデータを組み合わせた上で、指導の効果があったかどうかについて、因果関係を分析しようとするかもしれません。しかし、その質問項目が自制心を調査するために過不足なく適切な質問項目であるということはどのように証明するのでしょうか。また、そのデータが統計的な検証に耐えうるものであることをどうやって担保するのでしょうか。

2. それぞれの専門はそれぞれの専門家に

教師は児童生徒を教育する専門家であり、教育委員会の職員は、教育行政の運営をその業務の本旨としています。言い換えれば、データを集めることや、分析することの専門家ではありません。医療とパラレルに言えば、医師は病気を治すことが仕事ですが、体の状況を把握するための検査機器を一から作れる専門家ではありません。体温 1 つとっても、体温計を自ら作る医師はおらず、体温計を作る技術を持った専門家が作った体温計を使います。

もちろん尿検査や血液検査の結果は、検査分析機関で分析を行います。同様に、教師も自ら心理を測定するのではなく、その専門家が作成した手法をもって測定・分析を行う必要があります。データの収集・分析は、その知見を有する専門家の力を借りることが不可欠であり、自分たちだけでデータの収集・分析を行うことができるという前提に無理に立たないことが健全です。

3. 誰がデータの収集・分析の専門家か

データの収集・分析についての知見を有する専門家とはどういった方なのでしょうか。まず思いつくのは大学の研究者ではないかと思います。しかし、研究者にデータの収集・分析を依頼しようとするときに、最も留意すべきことは、研究者にとっての優先事項、もしくはインセンティブとなることは、必ずしも現場の教師や教育委員会の職員のそれと同じではない可能性があるという点です。彼ら・彼女らは、大学の学部を卒業した後に、多くは大学院の修士課程・博士課程を修了し、「ポスドク（博士号を取得した後の任期付きの職）」という立場を経て、大学における研究者としての終身在職権（テニュア）を手に入れるという過程で、常に熾烈な競争を勝ち抜いていく必要があります。そして、その競争に勝ち抜いた後にも、准教授、教授となり、潤沢な研究資金を獲得するために、自分の研究成果を論文にまとめ、より著名で国際的な学術雑誌（ジャーナル）に投稿し、厳しい審査を経て掲載される実績を積み重ねることが、重要となります（ただし、このような文化は研究分野によって異なります）。つまり、研究者にデータの収集・分析をお願いする際には、研究者という職業が常にそのような環境に置かれていることを前提とした上で、依頼したデータ収集・分析が、研究者自身の論文執筆につながるかに、常に配慮をする必要があるということです。

4. 研究者の優先事項

データの収集・分析を依頼する際に、一定の依頼料が必要になるとして、高い依頼料を支払えるか、ということが重要な要素になるわけでは必ずしもありません。もちろん、後述するとおり、必要な費用は支払う必要があることは事実ですが、研究者にとっての優先事項（もしくはインセンティブとなること）は、いかに質の高い論文を執筆し、自分の所属する学会の学術雑誌（できれば国際的なジャーナル）に掲載されるか、ということにある以上、必ずしもその依頼料の高低だけが研究者を引きつける要素になるわけではないのです。

では、質の高い論文が書けるように環境を整え、研究者の方にデータの収集・分析を引き受けてもらえるようにするために、教育現場・教育行政の側として行うべきことは何か、次にそのことを考えてみましょう。

8-2 研究者に興味を持ってもらうために必要なこと①

研究者に、データの収集・分析を引き受けてもらうためには、質の高い論文が書けるように環境を整えることが必要です。そのために、教育現場・教育行政の側として行うべきことは何でしょうか。第1のポイントは、質の高いデータを整えることです（図8－2－1参照）。

1. 因果推論が可能なデータの質と量

特にデータを用いて因果推論を行う研究者にとって、その研究に価値があるかどうかは、データの質に大きく左右されると言われています。例えば、データのサンプルサイズが著しく小さい場合（4－9参照）やサンプルが無作為に抽出されていない場合（7－4参照）は、そのデータを分析して「AよりBが○○だ」という結果が出ても、母集団全体においても、同じような結果が出るであろうと推論することはできません。また、RCT（7－4参照）によっ

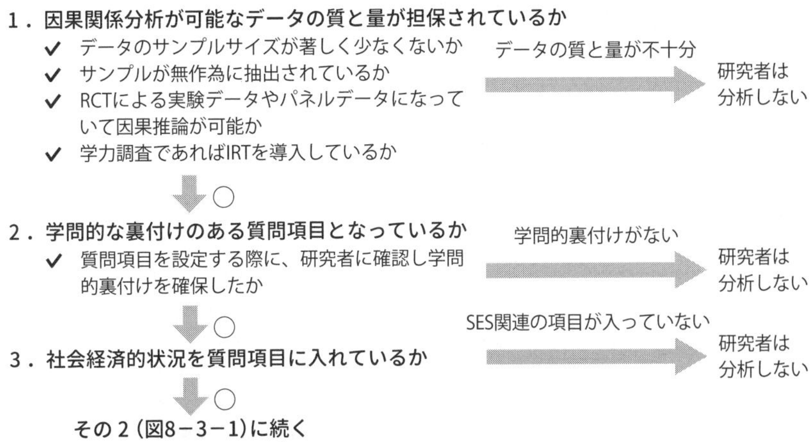

1．因果関係分析が可能なデータの質と量が担保されているか
✔ データのサンプルサイズが著しく少なくないか
✔ サンプルが無作為に抽出されているか
✔ RCTによる実験データやパネルデータになっていて因果推論が可能か
✔ 学力調査であればIRTを導入しているか
データの質と量が不十分
研究者は分析しない
○
2．学問的な裏付けのある質問項目となっているか
✔ 質問項目を設定する際に、研究者に確認し学問的裏付けを確保したか
学問的裏付けがない
研究者は分析しない
○
3．社会経済的状況を質問項目に入れているか
SES関連の項目が入っていない
研究者は分析しない
○
その2（図8－3－1）に続く

図8－2－1　研究者に興味を持ってもらうために必要なこと
（フローチャート／チェックリスト）：その1

て得られた実験データやパネルデータ（7 － 7 参照）でないのに、分析結果から「A だから B だ」という因果関係を主張しても、「B だから A なのかもしれない。ただの相関関係に過ぎない」と反論されてしまいます。こういった反論に耐えられない分析では、少なくとも国際的に評価されたジャーナルに論文を掲載することはできません。

すなわち、データ分析（因果推論）をする以上、統計学的に信頼性の高いデータの質・量の担保が必要となるわけです。前述の IRT とパネルデータ（6 － 4・6 － 5 参照）は、RCT を行うことが難しい場合には因果推論に十分適しているという点において、研究者がお金を払ってでも分析したいと考えるデータと言えるでしょう。

2. 学問的な裏付けのある質問項目

データの質に関しては、質問項目の質もその 1 つとして挙げることができます。質問項目を、教師自ら作ったり、教育委員会の職員が作ってしまう例が散見されます。特に心理学の分野で、「この項目について調べたいのであれば、この 10 個の質問項目をセットにして聞くことが妥当である」といった検証が一定程度積み重ねられてきました。例えば、「自制心」を調査したいと考えているとしましょう。上記のような学問的裏付けなく質問項目を設定しデータを集めても、その質問項目が自制心を調査することに適していなければ、集めたデータは統計学的に妥当でないものと判断されてしまうため、研究者は依頼を引き受けようとは思わないのです。学問的な裏付けのある質問項目を研究者とともに作っていくことも、データの質を担保するための必須条件となります。

留意点として、前述の自制心について言えば、10 個の質問項目がセットとしてあると述べましたが、そのセットのみが唯一正しいということではなく、12 個の場合や 100 個の場合など様々な考え方があります。確定した唯一の質問項目セットを使わなければならない、ということではなく、少なくとも、過去の調査研究を踏まえて、学問的な裏付けが一定程度ある質問項目（のセット）を用いることが、そのデータを分析して国際的な学術雑誌に投稿しようと考える研究者にとって研究依頼を引き受ける重要な要素となるということです(6 − 10、6 − 11参照)。

3. 社会経済的状況を質問項目に入れる

社会経済的状況(SES)(5 − 3参照)を質問項目に入れておくことも重要な要素でしょう。SESが児童生徒の学力や非認知能力に影響を与えることは広く知られており、パネルデータ分析によって一定程度その影響を考慮して分析をすることは可能であるといっても、SES関連の質問項目が入っていることで、分析の信頼性がさらに高まります。SESに関連する質問項目が含まれていないと、例えば「主体的・対話的で深い学びが学習意欲の向上をもたらした」という分析結果が出た場合でも「そもそも学習意欲が高い社会経済的に有利な児童生徒が主体的・対話的で深い学びに参加していただけで、学習意欲が向上したのはSESによるものではないか」という反論をされてしまう可能性もあります。したがって、SESを質問項目に入れていないデータは、研究者は分析をためらう傾向があるでしょう。

8-3 研究者に興味を持ってもらうために必要なこと②

質の高いデータを整えることに加えて、研究者に、データの収集・分析を引き受けてもらうための第２のポイントは、研究者のデータ利活用の自由度を確保することです（図８－３－１参照）。

1. 研究者の関心事項とのずれをどうするか

例えば、「自己効力感」にどのような指導が効果的かを検証する研究委嘱があったとしましょう。委嘱研究のチームリーダーであるあなた（教育委員会の指導主事）は、データ分析を研究者に頼むにあたり、「自己効力感にどのような指導が効果的かを検証するために、データを分析してください」と伝えたとします。この依頼はどこに問題点があるでしょうか。

仮に、研究者が自己効力感の専門家であるとしても、「自己効力感に効果

その１（図8－2－1）より

↓

１．研究者のデータ利活用の自由度が確保されているか

- ✔「こういった仮説の検証はしてほしい」、という方向性を示しているか
- ✔ 当該方向性以外にも研究者が自由に研究する余地を作っているか
- ✔ 当該研究の結果は、自由に学術雑誌に投稿できるようにしているか

研究者の研究の自由度が十分担保されていない → 研究者は分析しない

↓ ○

２．研究を依頼する側に、統計的な分析の最低限の知見を有する人材が存在すること

依頼側に最低限の知見がない → 研究者は分析しない

↓ ○

これらの条件がすべて揃うことで、研究者は分析依頼を受ける

図８－３－１　研究者に興味を持ってもらうために必要なこと（フローチャート／チェックリスト）：その２

的な指導」については興味がないかもしれません。その研究者が所属する教育心理学の学会では、「生まれた月が（前年度の）3月か4月かは自己効力感の改善・向上に影響を及ぼすか」が最も高い関心事項になっていて、研究者もその観点で分析をして論文を学術雑誌に投稿したいと考えているかもしれません。一方で、仮に研究者が「3月生まれの方が4月生まれより、自己効力感は身につきやすい」という研究結果をまとめてきても、指導についての検証を行うはずであった委嘱研究の報告書の結論にそれを書くことに、教育委員会の指導主事であるあなたはためらいを覚えることと思います。どうすればよいのでしょうか。

2. 解決策

1つの解決策は、研究委嘱をする側は、「少なくともこういった仮説の検証はしてほしい」という方向性は示しつつ、それ以外にも研究者が自由に研究する余地を作り、その研究結果は、自由に学術雑誌に投稿できるようにすることです。

繰り返し述べているとおり、研究者にとって最も重要なことは、より権威のある学術雑誌に論文が掲載されることです。しかし、不思議なことですが、それぞれの雑誌に関連する学会での最も重要な論点や、研究者が「大きな発見です」と報告してくる内容には、そこからどうやって行政上の示唆や現場における実践上の示唆を得たらよいかわからないものがしばしば含まれていると（少なくとも筆者は）感じます（研究者の皆さん、ごめんなさい……！）。ここで重要なのは、研究者の方と私たちの立場の違いによりその研究の意義を十分に見出せないことがあったとしても、それを許容するということです。それを許容した上で、こちら側が分析してほしい内容についても併せて分析をお願いすることにより、お互いにとってメリットが生じることになるのです。

3. 最低限の知見の必要性

以上２点（①質の高いデータを整えること、②研究者のデータ利活用の自由度を確保すること）を実現する上での前提条件として、少なくとも研究を依頼する側の教育委員会に、統計学的な分析の最低限の知見を有する人材が存在することが必要です。ここで言う「最低限の知見」というのは、本書で述べているような内容を理解しているレベルを指します。言い方を変えれば、統計学的な分析を自ら行わないとしても、統計学的な分析において必要とされるデータの質と量、分析の手法、分析結果の解釈の仕方について、本書に書いてあるレベルの知見を有している人間さえいれば、十分研究者とやりとりをすることは可能です。現場の教師は教育指導を、教育委員会の職員は教育行政をその本務・専門とする立場であり、データの収集・分析を行う研究者と同等の知見を有している必要はありません。英語で言えば、ネイティブになる必要はないですが、少なくとも、やりとりは成り立つレベルになっていればよい、というイメージを持ってもらえればと思います。

8-4 研究者へのアプローチの仕方

1. 大学の研究者

では、因果推論のためのデータの収集・分析についての知見を有する専門家とはどういった方なのでしょうか。まず思いつくのは大学の研究者です。たとえば、あなたが高校の数学科の教師だとすれば、出身大学や、長期研修などでお世話になった大学の教育学部の数学教育の先生と懇意にされていたり、教育委員会の職員の方であれば、教育行政を専門とする研究者の方をご存知だったりするかもしれません。しかし、こういった研究者の方に、データの収集・分析をお願いする場合には、その方がデータの収集・分析について一定の知見を有しているかどうかを確認する必要があります。大学のホームページには研究者の方の研究内容が掲載されています。候補とする研究者の業績の中に、統計学的なデータ分析、特に因果推論を用いた研究成果があるかどうかを確認するということは１つのアプローチでしょう。

学校や教育委員会のある都道府県内の大学に因果推論ができる研究者がいるかどうかを調べてみるのも１つの方法でしょう。こういった研究者は必ずしも教育学部に在籍しているとは限りません。社会学や、心理学、経済学や統計学などを専門とする研究者は、教育や行政のことを理解しているかどうかは別として、少なくとも因果推論に関する一定の知見を持っている方々です。これらの学問分野を検索項目に入れて併せて調べてみることも１つでしょう。

2. 大学以外の研究者

また、研究者は、必ずしも大学にのみに在籍しているとは限りません。独立行政法人に所属している方、民間の総合研究所や民間企業に所属している方などもいます。Research Map[1]は、研究者検索のエンジンサイトですので、近隣の研究者を探すのもよいでしょう。

研究者は、必ずしもその道の大家や、教授の職にある人でなければならないとは限りません。大学には、教授のほかに、准教授や助教、ポスドク、博士課程の大学院生など、様々な立場の研究者が在籍しています。仮にコンタクトを取った研究者の方が何らかの理由で、データの収集・分析が難しい場合であっても、例えばその先生の研究室の博士課程の学生などでデータ分析に関する知見を持つ人材がいれば、学校や教育委員会にとっては貴重な戦力となります。彼らにとっても、論文執筆に必要なデータにアクセスできることは貴重な機会ですから、ぜひ役職にこだわらずアプローチをしてみましょう。

1　https://researchmap.jp/

8-5 研究者に何を頼むか1
総論

8－4で説明した方法等を駆使して、依頼する研究者の方の目星がついたとして、具体的にどのようなことをその研究者に頼めばよいのでしょうか。ここでは、研究者にお願いすることと学校や行政側がやるべきことの役割分担・関係性について説明します。

1. 主体は学校（教師）・教育委員会側

全体を通じて重要なことは、あくまでデータの収集・分析の主体は学校（教師）・教育委員会側にあり、研究者にはその技術的な点についてアドバイスをいただきながら、往還の中でともに研究を進めていくという点です。研究を進める主体はあくまで学校（教師）・教育委員会側ですから、おおよその調査の設計（イメージ）は、研究者に相談に行く前に決めておく必要があるでしょう。学校・教師にとっては、研究結果をどのように学校現場に還元するか、依頼元である市区町村教委・都道府県教委がどのような調査結果を求めているかを考える必要がありますし、市区町村教委・都道府県教委においても、自身が（もしくは依頼元が）どのような研究結果を出し、どのように学校現場や地域社会に還元するかという点について考えることがとても重要です。何も決めずに、とにかく収集・分析をお願いできますかという依頼の仕方をすると、研究者の側も、依頼主が何をしてほしいのかがわからず困ってしまいます。

2. 研究者の意見への耳の傾け方

一方で、依頼する側がやりたいと思う研究が、学問的な見地から実行可能であるかどうかについて、研究者の意見は真摯に受け止め、必要に応じて柔

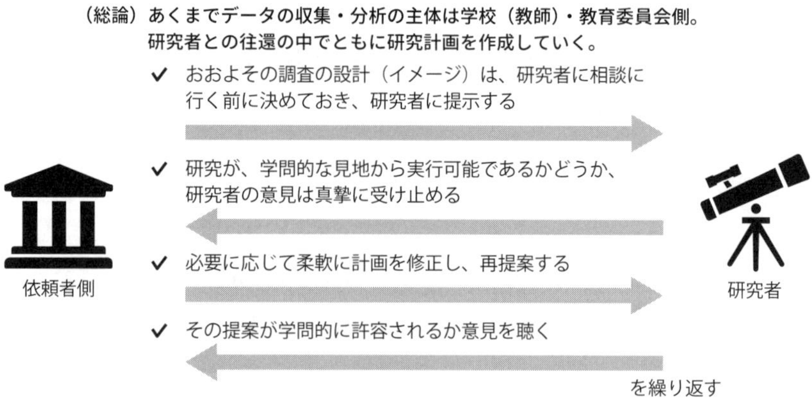

（総論）あくまでデータの収集・分析の主体は学校（教師）・教育委員会側。
研究者との往還の中でともに研究計画を作成していく。
✓ おおよその調査の設計（イメージ）は、研究者に相談に行く前に決めておき、研究者に提示する
✓ 研究が、学問的な見地から実行可能であるかどうか、研究者の意見は真摯に受け止める
✓ 必要に応じて柔軟に計画を修正し、再提案する
✓ その提案が学問的に許容されるか意見を聴く
依頼者側
研究者
を繰り返す

図８－５－１　研究者に何を依頼するか？

軟に研究計画・内容を修正することも重要です。行政的に内部で決裁を上げたからこれでやってもらわなければ困ります、ということになりますと、研究者の意見を聴く余地がなくなってしまいます。もちろん、その際に、研究者の意見をそのまま鵜呑みにする必要もありません。研究者からの提案は往々にして、研究として純粋に精度の高いものを求めるため、実施上または予算上の様々な制約が考慮されていない場合が見受けられます。まず大枠の方向性を決めておいて、研究者に提示し、研究者からそれを実現するためのやり方を聞き、その中で実現可能性の観点から修正すべきところを再提案し、その提案が学問的に許容されるかどうか意見を聴き……という形で、依頼者側と研究者側で往還しながら着地点を見つけていくという辛抱強いやりとりが非常に重要です（図８－５－１）。

なお、次節以降において具体的な場面を想定して説明しますが、いきなり連絡を取って調査のやり方について相談するというよりも、研究者を何度か訪問し、アドバイスをもらいながら議論を深める中で、人間関係・信頼関係を構築し、意思疎通ができる関係を作っておくことが、実際にデータ収集・分析を依頼するとなったときに、スムーズな調整を可能とすることでしょう。こうした下準備なしに、いきなり研究の条件について交渉を開始することはあまり望ましいとは言えません。

8-6 研究者に何を頼むか2 各論［1］データの収集

収集したデータを活用して、因果推論を行うという場合に、データ収集に関して研究者に何を依頼するかを具体的に考えてみましょう。

1. 分析から逆算した収集データのイメージ

因果推論を行う場合のアプローチとして、RCTを実施するアプローチやパネルデータを収集して因果推論するアプローチなどがあることは、第7章において述べたとおりですが、研究者に調査を依頼する際には、学校・教育委員会側として、RCTを実施するのか、それともパネルデータで調査をするのか、それ以外の因果推論が可能なアプローチを選択するのかをあらかじめ決めておきましょう。第7章で示したとおり、因果推論を行うにはRCTの方が望ましいですが、RCTを実施することが難しい場合、現実的にはパネルデータの収集・分析を行うことが多くなります。その際、例えば小学校5年生と中学校2年生のみ学力調査を実施するのに比べて小学校1年生から中学校3年生まで学力調査の対象を拡大してパネルデータを取ろうとすれば、対象学年が増えるとともに、少なくとも複数年実施することが前提となるわけですから、予算が膨らみます。こういったことを踏まえて、パネルデータをどの年齢・学年を対象として取るかについても、予算額との関係である程度のイメージを作っておきましょう。

2. IRTの導入の有無

学力調査（認知能力の調査）をするのであれば、IRTを導入するかどうかについても検討が必要です。IRTであれば、児童生徒の能力の変化量を経年比較が可能な形で正確に測定することが可能となります。統計学的に妥当な方法で変化量が測定できるデータを用意することは、因果推論ができる環境を整える上で重要です。IRT でない学力調査の場合、研究者が収集・分析を躊躇する可能性もありますので注意しましょう。一方でパネルデータとなるよう IRT を導入しようとすれば、問題作成や IRT の質担保においても、その設計のために一定の予算を割く必要があります。IRT にかかる追加的コストを学校・教育委員会で捻出できるのかについても検討が必要です。すでに IRT 型の学力・学習状況調査を実施している自治体が増加していることを考えれば、すべてを一から作り上げるのではなく、自治体間で協力して対応することで、お互いの負担を軽減しながら作り上げていくアプローチも考えられるでしょう。

3. 非認知能力の質問項目

非認知能力については、どのようなカテゴリーの非認知能力を調査したいかを決めましょう。できれば、インターネットなどで、関連する資料を事前に見つけ、具体的なイメージを提示できるとよいでしょう。このとき、繰り返しになりますが、質問項目を研究者に相談せずにすべて作ってしまうことは避けた方がよいでしょう。学問とは、過去の研究からの積み重ねの上に成り立つものであり、その積み重ねについては一定の敬意を払うべきだと思います。積み重ねの上にない思いつきの質問項目では、信頼に足る結果を導くための質問項目として利用できない可能性が高くなります。統計学的な知見に基づいて設計されていないアンケート調査は、研究者が行う分析には適さないとみなされ、せっかく収集したデータが無駄になる危険性があります。教育委員会の方が教育委員会の内部で議論を重ね長い時間をかけて質問項目を作っても、いざ研究者の方に見せたら、これでは使えないということでボツになった場面に筆者も遭遇してきました。研究者が行う分析に耐えうるよう、相談しながらアンケート調査を設計することが重要です。

4. サンプルサイズ、質問項目数、回答時間など

調査対象となるサンプルの規模、質問項目数（回答にかけられる時間）のイメージも重要です。統計的な分析に必要となる十分なサンプルサイズを確保できるか、児童生徒の発達段階に応じて、どの程度までの質問なら回答することができるか（どの程度の回答時間を確保できるか）といったことは、学校や教育委員会にしかわかりません。例えば、研究者の側から、「ある非認知能力について調査を行うのであれば、100 の質問を設定すべき」との主張がされた場合を考えてみましょう。確かに、学問的な判断としては、当該 100 の質問をセットで聞くことでより正確に当該非認知能力を調査することが可能であるかもしれません。他方で、他の項目についても調査するとすれば、1 つの項目について 100 の質問をすることは現実的には困難です。そのような場合に、1 項目につき 10 問くらいであれば何とか実現可能ですと教育委員会が提案したとします。それを踏まえて、研究者が再度、過去の研究を調べたところ、1 項目につき 12 の質問を 1 セットとしている研究があり、100 の質問を聞く場合に比べれば正確性は欠けるものの、この 12 の質問項目でも学問的には成り立つと判断されたとします。そして、研究者が教育委員会にその方法を提案し、それが採択される、この往還こそが理想的です。

5. SES

社会経済的状況（SES）については、直接的な変数を調査することが関係者に受け入れられるかどうかについての検討が必要でしょう。親の年収や学歴といった直接的な変数を調査することが困難な場合は、間接的な変数によって代理的に測定することとなります。TIMSS で使われていた項目として、例えば「家にある本の冊数」が挙げられます。「家にある本の冊数」は、家庭の教育力に関する変数という側面とともに、家庭の経済力を間接的に示す変数とされるものです。このように、教育に係る変数として、間接的な変数として利用することが許容されるならばそういった項目を入れましょう。研究者は社会経済的な変数がなければ研究にならない、と主張することがありま

す。しかし、第1に、パネルデータで調査をしていることから、一定程度社会経済的な変数による影響を考慮した形で因果関係を検証することは可能であり、ないとまったく研究ができないということではない（あった方が、より因果推論には資する）。

第2に、確かに精緻な分析をするには、より直接的なSESに係る変数があることが望ましい一方、間接的な変数であっても、ないよりはSESに係る要素を除外することは可能であり、因果推論はできる。

以上の点を踏まえれば、研究者が上記のように主張したとしても、学校・教育委員会側の状況に応じて、対応できる範囲で変数を入れることができるでしょう。

8-7 研究者に何を頼むか③ 各論［2］データの分析

集めたデータを踏まえて研究者に分析をしてもらうことになります。研究者の分析結果は以下の３つに大まかに分けられます。

①依頼者側が分析してほしい（証明してほしい）と考えている仮説の立証
②依頼していない内容ではあるが、研究者が発見した内容で利用価値のあるもの
③①に関して仮説が立証できない場合や②に関して依頼者側にとって不利益となる発見

1. 依頼者側が分析してほしい仮説の立証

まず①については、委嘱研究であれば委嘱研究で実証することが必要となる仮説を立てることになりますし、行政の立場では、○○という施策を推進していくにあたって、その裏付けとなるエビデンスがわかると望ましいという内容が対象となります。例えば、学習意欲を向上するというテーマで、Aという指導をした場合は、他の指導方法や指導をしない場合と比べて学習意欲が向上する、という仮説の実証になりますし、主体的・対話的で深い学びを推進して学力や非認知能力を向上させたいということであれば、その因果関係を仮説として実証することを依頼することになります（②・③は８－９で取り上げます）。

2. 報告書の取りまとめ

研究者に分析を依頼するときに留意すべきこととしてどのように報告書を取りまとめてもらうかという点が挙げられます。多くの委嘱研究事業は報告書の提出を求めていると思います。そしてその量は、数十頁、場合によって

は100頁を超える長大なものであり、きちんと表紙がついて製本されたものを作り上げて完成、となることが多いと思います。一方で、研究者が普段書いている論文というのは、国際的な学術雑誌ごとに、頁の制約があり、A4で10頁を超えるものはあまり多くありません。構成もある程度型があり、イントロダクション、課題意識、過去の研究の振り返り（Literature review：リテラチャー・レビュー）、論文の構成についての説明、データの説明、分析結果・解釈、結論という流れがあります。逆に言えば、この書き方ではない文章を研究者に求めても、研究者からすれば、普段書き慣れない文章でかつジャーナルへの投稿にプラスにならない執筆を求められることになるので、抵抗感が大きくなります。分析を依頼する側の立場で言えば、つまるところ、①で立てた仮説が立証できたかどうか、追加的には研究者の側で依頼者側の施策を裏付ける良い分析があったかどうか、だけが興味対象であり、それ以外の文章はいらないわけです。

したがって、研究者に分析結果を研究報告書として提出を求める場合には、大部になるようなものとせず（研究者が多くしたい場合は妨げるものではありません）、データ分析の結果とそこから得られた因果推論的な解釈のみを重視すればよいのではないでしょうか。

ここからは筆者の個人的な願いですが、報告書に書く文言を巡って、学校の中で先生方が膨大な時間をかけて議論をし、一文ずつ検討しているということがあると耳にします。教師の本分は研究ではなく、児童生徒を指導し成長させることにありますので、その時間を児童生徒のために充ててもらえたらと強く願うところです。

8-8 研究者の分析結果の見方・捉え方

分析を依頼している研究者から分析結果が示されたときに、どのようにそれを捉えて、対外的にどう発信するかを考えてみましょう。

1. 確定前の対応

まず、分析結果が確定する前に、速報として結果を受け取ることが重要です。仮に、研究者に報告書の提出を求めている場合に、報告書が最終的に完成する前から、随時分析結果を受け取ってやりとりをしていきましょう。地方自治体であれば、議会の開催日程や、首長・教育長の会見日程、その他様々な事象を鑑みて、どのタイミングで結果を報告してもらい、対外的に出していくことが最も効果的かという点からスケジュールを作成し、そこからの逆算で、研究者とスケジュールの調整をしましょう。

高等教育機関に在籍する研究者は、年が明けると3月末まで、入学検査関連業務に多くの時間を使うことがままあります。多くの委嘱研究は3月末（年度末）を報告書の提出期限にしているかと思いますので、1~3月の時期に多くの業務を研究者に頼むことは難しい状況にあります。できる限り作業は年末までに仕上がるようなスケジュールを組み、年明け以降は細かな調整に充てるなど、余裕を持ったスケジュールとなるよう、研究者と調整しましょう（なお、著名な研究者ほど、並行して多くの研究を抱えていますし、長期の海外出張のタイミングなども考慮して、早め早めにスケジュールの調整をすることが、関係構築において重要です）。

2. 分析結果において確認すべき点

次に、分析結果において見るべきは、実証してほしかった仮説が実証できたかどうかという点です。統計的に有意な結果としてその仮説が実証できていることを確認しましょう（「統計的に有意」の意味は次頁のコラムを参照のこと）。ただし、統計的に有意に仮説の実証ができていたとしても、以下のようなことが起こりえます。

例えば、「AによってBがより改善する」という仮説が統計的に有意な形で支持されたとしても、研究者からは、「AがBに与える効果はわずかだ」という留意がつくことがよくあります。しかしながら、その仮説が、教育行政を進める上で重要な仮説である場合には、「AによってBがより改善する」と説明することは、行政上は許容されると思います。

また、AとBの間に相関関係があり、かつ過去の研究においてAによってBがより改善するという因果関係が存在する可能性が示されている場合において、研究者は、「AによってBがもたらされた」とは断言せず、「BによってAがもたらされた可能性もあり断言できないが、AによってBがもたらされたと言えるかもしれない」、といった言い方をします。これについても、しかしながらそれが政策的に必要だと行政の側において考えるものであれば、「AによってBがより改善する（可能性がある）ことが分析結果としてわかった」、と説明することも許容されると思います。行政は研究ではありません。そして、データ分析は、行政上の判断をする上での１つの参考材料に過ぎません。にもかかわらず、「分析結果が因果関係を明確に指し示していなければ当該施策は行うべきでない」とか、逆に「指し示していなければ当該施策はやめるべき」、というように、あたかもデータ分析に政策が従属するかのような判断を行政はすべきではありません。

コラム

「統計的に有意」とは？

例えば、無作為抽出を行いランダムに割り当てた2グループにおいて、ある能力（αとします）を向上させるために、片方のグループ（Aとします）にはある指導を行い、もう片方のグループ（Bとします）に対して当該指導を行わなかった場合に、グループAの方が行われなかったグループBより当該αが向上したとします。さて、当該2グループはランダムに割り当てられているわけですが、グループAが当該指導の効果が出やすい児童生徒であった可能性は完全に排除できません。もう一度無作為抽出を行い、ランダムにグループを割り当てて同じ内容の実験を行ってみたら、むしろ指導を受けた方がαが向上しないことも起こりうるわけです。

このように無作為抽出した上で出た結果はサンプリングによる誤差の影響を受けている以上、それが母集団の状況を表していない可能性があるわけです。この中で、例えば100回実験をやったとして、95回は2グループの間に「誤差」とは言えない差が生じうる（逆に言えば5回は逆の結果が出うる）場合「5%有意」、100回中99回起こる場合は「1%有意」、1000回中999回起こる場合は「0.1%有意」と言います。「有意」とはsignificantの和訳であり、「〇%有意」とは、直感的に言えば「〇%の確率でその状況が起こらない可能性がある」という統計学的な「判断基準」を意味しています。

8-9 都合の悪い分析結果との向き合い方

1. 依頼内容ではないが利用価値があるもの

往々にして、最初に立てた仮説はそのとおりに立証されないことがあるため、研究者とは、複数の仮説を共有したり、その他自由に分析を行う余地を残しておくことが大事です（8－7で示した「②依頼していない内容ではあるが、研究者が発見した内容で利用価値のあるもの」です）。当初予定していた特定の分析内容に直接は関係していなくても少し幅を広げて依頼をします。具体的には「主体的・対話的で深い学びによって学力が向上する」という仮説を立証してほしいとして、もしそれが立証できないときには、学力を向上させるために学校や教師が行う取組の中でそれに役に立っているような要素がないか、幅広く分析してほしい、といった依頼をする、ということです。様々な分析結果を示してもらう中で、今学校や教育委員会が取り組んでいることや施策と照らし合わせて、裏付けとして使えそうな事項がないかを検証し、もしそういったものがあれば、当初とは計画を変更して、そこを掘り下げることも必要でしょう。

2. 依頼者側にとって不利益となる発見

難しいのは、8－7の「③依頼者側にとって不利益となる発見」のような場合です。この場合は、いずれにしても、分析結果の1つに過ぎないというスタンスで取り扱うことがポイントです。例えば「主体的・対話的で深い学びによって学力が向上する」という仮説を立てていたにもかかわらず、そういった関係が見つけられなかった場合です。または依頼していないにもかかわらず、研究者の側から、例えば「教材研究をしない方が非認知能力が向上する」というような分析結果を受け取ることも考えられます。このときに、こういった分析結果を出されては困る、なかったことにしてくれという対応をすべきでしょうか。

基本的に、研究者は、データ分析を行った上で、そこから導き出された結果を解釈していくということを研究において常に行っています。したがって、研究者の立場としては、「そんなことはないはずだ」「そんな分析結果が出ては困る」と分析を依頼した側から注文があっても、少なくともその研究者が分析した限りでは、「ある結果が出て、それをこう解釈できるのではないかということであり、その分析・解釈はなかったことにしてくれなどということを言われても……」となることも多く、ここは論点となる場面です。

このとき、研究者がある特定の方法で分析をした結果、ある分析結果が出た、という事実は、受け止める必要があるでしょう。予想外の面でその分析結果が重要な示唆を与えてくれることも大いにありえます。ただし、それはその方法による分析結果の１つであって他の分析方法によれば異なる分析結果が出ることはありえるし、その結果に基づく解釈も多様でありうる、というスタンスがポイントです。本書でこれまで述べてきたとおり、数値ですべてが解明されるわけではありません。その分析結果、ここでは「教材研究や主体的・対話的で深い学びが学力や非認知能力に対して効果がない（むしろ逆効果だ）」という結果が出ても、それはその分析のもととなるデータや分析手法によって出た結果に過ぎず、必ず効果がないという結論になるわけではありませんし、また、この結果をもって、「教材研究や主体的・対話的で深い学びが学力や非認知能力に対して意味がない」「そういった政策を行うことを止めるべき」と結論づけたりするのは避けるべきでしょう。そうでなければ、依頼者側としては、仮説が立証できなかったときのリスクが大きすぎて分析を依頼できなくなりますし、研究者の側も、依頼者側がこの仮説の立証をすることはマストです（立証できないということは許されません）としてしまうと、分析を引き受けてはくれなくなります。研究者からすれば、それはデータを見てみなければわからないものであるからです。

一方で、とにかくある分析で導かれたデータがすべてです、依頼者側の希望などは聞きません、という研究者の態度も困るわけです。賢明な研究者であれば、ある１つの分析がすべての事象を説明できるとはとうてい考えていません。後述のとおり、そもそも数値で見える化できるインプット・アウトプットには制約があり、制約要件の中での、特定の分析方法に基づく結果が出ているに過ぎないにもかかわらず、ある分析結果のみを用いて、それを金科玉条のように取り扱い、その結果から特定の政策的示唆を導くような行為は望ましいとは言えません。依頼者側も研究者も、得られた分析結果を重要な示唆として謙虚に受け止めつつも、それだけですべてが把握できるわけではないということを共通の理念として持っておくことが重要ではないでしょうか。

8-10 分析の実施方法

ここまで、研究者と協力してデータ収集・分析を行う場合について説明してきましたが、教育委員会や学校が、具体的にどのように分析を進めるか、というところを掘り下げてみたいと思います。

1. 外部に分析を委嘱

第1は、教育委員会から外部に委嘱して分析を行うという方法です。研究者にお願いする場合には、本章で述べてきたとおり、研究者の一定の独立性・自律性の中で分析を行うこととなりますが、一口に「研究者」と言っても、それは大学といった高等教育機関に所属している場合に限りません。それ以外にも様々な外部委嘱先があります。例えば「東京大学エコノミックコンサルティング株式会社（略称：UTEcon）」は、研究成果を活用した様々な経済コンサルティングサービスを民間企業、政府、法律事務所等のクライアントに提供する組織として、令和2（2020）年8月に東京大学大学院経済学研究科との深い連携のもと、指定国立大学法人の特定研究成果活用事業制度に基づき東京大学により設立されました[1]。UTEconは、経済学等に関する専門知識を有したUTEconのエキスパートらが信頼性の高い分析を行います。

このように大学に関連の強い株式会社に分析を委嘱するという方法もあれば、因果推論の知見を有する専門家を雇用する民間会社に対して、検証してほしい仮説を伝え、その立証が可能かどうかの分析を依頼するというアプローチもあるでしょう。

1 https://utecon.net/

2. 分析ツールの開発を外部に依頼

第２に、こういった会社に、各教育委員会や学校が分析をするためのツールの開発を依頼するということも考えられます。各教育委員会や学校、教師が自身でツールを見つけて分析をすることは、多忙な現場にとって多くの困難が伴います。そこで、一定の手順を踏めば簡易に分析できるツールキットを開発してもらい、マニュアルとともに配布するという方法です。各教育委員会や学校においては、データをマニュアルに沿ってツールキットに入力すれば、求める値が表示される（調べたい仮説が確認できる）というものです。現場の裁量性を高くするために様々な機能を付与したり、現場の裁量で機能を取捨選択することが可能となるアプローチもありますが、選択肢が多すぎると現場が何をやったらよいかわからなくなる（結果として分析がされなくなる）危険性がありますので、多様な選択肢を作る場合は、「かんたんスタートセット」のようなものを別途作ることをお薦めします。

3. 分析ソフトの購入

第３に、分析ソフトを購入するというアプローチです。例えば社会科学関係のデータ分析ですとSPSSというソフトがあります。これは統計学的な専門知識がなくても、一定の手順に沿ってデータを入力すれば、求める数値が自動的に出てきます。課題は、ライセンスを購入する必要があり、その費用が一定程度かかる点と、専門知識がなくてもよいとはいえ、どういった分析をするか、その結果をどう解釈するかについての最低限の知識が必要になることです。

4. 無償ソフトの利用

第４に、無償のソフトを利用するアプローチです。例えば「R」というソフトは、誰でも無料で利用することができる統計ソフトです。難点は、自分で分析したい内容をプログラミングする必要があり、第３の方法に比べ、より専門的な知識が必要になる点です。

なお、そもそも学力調査を自身で実施するかどうかという点も検討の余地があるでしょう。問題作成においては、求める能力を正確に問う問題を作成する必要がありますし、回答結果については、統計処理をすること、各児童生徒・各教師用にわかりやすく結果が可視化されたもの（最近の言葉では「ダッシュボード」と言ったりもします）を作成することなど、データに関わる業務をすべて教育委員会や学校現場で抱えて実行するのはほぼ不可能です。どういった能力を問いたいか、結果を使ってどのような実践・教育行政を進めるかの判断は教育委員会・学校にあれど、データ収集・分析のプロセスはその専門家である民間会社がいくつもあることを踏まえれば、そこに外注する方がより効率化できるでしょう。

第 9 章

学校・教育委員会における分析、分析のためにやるべきこと

第Ⅲ部においては、ここまで収集したデータをどのように分析するかについて説明してきました。第７章では、因果推論の方法と、具体例としての埼玉県学調の分析結果について、第８章ではその分析を研究者とどのように進めていくかについて、それぞれ解説しました。基本的には、分析のプロでない教育委員会の職員や学校の教職員は、第７章で説明した分析を自身で行うのではなく、第８章で示したとおり、研究者に依頼して分析を進めていくことになります。しかし、研究者に分析を依頼するからといって、教育委員会や学校がやることがないわけでは当然ありません。第９章では、市区町村の教育委員会や学校において分析をする場合の留意点などを説明します。

9-1 学校・教育委員会における分析1 児童生徒単位［1］

1. 教育の専門家が関わる分析

研究者にデータの収集方法について助言を求めたり、分析を行ってもらったりと様々な形で依頼をした場合に、依頼主である学校や教育委員会は何もしなくてよいのでしょうか。学校や教育委員会側でなければできない分析について考えてみましょう。

個々の児童生徒単位、教師単位、学校単位の分析がありますが、共通するのは、教師や校長、指導主事というのは、「人」と直接相対している「人」であり、しかも教育の専門家が関わっていることを踏まえた分析であるという点です。これは「データ」を分析している研究者とは異なる重要な点です。

2. 児童生徒単位での分析の具体例

まずは、個々の児童生徒への対応について、埼玉県学力・学習状況調査のようなIRT・パネル型の学力調査を念頭に置いて、表9－1－1にあるデータを例に考えてみましょう。平成29 (2017) 年度に4年1組の担任で、平成30 (2018) 年度に5年2組の担任となった教師であるあなたは、平成30年度4月に実施した調査の結果が夏に返ってきたので、夏期休業中に学年団(同じ学年を担当する担任全体をチームとして「学年団」と呼ぶことにします) で、児童生徒の平成29年度の能力の伸びのデータをもとに、指導について議論することになりました。表9－1－1にあるデータをあなたが見ることを前提として、研究者によって

①非認知能力や学習方略が伸びていると、学力が伸びる傾向がある

②同じ学力水準でも、非認知能力や学習方略が低いと、その後学力が伸び

児童	H30学年	H30組	H29学年	H29組	学力(国語)			学力(算数)			非認知能力			学習方略		
					伸び	H30	H29	伸び	H30	H29	伸び	H30	H29	伸び	H30	H29
A	5	2	4	3	5	14	9	5	15	10	0.5	3.5	3.0	0.4	3.2	2.8
B	5	3	4	1	1	18	17	2	17	15	0.1	4.1	4.0	0.1	3.3	3.2
C	5	2	4	1	0	9	9	0	10	10	0.1	2.2	2.1	0.2	2.7	2.5
D	5	1	4	2	1	9	8	1	12	11	0.5	2.8	2.3	0.4	3.0	2.6

※1　学力は1(1－C)から36(12－A)までの36段階。9→14へと変化すると「伸び」が5となる。
※2　非認知能力・学習方略はアンケート調査への回答結果であり、10前後の質問項目についてそれぞれ1から5の5段階で回答するもの。5が最も良い状態で、回答結果の平均を算出。10個の質問中3つが2、3つが4、残り4つが3だと平均が3.0となる。3.0→3.5へと変化すると「伸び」が0.5となる。

表9－1－1　児童生徒の能力の伸びの事例

	データ上は伸びている	データ上は伸びていない
日々の指導上は伸びている	パターン1	パターン2
日々の指導上は伸びていない	パターン3	パターン4

×

	昨年度の指導は妥当	昨年度の指導は要改善
本年度の指導を維持	対応1	対応2
本年度は指導を変更	対応3	対応4

図9－1－1　データの解釈と、対応の検討(個々の児童生徒)

悩む傾向がある

という分析結果が報告されており、非認知能力・学習方略に着目して学力向上を図っていこうという校長の方針が示されているとしましょう。

児童AからDを見てください。児童A・C・Dは小学校4年生のときの学力は同じくらいでしたが、4年生の1年間で児童Aは学力が向上したことがわかります（児童Bは高い学力水準を維持していますが、児童Aの伸びは児童Bを上回るものでした）。児童Aの非認知能力・学習方略はやはり4年生の1年間で大きく伸びていることから、これらの向上が学力向上をもたらしたのではないかと推察できます。児童Aの成長については、昨年度の学年団でも共通認識であり、データ上もそれが裏付けられていました（図9－1－1におけるパターン1にあたります）。

一方、児童Cは、4年生のときには学力・非認知能力・学習方略ともにAと同じくらいであった中で、1年間非認知能力・学習方略が向上しないままに、5年生を迎えており、昨年児童Cの担任であったあなたとしても、その数値は妥当な状況と思えました（パターン4に該当します）。そこで、あなたは、昨年度どのような指導を行っていたかを振り返った上で、それを変える必要があるかを検討してみることにしました。あなたは、昨年度、児童Cがやり抜く機会を作ることでやり抜く力を伸ばせるのではないかと考え、放課後の学習プログラムに参加することが非認知能力（やり抜く力）を向上させるのではないかという仮説を立て、当該プログラムに児童Cを誘い、1年間指導を行ってきました。しかし、本年度、結果として児童Cの力が伸びていないことを踏まえ、やり抜く力を伸ばすためには、放課後の学習プログラムに参加させるのではなく、タブレットを用いて、家で当該児童にあった問題を解いてくることを日々フォローする方がよいのではないかと仮説を立て、対応を変えることとしました（対応4）。

児童Cの事例は、データが指し示す状況と専門家として接する教師の感覚が一致している場合です。そのときに昨年度どのような指導を当該児童Cに行ったかを振り返り、その指導が妥当であったかを判断し、その指導を変更するかどうかの判断をすることになります。ここで重要なことは、いずれの判断も妥当であるかどうかに正解はない、ということです。児童Cに昨年度行っていた指導（放課後の学習プログラム参加）は妥当であったが、別の要因によって伸びが生じなかったと判断し、その指導を継続するという判断もありえます（対応1）。このことを次節において、医師による治療を例に考えてみましょう。

9-2 学校・教育委員会における分析2
児童生徒単位［2］

1. 医師を例に指導方法の継続・変更を考える

個々の児童生徒のデータの変化を踏まえて、これまで行ってきた指導を維持するのか、それとも変更するのか、ということは、医師による治療を例に考えるとわかりやすいでしょう。主治医である医師が、患者の血圧を測定したところ、高血圧であり、問診においても高血圧で生じる症状が出ていることがわかったことから、血圧降下剤Aを投与しました。一定の投与期間の後、血圧が下がっておらず、問診でも症状が改善していないとき（前節の図9－1－1における、パターン4にあたります）に、当該血圧降下剤Aに変えて別の血圧降下剤Bを投与するのか（対応4）、当該Aの投与を継続するのか（対応1）は専門家である医師の判断となります。

ここで重要なことは、

・データにおいて改善が見られないことをもって、“必ず”その投薬には効果がないと断定する（データが主で医師が従）のではなく、
・データが変化していないことはあくまで参考資料の1つと位置づけて、投薬の効果の有無を医師が判断する必要がある（データが従で医師が主）

という点です。教育（教師の指導）においても同様のことが言えます。

・データに変化がないから、その指導は変更すべきだとデータを鵜呑みにする（データが主で教師が従）のではなく、
・データが変化していないことを判断材料として、指導の効果の有無を教師が判断する必要がある（データが従で教師が主）。

これは、児童Aのように、能力がデータ上も向上し、日々の指導においても教師がそのように認識している場合にも当てはまります（パターン1の場合）。能力が伸びているからといって、その児童生徒に対する指導を維持

しなければならないわけではなく、別の指導に切り替えるという判断は十分ありえます。これは血圧降下剤Aの投与の結果、血圧が下がり、症状も改善したからといって、当該血圧降下剤Aの投与を必ず続けなければいけないわけではなく、医師の判断として別の薬に切り替えることが許容されることと同じです。

さて、パターン1、パターン4はいずれも、データ上の変化と、専門家の観察（問診や指導）における変化についての認識が一致している場合ですが、いずれにしても、専門家として、人として患者／児童生徒と日々向き合っている医師／教師としての最終判断があり、データはその補助に過ぎない点は変わりません。もちろん、データや観察において変化が起きている／起きていないという様々なケースがありうるということは事実ですので、「そういった状況の変化を無視して、処方・指導を勝手に決めてよい」ということではありません。その事実は一定程度考慮の俎上には載せるべきであり、一定程度専門家の判断を拘束することとなるのは確かですが、それは、その事実が何よりも優先されて判断もそれに従わなければならないということを示しているわけではないということです。

2. 適切な判断をするために必要な3つのプロセス

当該患者・児童生徒は、他の誰でもない唯一のその人であり、そして日々変わりうる存在でもあります。そのときに目の前の人間に対して、最も適切な治療・指導が何であるかは、究極的には、誰にもわかりません。ただ、少なくとも必要なことは、

①変化を観察する前に、これからどのような対応（治療や指導）をするかを明確に認識していること（当該治療や指導が○○を改善するという仮説を持っていること）

②変化が起きているのか起きていないのかを認識すること（そのときにデータも利用すること）

③その上でこれまで行っていた対応が効果があったのか、なかったのかを判断し、その結果として今後当該対応を続けるか、変更するかを決定す

　　ること

というプロセスです。特に①と③が行われていないことが多々あります。指導を「改善する」という言い方をよくしますが、現在の立ち位置を把握し、目指すべきところを目指して、取組や施策を変更するかどうかを決定し実践することが「改善」です。自分たちが何をしてきて、その結果どういう状況になっていて、したがってその取組を続けるか、変えるかを判断する、ということが改善になるわけです。

9-3 学校・教育委員会における分析③ 児童生徒単位［3］

1. データと教師の感覚が一致しない場合

9－1及び9－2に続き児童AからDのデータをもとに分析を進めます。表9－3－1（表9－1－1再掲）の児童Dを見てみましょう。児童Dは児童Cと同様に学力が4年生の1年間でほぼ伸びなかった児童です。児童Dの昨年度の担任は、昨年度あなたとともに同じ学年団を構成していた教師βで、あなたと一緒に放課後の学習プログラムを実施していました。さて、Dの学力は伸びていなかったわけですが、一方で非認知能力や学習方略は大きく伸びています。今年度の担任である教師γから「児童Dについては放課後の学習プログラムを通じて非認知能力が伸びたということですかね？」と聞かれた昨年度の担任である教師βは、難しい顔をして「自分の感覚としては、児童Dの非認知能力が伸びているという感触は持っていなかったんですけどね……実際学力も伸びていないですし……」と悩み顔。沈黙の後、教師βがはっとした顔でこう言いました。「わかりました。児童Dはこの調査の前日が誕生日だったんです。調査当日の朝もすごく嬉しそうな顔していました」。これらは何を意味しているのでしょうか。

確かに、

- 非認知能力・学習方略が向上している → 学力が向上している（教師も成長を実感）
- 非認知能力・学習方略が向上していない → 学力も向上していない（教師も成長を実感できていない）

というふうに、データと教師の感覚が一致する場合が一定程度ある一方で、これらが一致しない場合も現実には多々生じます。今回のパターンはその1つでパターン3（図9－3－1（図9－1－1再掲））にあたります（過去の事例

児童	H30学年	H30組	H29学年	H29組	学力（国語）			学力（算数）			非認知能力			学習方略		
					伸び	H30	H29	伸び	H30	H29	伸び	H30	H29	伸び	H30	H29
A	5	2	4	3	5	14	9	5	15	10	0.5	3.5	3.0	0.4	3.2	2.8
B	5	3	4	1	1	18	17	2	17	15	0.1	4.1	4.0	0.1	3.3	3.2
C	5	2	4	1	0	9	9	0	10	10	0.1	2.2	2.1	0.2	2.7	2.5
D	5	1	4	2	1	9	8	1	12	11	0.5	2.8	2.3	0.4	3.0	2.6

※1　学力は1（1－C）から36（12－A）までの36段階。9→14へと変化すると「伸び」が5となる。
※2　非認知能力・学習方略はアンケート調査への回答結果であり、10前後の質問項目についてそれぞれ1から5の5段階で回答するもの。5が最も良い状態で、回答結果の平均を算出。10個の質問中3つが2、3つが4、残り4つが3だと平均が3.0となる。3.0→3.5へと変化すると「伸び」が0.5となる。

表9－3－1　児童生徒の能力の伸びの事例（表9－1－1再掲）

	データ上は伸びている	データ上は伸びていない
日々の指導上は伸びている	パターン1	パターン2
日々の指導上は伸びていない	パターン3	パターン4

×

	昨年度の指導は妥当	昨年度の指導は要改善
本年度の指導を維持	対応1	対応2
本年度は指導を変更	対応3	対応4

図9－3－1　データの解釈と、対応の検討（個々の児童生徒）（図9－1－1再掲）

では、非認知能力が向上していると思っていた児童が急に数値が落ち込んでいて、分析すると調査直前に親友と大喧嘩していた、という事例もありました（パターン2にあたります））。ここにおいても大事なことは、やはりデータのみを優先するのではなく、教師の実感と組み合わせて最終的な判断を行うということです。データだけでは、パターン3の児童Cは問題なしという結論になります。

データはアラートとしての機能を持ちますが、万能ではありません。人間ドックや健康診断を受けた際に、皆さんもご経験があるでしょうが、検査の前日に飲み会で大量にお酒を飲んだとき、肝臓の数値が悪く出る、ということがあると思います。良い意味で、検査というのは「その程度のことでも結果が左右されるもの」というふうに捉えておく必要があります。データでは問題なしとなった児童について担任は課題があると認識している場合（今回のパターン3）や、データでは問題ありとなった児童について担任は課題がないと考えている場合（パターン2にあたります）など、日々児童と接している教師の所感・観察との組み合わせでデータは初めて力を発揮するのです。

2. 必ずしも教師の実感優先とは言えない

ただし、間違えてはいけないのは、データと教師の実感がずれた場合に、必ず教師の実感を優先しなければならないということでもないということです。実感としては問題がないと思っていた児童が、データ上課題があると出たことを踏まえて、教師同士で改めて議論し、課題があるのではないかという結論を導き手立てを講じる。データがこうした議論のきっかけになることは十分ありえます。「データと人が交差する」ところに、現場のデータ分析の神髄があるのです。

9-4

学校・教育委員会における分析④

教師単位［1］

1.　教師の指導改善のためのデータ分析

ここまでは、児童生徒ごとの分析について説明してきましたが、学校や教育委員会でないとできない分析の2つ目として、教師自身の指導改善のためのデータの分析について考えていきましょう（図9－4－1参照）。教師が児童生徒の能力の向上に大きな影響を与えているとして、教師のどんな要素が児童生徒の能力を伸ばしていて（Ⅰの部分）、その要素はどうやったら伸びるのでしょうか（Ⅱの部分）。Ⅰについて、全体としての分析は研究者が行うとして（統計的な分析は7－12参照）、当該分析結果を踏まえ、実際に個々の教師の力を伸ばすことについては、前提として学校や教育委員会による分析が必要になります。

2.　データからどのように判断し指導改善するか

学力や非認知能力の変化を、IRTなどを用いてパネルデータとして調査す

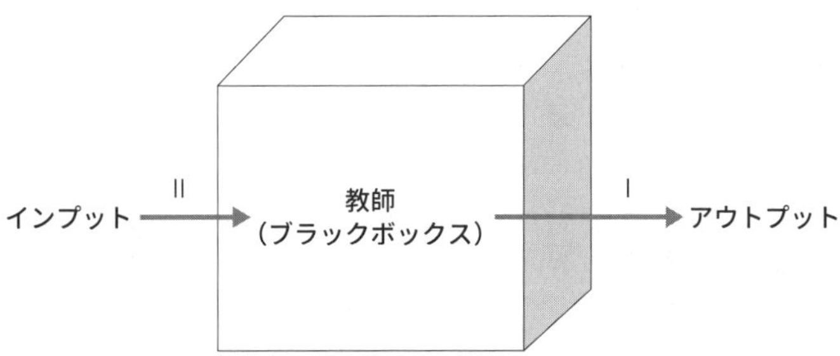

図9－4－1　教師のどのような要素が子供の力を伸ばし（Ⅰ）、その要素はどのようにすれば伸びるのか（Ⅱ）（教師に係るブラックボックス）

る学力調査を念頭に置いて考えてみましょう。例えば、埼玉県学調においては、図９－４－２（図７－12－１再掲）に示すとおり学力や非認知能力を伸ばすためには、①主体的・対話的で深い学びや、②学級経営（児童生徒同士の人間関係や教師と児童生徒の信頼関係）が鍵を握っていることがデータ上も明らかになりつつあります。

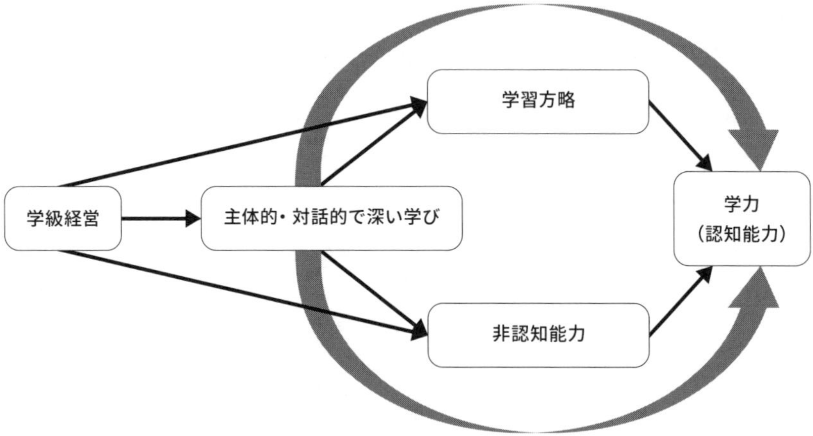

図９－４－２　「主体的・対話的で深い学び」の実施に加えて、「学級経営」が、子供の「非認知能力」「学習方略」を向上させ、子供の学力が向上（図７－12－１再掲）

出典：平成30年度埼玉県学力・学習状況調査データ活用事業における分析結果概要（統計分析）p.4。https://www.pref.saitama.lg.jp/documents/52863/190402bunsekikekkagaiyou2.pdf

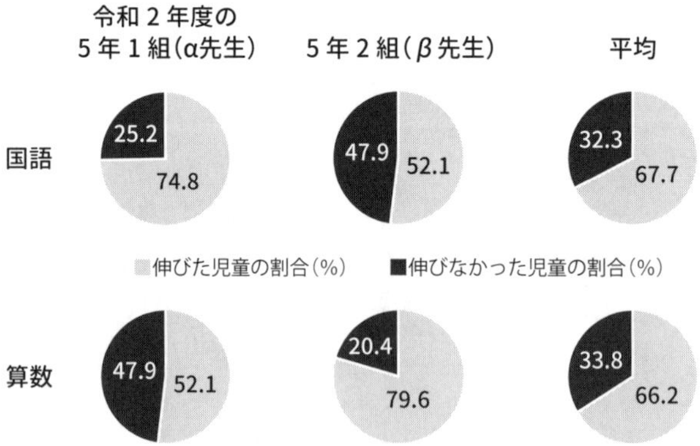

図９－４－３　例：学力を伸ばした児童の割合（令和２（2020）年度→令和３（2021）年度）

図９－４－３を見てください。個々の児童の学力などの伸びが測定できるということは、当該パネルデータを使って、昨年度のクラスごとに伸びを取りまとめた場合、昨年度のクラスごとに、学力などがどの程度伸びていたかなどの状況をデータから集計・把握することができます。そのときに、データを踏まえてどのように判断し、指導の改善に充てるべきかを考えてみましょう。

図９－４－３は、A小学校の学力の伸びの状況をモデル的に示したものです。令和２(2020)年度に５年生であった児童が年度当初の４月に学力調査を受け、１年後の令和３(2021)年度に６年生になったときに、改めて年度当初の４月に学力調査を受けました。このうち、学力36段階の１つでも向上した児童生徒について、前年度(令和２年度)のクラスごとにその割合を集計したのが各円グラフになります。この学校の令和２年度の５年生は２クラス(５年１組と５年２組)であり、それぞれについて算数と国語の学力が向上した児童の割合が示されるともに、同じ学力調査で５年生の学力がどの程度向上したかの平均も示されています。

仮に、令和２年度の５年１組の学級担任がα先生、５年２組はβ先生であり、各学級担任が１人で各クラスの国語と算数を指導していたとしましょう。そのとき、この円グラフを見ると、次のことがわかります。令和２年度において

①α先生は、国語は平均以上に伸ばすことができたが、算数は平均よりも伸ばすことができなかった。

②β先生は、国語は平均よりも伸ばすことができなかったが、算数は平均以上に伸ばすことができた。

さて、このような結果が出たときに、α先生、β先生は自身の指導についてどのように改善を図るべきなのでしょうか。

9-5

学校・教育委員会における分析5
教師単位［2］

前節からの続きで、データをもとにした教師の指導の改善について、図9－4－3を見ながらα先生・β先生を例に考えてみましょう（図9－5－1参照）。

1. α先生の事例

α先生は令和2（2020）年度に、国語を平均以上に伸ばしていました。その結果を、令和3（2021）年度に校長から聞いたα先生が、昨年度（令和2年度）の自身の指導を振り返ってみるに、この点、自身の指導の工夫によって学力が向上したという実感が本人にもありました（パターン1）。確かに国語において対話的な学びを充実させる観点から、教科にかかわらず、一貫して○○を行っていたことが、言語能力を向上させ、結果的に国語の学力を向上させたのではないかと、α先生は考えました。したがって、本年度（令和3年度）

	データ上は伸びている	データ上は伸びていない
日々の指導上は伸びている	パターン1	パターン2
日々の指導上は伸びていない	パターン3	パターン4

✖

	昨年度の指導は妥当	昨年度の指導は要改善
本年度の指導を維持	対応1	対応2
本年度は指導を変更	対応3	対応4

図9－5－1　データの解釈と、対応の検討（個々の児童生徒）（図9－1－1再掲）

においても、当該指導を継続的に行うこととしました（対応1にあたります）。

2. β先生の事例

一方、国語を平均よりも伸ばしていないという結果を聞いたβ先生の実感も、データと一致するものでした（パターン4）。昨年度の国語の授業で、対話型の授業の充実を図ったものの、結果として特定の児童のみが話すだけで、すべての児童が対話を行う機会が確保できていなかったことが、国語における学力の向上をもたらさなかったのではないかと考えました。したがって、昨年の指導を変更して、本年度はより多くの児童が対話に参加できるように△△といった工夫をしてみることにしました（対応4にあたります）。

これらは、学力が伸びている場合、伸びていない場合いずれにしても、指導を行った教師本人の実感と一致するものでした。その結果として、昨年度行っていた指導の効果があった／なかったと結論づけ、当該指導を維持／変更するということを決めたわけです。ここにおいて重要なことは、児童ごとの判断と同じで、データが示す結果のみで決定しない、ということにあります。例えば学力が伸びていて実感として学力を伸ばせたという場合においても、昨年の指導とは異なる取組をすることも当然許容されますし、逆もまた然りです。教師の指導の改善においても、データが主ではなく、あくまで専門家である教師が主で、データを参考として、指導の維持・変更が判断されるべきであるということです。

3. 児童生徒の変化と教師の実感が一致しない場合

以上は、データにおける児童生徒の変化と教師の実感が一致した場合ですが、これがずれる場合もあります。例えば、学力が伸びているかどうかについて、教師本人があまり上手くいかなかったと思っていても、9割近く伸びていたり（パターン3にあたります）、教師本人は学力を伸ばせていると思っていても、ほとんど伸びていなかったりする（パターン2にあたります）ことがあります。また、主体的・対話的で深い学びが通常よりもできていたとされていたクラスが非認知能力が伸びていなかったり、その逆であったりということもたびたび起こります。そもそもこれはある意味当然で、統計分析で全体の傾向を掴むことはできても、個々のクラスごとの状況に当てはめればそうでない例はいくらでもあるからです。そのときに、データを１つの参考として、なぜそのクラスではそういった結果が出たのか、を個々の教師が考えることが重要となります。データが示す結果を鵜呑みにせず全否定もせず、なぜこういった結果が出たのか、結果を踏まえてデータより実感を優先するかしないか、その上でこれまでの指導の効果があったと考えるか否か、そして当該指導を維持するか変更するか。そういった自問自答をして、昨年度の取組の何が良くて何が改善点であったのかの仮説を立て、本年度はその仮説に基づいて実施し、来年度の結果で再び振り返るということが重要です。データ分析はあくまで集団全体の傾向を示すものに過ぎず、そもそもデータは参考にするものでしかないわけですから、それを踏まえて、各教師が振り返るということが最も重要です。

9-6

学校・教育委員会における分析⑥ 学校単位・教育委員会単位［1］

1. 管理職による教師の指導の向上支援

個々の教師についての振り返りは、本人が行うだけでなく、それを促す観点で、管理職や教育委員会の指導主事においても行われることが求められます。学校において、児童生徒に影響を与える大きな要因の１つと考えられる教師の能力を向上することは、学校（管理職）においても、教育委員会の指導主事においても大変重要な役割の１つです。

その指導にあたっても、やはり、データありきではない対応が必要になります。学力や非認知能力などをどの程度伸ばせたかというデータは、大変わかりやすいデータですが、「学力や非認知能力を伸ばしているから、当該教師は必ず良い指導をしている」とか、「伸ばしていないから、当該教師の指導は必ず改善すべきである」とか、そういったことがデータからすべからく導かれるわけではありません（もちろん、熟考の結果、そのような結論に至ることは許容されます）。

管理職は各教師について普段から授業を見るなど、教育活動を見る中でその指導における良い点や課題を日常的に把握していることと思います。その実感とデータが必ずしも一致しないことがあるのが現実です。指導力が高いと思っていた教師が児童生徒の能力をあまり伸ばせていなかったり、思いもかけない教師が大きく児童生徒の能力を伸ばしていたりします。そのときに、自身の日々の観察を必ず優先するわけでも、データを優先するわけでもなく、データを１つのきっかけとして、自身の日々の実感と組み合わせて改めて検討をし、当該教師の指導を改善すべきか、維持すべきかを考えてみることが必要です。

筆者が経験した事例でいうと、とある中学校の校長が教師の指導と学力と

	教師本人としては伸ばせていると考えている	教師本人としては伸ばせていないと考えている
管理職としては伸ばせていると考えている	パターン1	パターン2
管理職としては伸ばせていないと考えている	パターン3	パターン4

✖

	教師本人としては本年度の指導を維持したい	教師本人としては本年度の指導を変えたい
管理職としては当該教師の本年度の指導を維持した方がよい	対応1	対応2
管理職としては当該教師の本年度の指導を変更した方がよい	対応3	対応4

図9－6－1　データの解釈と、対応の検討（個々の教師（管理職による指導））

の関係を分析したところ、教師Aは校長が予想していたほど学力を向上させていませんでした。校長は数学教師Aは、大変指導力があると認識していて、教師Aが教科担任であったクラスの学力の伸びというアプローチとは別に、部活担当ごとにデータをソートし直して、分析をしてみました。その結果、教師Aが担当する部活動に所属する生徒は、他のどの部活動に所属する生徒よりも学力を伸ばしていたという結果が出ました。校長は教師Aの、部活動指導における◇◇という取組が、生徒の非認知能力を伸ばして、結果として学力の向上につながったと考え、この点を褒めた上で、その指導を教師Aに認識してもらい、授業の中でも部活動指導の要素を実践してもらうよう指導することとしました。このように、管理職がデータを鵜呑みにせず、全否定もせず、往還の中で教師への指導について検討していくわけです。

校長が教師と話すと、校長の分析と、教師の分析がずれていることもあります。図9－6－1を見てください。例えば学力が伸びていて、校長は担当した教師の○○の取組が良かったから続けるべきだと思っていたら、教師側は△△の結果として学力が伸びただけで、■■の点は指導で変えたいと思っていた（対応2にあたります）、といったようなことです。教師には、法令上校長の職務命令に従う義務がありますが、プロセスとしてそれぞれが持っている考え方をやりとりしながら、最適な指導の在り方を考えていく必要があるでしょう。

2. 教育委員会指導主事による教師の指導の向上支援

教育委員会の指導主事も同様です。指導主事が学校訪問をするにあたって、データを分析し、各教師がどのように学力を伸ばしているのか、そのデータが示す伸びは授業観察をした際の指導主事の認識と一致しているか、一致している／ずれている場合、当該教師の指導は維持されるべきか変更されるべきか。これらについて、データありきではなく、データを１つのきっかけとして、教育委員会として分析を行い、学校訪問において管理職や教師本人とやりとりすることができる環境を整えることが重要です。

9-7 学校・教育委員会における分析 7 学校単位・教育委員会単位［2］

1. 学校全体として児童生徒の能力を伸ばす

学校単位の分析も重要です。一般的に校長の任期が 3 年から 5 年であるとして、その任期当初は特定の教師しか 8 割の児童生徒の学力を伸ばせていなかったのが、任期の終わり頃には、ほぼすべての教師がコンスタントに 8 割前後伸ばせるようになる学校があります。もしくは最初から多くの教師が 7 割以上伸ばせている学校において、その状況を任期中ずっと維持できている学校があります。こういった学校は、特定の教師だけが児童生徒の能力を伸ばしているわけではなく、学校全体が伸ばしている状況になっている可能性が、データから推定されます。

2. 校長によるデータの見方と判断

校長としては、学校全体の学力や非認知能力の伸びというデータを見ることになります。この場合も、あくまでデータは参考であり、自身の実感と一致する場合もあればずれる場合もあるでしょう。いずれにしても、データと実感を組み合わせる中で、自身の学校の児童生徒の能力は向上したかどうかについて、判断をする必要があります。その上で、当該変化（もしくは変化が起きなかったこと）はなぜもたらされたのか、昨年度の学校経営を振り返り、本年度の改善点を考える必要があります（図 9 － 7 － 1 参照）。

この場合、昨年度の能力が伸びていて、昨年度の学校経営の○○が効果があったからそれを維持しようという対応や（対応 1 にあたります）、能力が伸び悩んでいて、昨年度の学校経営において●●が不十分であったから強化しよう／●●の取組がよくなかったので変えよう（対応 4 になります）という対

	データ上は伸びている	データ上は伸びていない
実感としては伸びている	パターン1	パターン2
実感としては伸びていない	パターン3	パターン4

✖

	児童生徒の能力は向上している	児童生徒の能力の向上において課題がある
本年度も学校経営を維持	対応1	対応2
本年度は学校経営を変更	対応3	対応4

図9－7－1　データの解釈と、対応の検討（個々の学校）

応もありうるでしょう。また能力が伸びていても、昨年度の学校経営の△△は良くなかったから変える必要があるという判断（対応3）もあるでしょうし、逆に能力が伸び悩んでいても、▲▲という学校経営は続けよう（対応2）、という判断も当然許容されます。

3.　教育委員会指導主事によるデータの見方と判断

教育委員会の指導主事がデータを見る場合においても、同様の観点が必要です。教育委員会がデータを分析した際に、当該学校の管理運営を考えたとき、実感としても、一致する場合とずれる場合があると思います。いずれにしても、データが示している事実が、当該学校のどのような管理運営によってもたらされているのか、ということを検討し、当該管理運営を維持すべきか変更すべきかについて、指導主事なりに意見を持って、学校訪問における指導において、校長等管理職とやりとりをしていくことが必要でしょう。その際、教育委員会の指導主事の認識と学校管理職の認識が一致する場合もあればずれる場合もあるでしょう。どちらが正しいというものではなく、一致している点・異なる点を認識した上で、どうやって校長等管理職が学校運営を支えていけるかが指導主事の腕の見せ所になります。

4. まとめ

ここまでお読みいただいてお気づきになったと思いますが、児童生徒単位であれ、教師単位であれ、学校単位であれ、やるべき行動様式はすべて同じです。すなわち、

①それぞれが何を重点的に取り組んできたかが認識されていること

②取組の後、能力に変化が生じたかを分析すること（その際の参考材料としてデータを用いること）

③分析の結果として、①の取組を続けるか維持するかを決めること

特に①と③が重要で、それぞれの取組が何であるかが、明示的に認識されていること（最近では「メタ認知されていること」という言い方もします）が、改善を行う上での必須要件となります。そして、②についても③についても、データありきではなく、データと主観的認識の組み合わせの中で、それぞれが専門職として判断を行うことが重要となります。

第10章

分析結果の活用の仕方、活用にあたっての留意点

第Ⅲ部においては、ここまで、測定した教育効果について、因果推論の観点からどのように分析するか（第7章）ということを、研究者（第8章）や学校・教育委員会の立場（第9章）から説明してきました。第Ⅲ部の最後となる第10章においては、因果推論をした分析結果の活用方法や活用にあたっての留意点について説明することとします。活用方法については、教師の観点と児童生徒の観点で考えてみたいと思います。分析方法と活用方法は一体となっているところもありますので、これまでの説明を組み立て直しつつ、説明をしていきたいと思います。

10-1

教師の資質能力の向上1

研修［1］

第III部においては、因果推論の方法（第7章）、分析を研究者と行うために必要なこと（第8章）、そして学校・教育委員会が自ら分析すべき内容と方法（第9章）について説明してきました。当たり前のことですが、データは分析することがゴールではありません。「教室に届く教育行政」という言葉があります。教育行政は、それを行うこと自体が目的ではなく、その結果が、子供たちに届いてこそ意味があるのです。「廊下までしか届かない教育行政」ではなく、教師が納得し、実践し、児童に届いて、児童が変容して初めて意味を持つということになります。第10章では、分析結果をどのように活用して児童の変容をもたらすかという点について説明します。

例えば、A市立B小学校の平成30（2018）年度における5年1組・2組（担任はそれぞれ教師C・D）について、クラスごとの学力の伸びや非認知能力等の伸び、主体的・対話的で深い学びや学級経営の状況が表10－1－1および表10－1－2のとおりであったとします。このとき、B小学校の校長や、A市教育委員会の指導主事は、教師CやDの指導力を向上させるために何をすべきなのでしょうか。9－4でも示した図10－1－1において、これまで、矢印Iについて説明しましたが、ここで取り上げるのは、矢印IIです。

まず、データ分析の結果を各教師に返すべきなのでしょうか。授業改善の目的が、現状から目指すべき姿への変容にあるとするならば、現状を把握するための参考情報として、すべての教師にこういった結果を返す方法もあるでしょう。一方で、仮に教師の側がデータというものに対して懐疑的な態度が強い場合には、必ずしも返すことが正しいとも限りません。特に学力を伸ばした教師にのみに返却し、当該教師になぜ多くの児童の学力を伸ばすことができたかを考えさせ、提出されたレポートを踏まえて、他の教師も含めて、全体に対して研修を行うというアプローチもあるでしょう。

平成30年度学年	平成30年度組	担任	児童数		学力を伸ばした児童の割合(%)		学力の伸び率(平成31年度と平成30年度の学力レベルの差の平均)		平成31年度学力レベル平均		平成30年度学力レベル平均	
					国語	算数	国語	算数	国語	算数	国語	算数
				県平均	67.7	66.2	1.8	1.7	18.0	18.1	16.2	16.4
5	1	C	35		74.8	62.1	2.2	1.3	19.0	17.9	16.8	16.6
5	2	D	36		64.9	76.6	1.4	2.4	17.8	18.9	16.4	16.5

表10－1－1　A市立B小学校における前年度在籍クラスを基準にした学力の伸び（クラス別）

平成30年度学年	平成30年度組	児童数		平成30年度アクティブ・ラーニングの実施	平成30年度学級経営	平成30→31年度（変化量）								
						学習方略						非認知能力		
						柔軟的方略	プランニング方略	作業方略	人的リソース方略	認知的方略	努力調整方略	自制心	自己効力感	勤勉性
			県平均	2.8	3.4	0.0	0.0	0.0	0.0	0.0	0.0	–	–	0.3
5	1	35		3.2	3.7	0.3	0.0	0.0	0.2	0.3	0.2	–	–	0.1
5	2	36		2.6	3.9	0.1	0.3	0.2	0.1	0.1	0.3	–	–	0.1

表10－1－2　A市立B小学校における前年度在籍クラスを基準にしたアクティブ・ラーニングの実施や学級経営、非認知能力の変化等の状況（クラス別）

仮に教師に返した場合には、様々な反応があるでしょう（図10－1－2参照）。自身が主体的・対話的で深い学びの改善から授業改善を最大限行ってきたと考えている教師が、実際にデータとしてそういった結果を受け取ることで、このやり方が正しかったからであろうと解釈し、その指導を継続しようと判断する場合（パターン1⇒対応1）もあるでしょう。また、自分なりに指導を改善してきたと思っていた教師が、実際はあまり児童生徒を伸ばすことができなかった場合もあるでしょう。そのときに、そのデータを踏まえて、

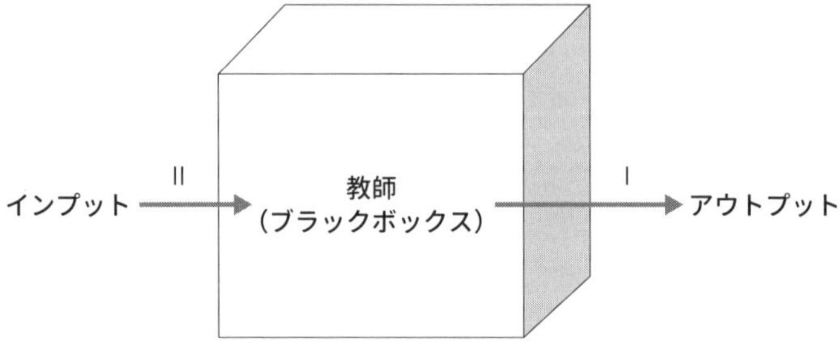

図10－1－1　教師のどのような要素が子供の力を伸ばし（I）、その要素はどのようにすれば伸びるのか（II）（教師に係るブラックボックス）（図9－4－1再掲）

	データ上は伸びている	データ上は伸びていない
日々の指導上は伸びている	パターン1	パターン2
日々の指導上は伸びていない	パターン3	パターン4

	昨年度の指導は妥当	昨年度の指導は要改善
本年度の指導を維持	対応1	対応2
本年度は指導を変更	対応3	対応4

図10－1－2　データの解釈と、対応の検討（個々の教師）（図9－5－1再掲）

自身の指導で何が課題であったのかを自省し、変更するべき点を決め、その点を重点事項として改善した指導を行う場合もあるでしょう（パターン2⇒対応4）。一方で、データ上はあまり児童生徒の能力が伸びていなかったり、主体的・対話的で深い学びがあまり行われていなかったというデータがある場合において、自身としては昨年度行った指導は効果があるはずで、たとえデータ上結果が出ていなくても、この指導を継続する（パターン2⇒対応1）、と判断する場合もあるでしょう。

大事なことは、

・データ分析をきっかけとして、

・教師自身が昨年度の指導の良かった点、改善すべき点があったのかどうかを自省し、
・それを踏まえて当該指導を継続するか変更するかを認識した上で、
・目の前の指導を行う

ということです。繰り返しになりますが、強調したいのは、データがすべてではなく、あくまで参考情報の１つに過ぎないということです。医師が患者の検査結果を見て薬を処方をした後改めて検査を行った結果、特段症状が変わっておらず、数字上も変化がない場合があります。その場合に、当該処方が効いていないと判断して薬を変えるのか、当該処方は効果があるはずだが、別の理由で数値や症状の改善としてまだ表れていないだけで当該処方は適切なはずであり継続すると判断するかは、専門家である医師の判断となります。これは教師についても同様で、ここで示された数値はあくまで教育の専門家である教師が自身の指導について判断をする上での参考情報の１つであるということです。それをそのとおり受け止めるのも、受け止めないのも専門家としての判断となります。大事なことは、どちらの判断をするにしても、

・数値をきっかけとして、
・これまでの指導を振り返り、
・自身が何を継続するのか、変更するのかを認識した上で、
・指導が行われる

ということです。本年度その認識を持ち続けた上で指導を行った結果、来年度の学力調査で、本年度の教育効果がどうであったかがわかり、その際に、自身が何を重点的に行っていたか（行わないこととしたか）が認識されていることで、それが妥当であったかを改めて判断するということになるからです。このデータ⇒自省（解釈）⇒仮説⇒実践⇒データ⇒……というサイクルを繰り返すことが教師の指導力向上において最も重要な要素となります。

10-2 教師の資質能力の向上[2]
研修［2］

1. 校長の認識と各教師の自省

教師の能力向上において重要なことは、教師の能力向上を個々の教師のこととしてのみ捉えず、学年団・教科集団・学校全体としてどうしていくべきかを考え、実行することであり、そのためには管理職の役割が極めて重要です。

教職の専門性を踏まえれば、教師の資質能力の向上は、他者から言われて他律的に行うものではなく（公立学校において、職務命令による研修について、教育公務員たる教師が従う義務があることは当然です）、各教師が自らまず考えるということが必須ですが、このことは、教師本人のみが考えればよいということを意味するものではありません。校長などの管理職が、データを活用し、学校全体としてその指導力を向上させるにはどうするべきかを考え、教師に対して指導を行う中で成長を促していくことが併せて必要です。

しかし、その際には、個々の教師がデータを活用する場合と同様、データをそのまますべて真に受ける必要はありません。あくまで参考情報の１つとして捉えた上で、日々の授業観察で得た実感とデータとを組み合わせたときに、データがそれまでの認識を裏付けるものである場合もありますが、認識とデータがずれる場合もあるでしょう。特に後者の場合は、データどおりと考えるか、実感を優先するのか。また現状の分析を踏まえた場合に、今行われている指導について改善すべき点があると考えるか、継続してよいと考えるかに正答はなく、その点を管理職なりに考えることが重要です。その認識を持った上で、各教師に自省する機会をどのように作るか、そしてその自省した内容と管理職の認識が違う場合にどうしていくかを考えることが必要なのです。

2. 教師同士の学び合い

日本の教師の専門性を担保する特徴の1つとして、教師同士の学び合いがよく挙げられます。これも、ボトムアップでの切磋琢磨という点で、専門性を裏付けているものと言えるでしょう。ただ、教師同士が専門家集団として、学び合う中でその資質能力を向上させていくというのは、言うは易しで、実際は大変難しいことです。まず第1に、教師集団の人間関係として、お互いに他の教師から学びたいと思える関係が構築できているか。第2に、教師同士が学び合うための時間や、学び合った内容を踏まえて授業改善・授業準備を行うための時間が確保されているか。第3に、それらを実践する場があるか。ほかにもあるでしょうが、このように様々なハードルが存在しています。

これらを乗り越えて教師が教室で実践するに至り、児童生徒に届き、児童生徒が変わる、「教室に届く教育行政」となるかどうかは、管理職の努力にかかっています。教師個人の努力のみでは教師が学び合う環境を作ることは困難を伴うものであり、その環境をどのように整えるかについても、管理職のマネジメントが問われることになります。データは、状況についての1つの可能性を示すことはできます。しかしながら、データが実際の環境変化をもたらしてくれるわけではありません。それはプロである教師同士によるものであり、その環境を作れるかどうかは校長にかかっているのです。

個々の教師が児童生徒の能力を向上させているかを分析したり、教師同士が学び合い実践につなげることのできる環境を整備するとともに、校長がすべきこととして、どうすれば学校全体が児童生徒の能力向上を図ろうという方向に向かうようになるのかについて、仮説・戦略を立て、検証していくことも必要です。現状において、学校全体でどの教師においてもまんべんなく児童生徒の能力を伸ばしているのか、それとも特定の教師しか伸ばしていないのか。特定の教師だけであればなぜその教師だけが伸ばせていて、それはどうすれば学校全体に広がるのか。これらの点について、仮説・戦略を立てる必要があります。これはデータだけでは絶対にわからない部分です。教師の年齢構成や性別、性格や得意不得意など個々の教師の特徴や、学年集団や教科集団における人間関係、管理職自身の性格や、管理職と各教師の関係性などを踏まえた場合に、どういった順番・方策が、その学校の教職員集団において、教師の能力の向上において最適かは、最もその教職員集団をわかっている管理職にしか考えることができません。児童生徒の能力を伸ばしている教師から、伸ばしている理由を聞き取るというアプローチがよいかもしれないし、コアになりそうな教師を中心に組み立てる、まずは特定の教科・特定の学年から始める、部活動でつながりのある教師のペアからスタートする、など様々なアプローチがあるでしょう。最も効果的な方法を自身で仮定して、実践してみることが必要です。

3. 校長の戦略策定と教育委員会指導主事のサポート

教育委員会（の指導主事）としても、校長の戦略策定を手伝うことが重要です。指導主事なりに、戦略を考え、校長の性格も踏まえて、どのように校長にアプローチすることが当該学校のパフォーマンスを高めることにつながるかを考えて、校長の戦略策定を助けること。教育がプロである教師によって成り立っているものであるならば、現場の積み上げの中で改善が図られていくように、校長が何をしようとしているのか、常に校長に問いかけ認識を持つように促すことが教育委員会に求められる点となります。

なお、教育委員会の立場で考えると、学校に良い変化をもたらしている校長が何をしているのかという共通情報をくくり出し、それを学校の児童生徒全体の力を伸ばすキーになる部分と位置づけて仮説を立て、それを他の学校にも共有することも、市区町村教育委員会内（場合によっては都道府県教育委員会内）全体の教育力を上げることにつながるでしょう。

10-3 教師の資質能力の向上[3]
養成・採用

教師の資質能力の向上という観点から考えれば、養成・採用・研修を一体的に行う中でその実現を図ることが重要です。採用後の教師の資質能力を向上させるために、各教師に関するデータをきっかけとして自省するとともに、研修等を通じてその能力向上を図っていくことについては、10 － 1 や 10 － 2 で述べたとおりですが、これに加えて、データを養成や採用に活用していくことも、教育委員会が採りうる施策の 1 つのオプションと言えるでしょう。

1. 教員採用試験のデータ活用

例えば、採用については、各教師が児童生徒の学力や非認知能力をどの程度向上させたかというデータと、採用試験結果を組み合わせて分析することによって、教員採用試験の在り方を分析することも考えられます。教員採用試験は、採用権者である都道府県教育委員会・指定都市教育委員会が行っています。自治体間で若干の違いはありますが、筆記試験と面接等で構成され、筆記試験には一般教養に関わる部分と専門知識に関わる部分があり、面接等としては、1 対 1 の面接、集団面接、グループディスカッション、模擬授業など、ある程度の共通項があります。

さて、その中で、それぞれの試験内容が、その目的である、教師が児童生徒の能力を向上させるという点とどのような関係にあるのかについての分析はこれまで行われてきませんでした。なぜなら、通常は、児童生徒の能力の伸びについての調査が行われていないため、教師が関わることでどういった結果がもたらされたかについてのデータを得る手段がなかったからです。例えば、教員採用試験における各試験科目ごとの点数や試験全体での点数と、採用後に各教師がどのように児童生徒を成長させたかといったデータを組み合わせて分析することによって、もしかするとどの試験科目がより児童生徒を伸ばすことができる教員かどうかを考える判断材料になるかもしれませんし、試験科目間の関係についても、考察するきっかけになるかもしれません。例えば、体育科の教師の専門性を問う試験科目Aの結果と、各種の運動能力テストにおける児童生徒のテスト結果の向上に相関関係がありそうという分析結果が出た場合、当該科目の点数が高い受験者を、採用の際に重要視するといったアプローチが考えられます。

留意すべきは、相関関係がないからといって、すぐに当該科目の実施を中止するという判断をするべきではないということです。繰り返し説明しているように、教師の仕事は、数値化できるアウトプットの向上にとどまらず、児童生徒の人格の完成へ向けて、成長をもたらすことにあり、50メートル走やハンドボール投げの記録は、あくまで1つのデータに過ぎません。その試験科目は、もしかすると生徒指導上の教育効果に関連があるかもしれません。何かに関係が見出せないということの意味は、それ以上でも以下でもなく、あくまでそういう結果が出た場合に、それを1つの参考材料として、判断をしていくことが重要であるということです。

2. 養成段階でのデータ活用

また、養成段階でのデータ活用も考えられます。例えば、主体的・対話的で深い学びや学級経営が、児童生徒の資質能力向上において重要だというデータ分析結果が出た場合に、高等教育機関で行われる教員の養成（教職課程）に対して、当該分析結果を示し、教職課程の改善を促す、といった方法もあるかもしれません。先般、教育公務員特例法が改正され、都道府県・指定都市教育委員会が教員研修計画を策定することや、それらを議論するために協議会を設置することが規定されました。例えば、先に取り上げた授業改善のための分析結果を踏まえて、教師の資質として主体的・対話的で深い学びや学級経営に係る能力を育成していくことが必要であることを大学側との共通認識とし、具体的には協議会に入っている大学の教職課程において、そういった力を身につけていくための学びの機会をどう確保するかを、大学と教育委員会が一体となって頭をひねっていくことも必要ではないかと思います。

10-4 個々の児童生徒に対する指導改善

ここまで、データを踏まえて教師の資質能力の向上をどのように組織として行っていくか、ということについて説明をしてきましたが、データの分析を、個々の児童生徒への指導の改善において活用していくことも重要です。

1. 学校現場におけるお薬手帳

わかりやすいように医師による処方を例に考えてみましょう。ある症状を抱えた患者Aが、家の近くの病院の医師Bの診察を受けました。その際、医師Bはいくつかの検査を行って、それらを踏まえある薬を処方することとしました。その後、当該患者Aは、職場近くの病院の医師Cの診察を受けました。その際、医師Cは同じ検査を行った上で、過去にどのような治療を受けていたのかを聞き、また患者Aが持ってきたお薬手帳を見て、検査の数値が改善傾向にあることから、当該処方を継続することが妥当であると判断して、同じ処方をすることとしました。イメージとしてはこれに近いことを学校現場でも行うということです。

例えば、ある児童生徒の学力がわかっていて、その児童生徒にはこういった指導をしたということがわかっていたときに、その指導の後、翌年度の学力が伸びていなければ当該指導ではなく、別の指導を行うべきであったと考えることが可能になります。小学校4年生の4月時点の学力水準がわかっている児童Aについて、担任Bが、ある指導を重点的に行うこととしたとします。その結果、能力が向上したかどうかは翌年度の学力調査において確認することができるわけですが、児童Aが小5となり、仮に学力が向上した場合は、当該年度の児童Aの担任であるCは、この向上したというデータを見て、昨年度担任Bの指導の効果があったものと推察し、当該指導を継続する、という判断をすることが可能となるわけです（逆ももちろんありますし、繰り返しになりますが、データを見た上で、あえてそれを踏まえずに昨年度の指導を続ける、変えるという判断もありえます)。

これまでは、児童生徒の学力がどうであるかということはわかっても、その児童生徒にどのような指導がなされたか、その結果学力が向上したのかどうかについては不明でした。特に小学校については、学年が変わると担任が変わる場合がよくあります。昨年度の担任がどのような指導をしたか、指導の結果どのような変化が児童生徒にもたらされたかが、次の学年の担任に引き継がれず、その場その場で指導が行われるのは、医師の例で言えば、前の主治医がどのような治療をしていたかを把握することなく、また検査もせずに治療を行うことと同じです。患者が高血圧であることはわかっても、どの薬を処方をしたのか、その結果血圧の数値が変わったかどうかがわからないということでしょうか。もしくは、あるときの学力調査が 50 点で、次のときの学力調査が 70 点であるとするならば、血圧の検査と称して、ある医師は採血し、ある医師は尿検査をし、その数値が 50 と 70 となったものの、比較することができません(そもそも血圧が継続的に測られていない)、という感じかもしれません。いずれにしても目の前の児童生徒(医師の例で言えば患者)にどの指導(処方)が効果があったかがわからないままに、その時々の教師(医師)が指導をする(処方をする)ということになっていたわけです。

2. 指導と改善をセットで見ていく

医療の世界では、どの薬を処方をされたかについては、「お薬手帳」という形で蓄積がされるようになりました。治療をする側ではなく、治療をされる側の患者に情報を集約し、最適な治療を模索するのと同じように、児童生徒ごとにカルテのように情報を集約し、最適な指導を見つけていくことが重要でしょう。例えば埼玉県では図 10 － 4 － 1 で示した「コバトンのびのびシート」という形で、指導内容と学力や非認知能力の変化を教師が年度を越えて共有するシートを作っています。また、同様に IRT・パネル型の学力調査を導入している鳥取県においては、各教師の端末において、各児童生徒の状況をグラフ化して見ることができる分析シートを開発しました。

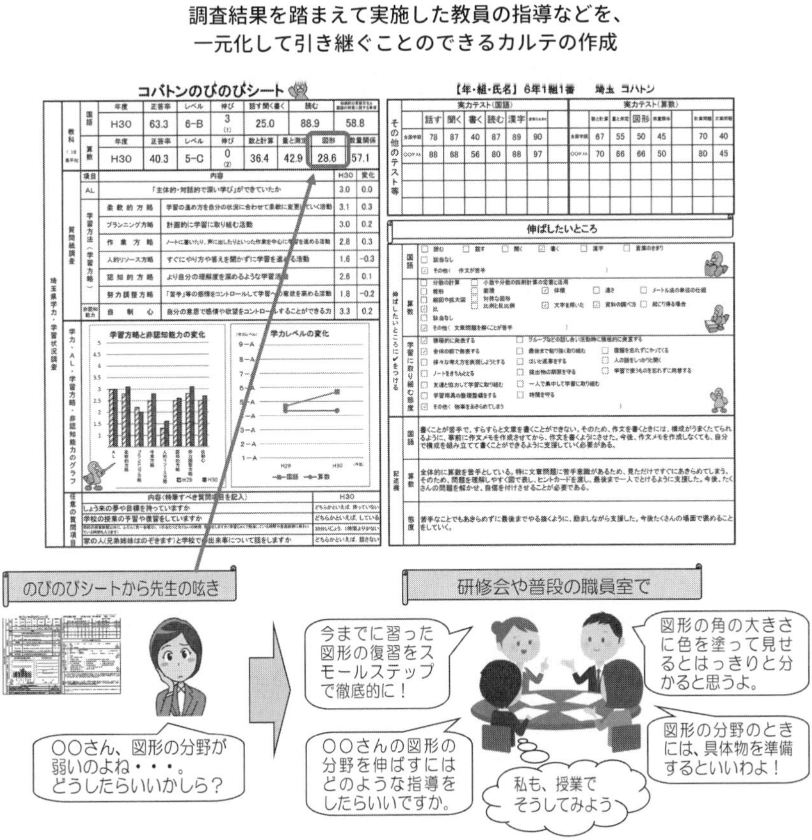

図10－4－1　コバトンのびのびシート
（子供たち一人一人に応じた指導カルテの作成と引き継ぎ）

出典：「埼玉県学力・学習状況調査を活用した実践事例」p.2。
https://www.pref.saitama.lg.jp/documents/142337/4445jissennjirei.pdf

教育も医療も、それを提供する側が中心ではなく、教育を受ける側（児童生徒）、医療を受ける側（患者）がメインであるならば、そちらの側に情報を集約して、どういった指導（処方）によって学力等（症状）が改善したかをセットで見ていくことにより、指導（処方）をする側が変わっても、個々人により最適な指導（処方）が一貫して受けられる環境を提供することができるでしょう。

10-5 課題のある児童生徒への対応

1. 原因側の課題と結果側の課題

課題については、原因の側にも結果の側にも複数あり、それらが絡み合いながら現れます。社会経済的な課題もあれば、親の教育力に課題がある場合などが原因の側の課題としてある一方、学力や非認知能力の低さや改善が見られない、問題行動など生徒指導上の課題として結果の側に課題がある場合もあるでしょう。これらの課題の組み合わさり方は、児童生徒ごとに異なることを踏まえ、個々の児童生徒の事情に応じた教育指導が必要とされています。個々の児童生徒ごとに、その能力の伸びを見ながら、指導の在り方を考えていくことが必要となりますが、特に課題を抱える児童生徒の対応についてこの節では説明します。

2. 非認知能力の低い児童生徒の事例

例えば、埼玉県学調を分析した結果（図 10 － 5 － 1 を参照）、小学校 4 年生段階で同じ学力水準であった児童生徒のうち、学年が進むにつれて、学力が伸びる場合と伸びない場合があることがわかってきました。この差と関係がありそうな、小 4 段階での要因を調べると、小 4 時の非認知能力が低い児童生徒は、高い児童生徒よりも、その後の学力の伸びに課題があることがわかりました。であるならば、小 4 段階における学力が低い児童生徒をどうするか、という観点にとどまらず、非認知能力が低い児童生徒に対して、重点的に指導することによって、将来の学力の伸びの阻害要因を除去することが可能となるかもしれません。このように、調査を継続的に実施し、因果関係を検証し、能力の伸びに影響しそうな要因（将来起こりうる課題に影響し

学力の維持向上と非認知能力・学習方略は強く関係

学力を維持向上できた児童生徒と、学力が伸び悩んでいる児童生徒の非認知能力、学習方略の状況について分析

▼

- 学力を維持向上できている児童生徒は、学力が伸び悩んでいる児童生徒と比べ、早い段階から非認知能力や学習方略が高い。
- 学力を維持向上できている児童生徒と、学力が伸び悩んでいる児童生徒の、非認知能力や学習方略の差が縮まっていない。

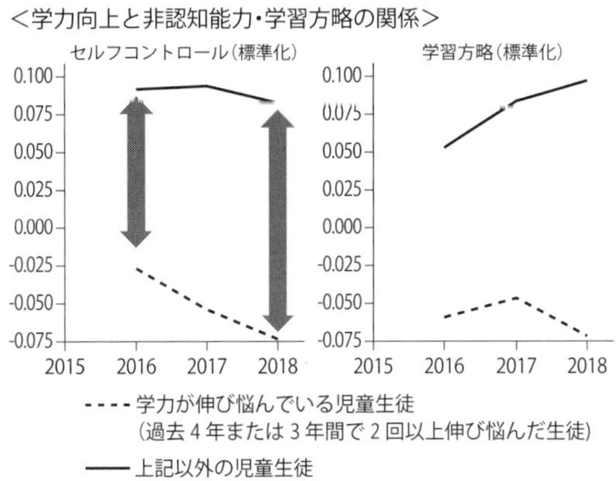

図10－5－1　毎年の非認知能力を高めることが、学力の維持向上に重要
出典：「平成30年度埼玉県学力・学習状況調査データ活用事業における分析結果概要」（統計分析）p.1。https://www.pref.saitama.lg.jp/documents/52863/190402bunsekikekkagaiyou2.pdf

そうな要因）を見つけ出した上で、その数値を１つのアラート機能として活用することで、その後に起こりうる様々な課題を防ぐことが可能となります（5－2で示したいくつかの分析のうち「予測目的分析」に分類したアプローチです）。

3.　経済的な課題を抱える児童生徒の事例

現在、各自治体においては、経済的に困難を抱える児童生徒に学習機会を提供することを目的として様々な施策が行われています。指導者は、教師だけでなく、地域の方が行う場合もあれば、市区町村教育委員会が契約した民間の学習塾やNPOが学校の場で指導する場合もあります。対象となる児童生徒の選び方は、経済的に課題のある児童生徒のみを選ぶ場合もあれば、学力に課題がある児童生徒のみを選ぶ場合、すべての児童生徒に声をかけて、希望者はすべて受け入れる場合もあります。時間は、放課後に残ってもらう場合もあれば、夏期休暇などの時間を利用して指導する場合や、土曜日を活用する場合などもあります。

このようにいろいろな形で施策が行われていますが、これらの中でどういったアプローチが経済的に課題を抱える児童生徒の伸ばしたい資質能力の

向上にとってより効果的であるかは、これまで分析が十分にされてきたとは言えませんでした。そもそも当該児童生徒の能力の伸びが継続的に調査されていないことや、同様の状況の児童生徒の中で介入群と対照群が分けられていなかったり（本人（保護者）の希望に基づいて介入群を決める場合、選択バイアスがあるため、因果関係の検証ができません）、同様の状況の児童生徒との比較がなされていないことなど、因果推論の前提となるデータが揃っていない状況でした。経済的に課題がある児童生徒の学力を向上させることが目的であれば、どの方法が児童生徒の学力を伸ばすことができるかを継続的なデータ収集をもとに検証し、その手段に資源を集中させることが必要でしょう。

また、前述のとおり、児童生徒の抱える課題はいくつか組み合わさったものであり、その要因は厳密に見れば、個々の児童生徒ごとに異なります。例えば、社会経済的状況（SES）などの多くの児童生徒の背景であったり、個々の児童生徒がこれまでどのような解答（正誤）傾向にあったのかなどをデータを組み合わせて分析することにより、当該児童生徒がどういった内容の学習においてつまずきがあるのか、どういった指導を受け、どういった問題を解いていく中である問題が解けるようになるのか、ということを児童生徒ごとに示していくアプローチも考えられます（5－2で示した「予測目的分析」にあたります）。より多くの質の高いデータが集まることによって、その予測精度をより確からしいものにすることができます。これらは、課題のある児童生徒に対する有用なアプローチの１つと言えるでしょう。

10-6 因果推論にあたっての留意点1

第III部では、因果推論を行い活用していくためのプロセスを中心に説明してきました。最後に教育委員会や学校で分析するにしても、外部の研究者等に分析を依頼する場合においても、因果推論に関連して、学校や教育委員会が留意しておくべき事項について説明します。

1. 学習者の情報をパネルデータ化する

まず、分析において必要なこととしては、学習者の情報をパネル化するということです。因果推論においては、RCT ができない場合にはパネルデータによる重回帰分析が有用である点はすでに説明したとおりですが、A さんの昨年の学力と今年の学力の情報が紐付かないと、変化量を分析することができません。

教育指導や教師の状況などインプットに関するデータ、学力や体力などアウトプットに関するデータ、社会経済的状況に関するデータなどがありますが、これらのデータを児童生徒ごとに紐付けておくことが必要です。例えば、教育委員会の担当指導主事であるあなたが、教員研修を通じて教師と児童生徒との人間関係を構築する能力を向上させることで、児童生徒の学力と体力の向上を図りたいと考えたとします。学力調査や体力調査が年度ごとに行われていた場合に、因果推論をするには学力や体力の変化量を見る必要がありますが、そのためには児童生徒ごとにその変化量が計測できるようデータが紐付けられていなければなりません。各年度内のみで管理するのではなく、児童生徒ごとに年度を超えて管理する方法を考える必要があるでしょう。また、教師のどのような要素が、児童生徒のどのようなアウトプットに影響するかがわからない中で分析をしていくためには、学力や体力だけでなく、それ以外のアウトプットに係るデータがバラバラに存在していては分析できません。これらの調査も児童生徒個人ベースで紐付けられていることが分析においては必要となるでしょう。

2. データの紐付け

また、5－5で述べたように、教育委員会内部で持っているデータと、教育委員会外、首長部局で持っているデータを分析目的のために紐付けて分析を行うアプローチも考えられますが、市区町村の条例などによっては、首長部局が持つ情報の利用目的に照らして、当該情報を、教育委員会が持つ児童生徒に関するデータと紐付けることが制限されている場合があります。そもそも、データが紙で存在しているので、コンピュータを用いてデータを分析する環境が整っていない可能性もあります。その場合は、まずは紙のデータを電子化をするというところから始めなければならないでしょう。

仮に児童生徒に係るデータが電子化されていたとしても、管理するソフト／システム／アプリケーション（以下「システム等」とします）が異なる中では、データを紐付けることが難しい場合があります。例えば、学力や体力の情報は学習系の情報を管理するシステム等に、健康関係の情報は校務系を管理するシステム等に入っていて、それぞれのシステムの利用基準等が異なるために、同じ児童生徒の情報であっても紐付けることが難しい場合（いちいち目視で確認をしなければならなかったり、まとめようとすると手作業で書き写す必要がある）があります。

このあたりの分析に係るデータの紐付けの参考となる取組として、デジタル庁が、児童とその家庭に関する行政データを連携し、児童の虐待や孤立などを早期に発見する実証実験を、2022年7月から本格始動させています。デジタル庁は、実証実験を通じて仕組みを作り、成果は2023年4月に発足したこども家庭庁に引き継ぐ計画です。先行的に行われるデータの紐付けと分析、活用に係るこういった動きや留意すべき事項も追いかけていくことが重要かと思います[1]。

1 https://cio.go.jp/sites/default/files/uploads/documents/digital/20220204_news_children_outline_01rr.pdf

10-7 因果推論にあたっての留意点2

1. 他の自治体とデータを統合する

前節に引き続き、因果推論をするにあたっての留意点について説明していきます。自治体の規模が小さい場合（例えば小学生が各学年4～5人という場合）に、因果推論を行うには数が足りないので、同様の調査を行っている他の自治体とデータを統合して、共同で研究を依頼することも考えられます。ただし、この場合、自治体ごとに個人情報保護条例が異なっており、貸し出せるデータとそうでないデータにばらつきが起きてしまうことがこれまではありました。

2. 個人情報保護法

この点については、先般の個人情報保護法等の改正が行われたことで改善が図られています。個人情報保護法、行政機関個人情報保護法、独立行政法人等個人情報保護法という3本の法律が1本の法律に統合されるとともに、地方公共団体の個人情報保護制度についても、統合後の法律において全国的な共通ルールが規定され、全体の所管が個人情報保護委員会に一元化されることになりましたので、これまでのようなデコボコは相当程度解消されていくことになるかと思います（地方公共団体関連部分の施行は、令和5（2023）年4月1日）[1]。

1　https://www.ppc.go.jp/personalinfo/minaoshi/

3. データの利活用と個人情報保護法

最後に、データの利活用と個人情報保護の関係について解説します。各学校や自治体でデータを分析したり、研究者に委頼して分析をする場合に、当該データがまず「個人情報」に該当するかどうかを考える必要があります。個人情報に該当する場合は、（将来的には共通ルールを踏まえた）各個人情報保護条例を踏まえた対応が必要になります。また、個人情報の適正な取扱いやプライバシーの保護は大前提としながら、「教育データの利活用」と「安全・安心の両立が実現されることが重要です。文部科学省は、「教育データの利活用に関する有識者会議」の議論を踏まえて、令和5（2023）年3月に、教育データの利活用の安全・安心を確保する観点から留意すべきポイント等をまとめています[1]。こういった動きもウォッチしておく必要があるでしょう。

1 https://www.mext.go.jp/content/20230317-mxt_syoto01_000028144_001.pdf を参照。

10-8 因果推論にあたっての留意点③

データの紐付けであったり、個人情報保護との関係の対応であったりを踏まえた上で、いよいよ集めたデータを研究者に貸し出すことになったとします。その際の留意点は以下のとおりです。いずれも研究者（研究チーム）との契約書に記載すべき事項です。

1. データの様式

まず、データの様式についてです。仮に個人が特定できないデータであったとしても、当然ながらそのデータの安全な管理は必須です。何らかの記録媒体に入れてそのコピーを、物理的に渡し、分析後、回収するという方法も考えられますが、何らかのクラウド上に保存した上で、そこへのアクセス権限を与える方法の方がより安全である場合も多く、この点よく検討することが必要でしょう。いずれの方法をとる場合においても、

・アクセスできる者を限定し、事前にアクセスする者のリストを委嘱元（教育委員会側）に提出すること

・もし追加のアクセス者が出た場合にはそのつど申請をすること

などをあらかじめ決めておくべきでしょう。

2. 分析主体の絞り方

分析主体をどのように絞るかは、データの公的な利活用をどの程度促進するかによって異なります。データの分析を依頼する主体を、１つもしくはいくつかの機関に限定する方法もあれば、一定の要件を示した上で、その要件をクリアした場合には、データの分析を認める方法もあるでしょう。データを利用することの届出だけで利用できるようにする場合には、完全にデータ

を自由に利用できるよう、インターネット上に公開する場合などが考えられます。後者の場合は、データへアクセスできる研究者が増え、より多様な研究者による分析が可能となる反面、分析結果の質が必ずしも担保されるとは限らないので、分析の質が担保できるように、データにアクセスするための条件を設けることもあらかじめ検討する必要があるでしょう。例えば、海外の学術雑誌に論文が掲載された研究者を○人以上用意すること、といった方法が考えられます。

3. その他の留意点

なお、データの分析に何らかの予算措置がなされている場合は、随意契約とするか、(企画)競争入札とするかの判断も必要です。企画競争入札とする場合には、前述のとおり、分析の質の担保の観点から、国際的に権威のある学術雑誌への掲載経験の有無などを要件として掲げることが考えられます。教育データの質が高ければ高いほど、国際的に権威ある学術雑誌に掲載を望む研究者であるほど、そのデータの分析を望むでしょう。そういった研究者であれば、科研費(科学的研究費助成事業)など競争的資金などを自ら調達して、その資金を用いて分析しようとする場合もあるかもしれません。

データを分析するにあたっては、エラーデータを除去するなど、データをクリーニングすることが必要となります。このために必要となる経費も見積もっておく必要があるでしょう。何らかの形で外部に一部業務を再委託する必要が生じる場合、再委託の可否や、再委託先へのデータの受け渡し、データアクセス権者などについても、研究者との契約において整理しておくべきでしょう。

繰り返しになりますが、研究分析内容については、基本的に一定の自由度を確保するべきでしょう。研究分析結果はあくまで参考でしかなく、それのみで何か政策や教育指導を決定・変更することはできません。その前提に立てば、どのような分析を行うかについては一定の自由度を確保すべきでしょう。一方で、特に自治体・学校の予算を用いて分析する場合、そうでなくても自治体・学校が収集したデータを貸与して分析を行うということを踏まえれば、分析結果が、当該自治体・学校が重視している内容とことごとく異なるということになった場合に、これまでの施策や指導との整合性や、議会への説明などにおいていろいろと難しい場面に遭遇することも考えられます。その点においては、自治体として分析を依頼する内容と、研究者が独自で分析する部分を切り分けるという方法も考えられます。すなわち、扱うデータは同じであるけれども、あくまで自治体・学校からの依頼としての分析は、自治体・学校が行っている、もしくは検証をお願いしたい内容を対象とし（それでも自治体・学校が望んだ結果が出るとは限らないわけですが）、それ以外の分析については研究者が自由に学術雑誌に掲載することを認めるという方法もあります。自治体の予算での分析の依頼は年度予算になるので、年度内での分析・報告とする一方、データ自体の貸与期限は翌年度末とし、研究者が自由に分析する時間をある程度確保する等の工夫も考えられるところです。

第 IV 部

教育効果の測定の限界と可能性

第 **11** 章

教育効果の測定結果の活用の限界を認識しつつ、それを乗り越えて

第Ⅰ部から第Ⅲ部まで、計 10 章にわたって、教育データとは何か、どのように集め、分析し、活用するかということを説明してきました。この流れに沿ってデータ分析すれば、一定の因果推論が可能ですし、それを活用して様々な改善を図っていくことができるでしょう。

一方で、第Ⅰ部において触れたとおり、教育データやその分析・活用手法は、非常に多岐にわたる中で、本書においては学校現場や教育委員会において、教育効果を測定し、数値によって表し、それを因果推論による分析を行った上、指導や施策の改善の観点で活用する、という範囲に焦点を当てたものとなっています。その範囲を念頭に置いた場合、様々な制約、限界があることも事実です。本章では、改めてこのような形で行う教育効果の測定・分析・活用を巡る制約を確認し、その上で、それでもできることは何なのか、その可能性について考えてみたいと思います。

11-1 教育効果のすべてを数値化することは不可能

ここまで、教育効果をどのように数値として集めて、分析し、活用するかについて説明してきました。しかしながら、本書を読みながらこう思った人もいるのではないでしょうか。「そもそも教育効果は数値では示せないのではないか」「教育効果は中長期のものであるのに対して、数値化できる効果は短期のものに限られており、すぐに出る結果だけを求めるのは教育として間違っているのではないか」。

もし学校現場で、教師が「教育効果はすべて数値で表すことができる」「教育効果は短期的なものだけで十分」と考えているとしたら、教育が人格の完成を目指すのに対して適切な考えとは言えないでしょう。その点において、先の考えはとても健全なものであると言えます。

実際、数値化できることがわずかであり、教育効果の数値化がとても難しいことは、これまで繰り返し述べてきたことです。

2－5で述べたとおり、教育効果は、自身が得る利益（私的収益）だけでなく、社会に還元される利益（公的収益）もあります。治安が確保されていることや、民主主義の安定などの効果を数値で表すことは難しいことですし、これらの非金銭的な価値を統合して１つの指標として示すことは不可能です。私的収益と公的収益を統合することも難しいでしょう。

私的収益においても、昨日勉強した内容について問題が解ける、という短期的効果から、小学生のときに言われた先生の一言が50年後に、ああ、あれはこういう意味だったのか、と腑に落ちるという長期的効果もあるでしょう（2－3参照）。これらの価値を１つに統合することも困難です。特に長期の教育効果について、例えば70歳のときに感じた幸せと、10歳のときの教育の因果関係を証明することは難しいでしょう。収入の増加という金銭的な価値はあくまで、その人の幸せを測定するための1つの指標に過ぎず、収入が増加すれば必ず幸せであると結論づけることもできません。

学んだことが理解できる、活用できるということも、測定することは簡単なことではありません（第6章参照）。例えば4個で100円のドーナツを12個買ったときにいくら払えばよいか、という問題が出たときに、300円という答えが導ければその能力があるということなのか。式を立てて答えが導ければよいのか。式を立てられたとしてもこういう問題のときはこの式を立てればいいということをただ暗記していて解けるだけでよいのか。1個当たり、1袋当たりという概念を理解していないとダメなのか、解き方の違い・共通点を説明できるレベルまで理解が深まっていないとダメなのか。こういった能力を測定しようとしても、誤差が大きくなり正確に能力測定ができない可能性もあります。

また、そもそも①問いが与えられ、②問いは間違っておらず、③問いを解くことが決まっており、④正答がある、という条件で解答できたということと、これらの条件が揃っていない中で問いを立てたり、問いを疑ったり、問いを自ら解こうとすることは大きく異なります。このようなことができるようになって初めて能力があると言えるのか。単に問題があって解けるということだけではダメで、どういう力をどういった形で測定するのか、その測定方法・問題が測定したい能力との関係で妥当であるかは、丁寧な検証が行われる必要があるでしょう。

このように、教育効果を測定することは多くの困難を含んでおり、数値で表しているのはごく一部であるということを十分に認識して、教育データを見る必要があることは、教育データを扱うすべての人間が前提とすべきことでしょう。教育効果が仮に100面体の物体であったとするならば（各面がそれぞれ教育効果）、データで明らかにできるのは、数面体程度であるということです。光を数方向から当てることで、ある程度のその物体の大きさと場所がわかる程度でしかなく、100面体の全容をデータで明らかにすることはできないという前提に立つことが必要です。

11-2 教育データによって教師の専門性はより高まる[1]

教育効果をデータで明らかにすることは、100 面体の物体に数方向から光を当てて数面示す程度のことであると述べました。だとすると、教育効果をデータで明らかにすることに意味はないのでしょうか。

1．医師による診察・治療（処方）

病院に行って治療を受ける場合を例に考えてみましょう。あなたは数週間にわたって胃の辺りが痛い日々が続いていました。風邪を引いた覚えもないのに下痢も続いていて、体重も急に減っていることに気づいたあなたは、病院に行って診察を受けることとしました。医師 A は、これらの状況を本人から聞きつつ、こう言いました。「私は 30 年医師を続けてきていろいろな患者を診てきたからわかる。私の経験ではあなたは α という病気です。すぐ入院して、明日◇◇という手術をしましょう」。

医師 A の発言にびっくりしたあなたは、とりあえずその日は治療を中断して、別の医師 B の診察を受けることにしました。医師 B はあなたの話を聞いた上で、「○○という病気の疑いがありますが、いくつか検査をしてみましょう。レントゲン、血液検査、血圧、尿検査、便検査をして、その結果で改めて判断しますね」。諸々の検査を経た結果、医師 B は「これは β という病気だと思われます。これに効果のある治療は△△ですから、それをやってみましょう」と言いました。しかしその治療を続けても一向に症状が改善しません。不安になったあなたはそのことを医師 B に伝えましたが、医師 B は「これは β という病気に間違いないし、△△以外の方法はないんです」と言って治療方針を変えようとしません。不安になったあなたは、セカンドオピニオン（サードオピニオン？）を求めて、医師 C の診察を受けることとしました。医師 C はあなたのこれまでの経緯の説明を聞いた上で、改めて、医師Ｂと同様の検査を行いました。そして「このデータからすると確かにβという病気の可能性があります。しかし、過去に△△が効かなかったのであれば、薬を□□に変えてみましょう」と言いました。しかしそれでも症状が改善しません。そのことを聞いた医師Ｃは、同様の検査を改めて行い、データに変化がないことを確かめた上で、別の検査として胃カメラと大腸の検査を行うことにしました。その上で、「これはγという病気の可能性があるので、××という薬に変更します。過去の治療においても、この病気には××がよく効くと言われているためです。ただ、それで上手くいかないときはまた別の方法に変えましょう。1か月後にまたデータを取って確認しますので」と言いました。

2. 教師による児童生徒の状況把握と指導

例え話が長くなりましたが、ここで医師Ａ～Ｃが診察・治療（処方）として行ったことと、教師が児童生徒の状況の把握・指導として行うことは、同じようにパラレルに考えることができるでしょう。教師Ａが児童生徒と接する中で、何のデータを取ることもなく、「私の経験ではこの子供に最適の教育はこれだ。この指導方法でこの子供の力は伸びる」と言って特定の指導を行うのは、医師Ａが経験だけに基づいて○○という手術をいきなり行うようなものです。もし、あなたがその医師Ａの手術は受けないとして、教師Ａの指導であれば受けてもよいと考えるとすれば、それはなぜなのか、一度考えてみる必要があります。

教師Ｂは、教師Ａと異なり、児童生徒の現状を科学的知見に基づいた方法により把握し、当該科学的な知見に基づいて効果があるとされる指導を行い、その効果があったかを改めて調査する、といったアプローチをとっています。この点、医師Ｂが医師Ａよりも、より科学的な測定、科学的な治療を行っていることで信用に値するのであれば、教師Ａより教師Ｂは信用できるかもしれません。しかし、医師Ｂは、自らが正しいと信じた治療に固執し、改善が見られなくても、ひたすらそれを実践するというアプローチをとっています。

	科学的知見	科学的知見に基づいた	自己の経験	予想した治療／指導効果が出ない場合
医師A	踏まえない	検査を行わない（データを取らない）	のみを信じて診療・治療	治療を継続
教師A	踏まえない	調査を行わない（データを取らない）	のみを信じて指導	指導を継続

	科学的知見	科学的知見に基づいた	自己の経験	予想した治療／指導効果が出ない場合
医師B	踏まえる	検査を行う（データを取る）	と組み合わせて診療・治療	治療を継続
教師B	踏まえる	調査を行う（データを取る）	と組み合わせて指導	指導を継続

	科学的知見	科学的知見に基づいた	自己の経験	予想した治療／指導効果が出ない場合
医師C	踏まえる	検査を行う（データを取る）	と組み合わせて診療・治療	改めて別の検査を行い、その結果も踏まえて柔軟に治療を変更
教師C	踏まえる	調査を行う（データを取る）	と組み合わせて指導	改めて別の調査を行い、その結果も踏まえて柔軟に指導を変更

表11－2－1　医師／教師　A・B・C

もし教師Ｃが、教師Ｂと同様、科学的な測定と科学的な指導を行いつつも、仮に能力の向上がもたらされない中で、柔軟にその手法を変えつつ、当該児童生徒に最適な指導を常に検討していくとするならば、これはまさに医師Ｃが、科学的な測定や治療に立脚しつつも、患者の状況に応じて、専門家として柔軟にアプローチを変えていくのと同じことになります。

まずもって、科学的根拠に立脚した測定と、科学的に立証された指導の在り方をとるということ自体が重要ですが、その上で、継続的に測定した結果をもとに、それに引きずられず、かつ過度に拒否もせず、常に柔軟に児童生徒にとって最適な教育方法を検討する、という姿勢が最も重要となるわけです。

11-3 教育データによって教師の専門性はより高まる2

1. 教育データは教師の判断を助ける

教師が、児童生徒の状況を把握するために科学的に検証された手法を通じて能力を測定し（数値化し）、それに基づいて指導を行うことは、決して教師の専門性が数値に従属し、専門性を否定することにはならず、むしろ教師の専門職としての重要性を高めることにつながります。医師が何の科学的根拠も持たず専門的な判断ができないように、教師も客観的なデータが示されなければ、当該児童生徒の状況を見極め、専門家として判断を下すことができません。また、科学的な根拠を持つことが、医師の判断を不当に拘束し、検討する余地を奪うことになるわけでもありません。

前節の医師Bと医師Cが同様の検査結果から、病気をβとγという異なる判断をしたように、同じ検査結果からもそれをどのように判断するかは、まさに医師の専門性が問われるところでしょう。同じ病気であったとしても、そこから行う治療、投与される薬は医師によって異なってくるはずです。病気を治すという頂上を目指して山を登るときに、過去の科学的な検証によって一定程度複数の登山ルートが開かれていますが、どのルートを登れば登頂できるかは、まさに医師の専門性にかかっているのです。同様に、児童生徒に関して同じような状況があっても、それに対してどのように教育指導を行うかは、教師によって異なるわけで、こここそが教師という専門性が発揮されるところでしょう。教育データに基づいて分析をすることは、「データが指し示す唯一の指導方法を教師が行わなければならなくなる、言い換えれば教師の職の専門性がデータに従属する」ということではなく、むしろ教育データが教師の判断を助け教師の専門性を高める役割を果たしているのです。

2. 教育データを取り扱う上での３つの留意点

その上でいくつか留意すべきことがあります。第１に、繰り返し述べているとおり、教育効果として測定できることがわずかであることから、その児童生徒の状況をすべて数値で表すことはできないということです。医師が行う検査も、目の前の病気の治療を行う上での参考データになるに過ぎず、それをもってその患者の健康の全体を把握することは不可能です。必要な参考データを把握できる程度であるということは医師も教師も同じです。

第２に、そのデータが科学的な積み重ねの上にあるということです。古代や中世の時代のように亀の甲羅を焼いて、それが割れるまでの時間（10段階）でその人間の病気がわかると言われても、誰も信用しないでしょう。2歳児が自作した紙の体温計で、「38度です」と言われても、その数値は信用できないのと同様に、科学的な裏付けのないデータは、根拠として使うことはできません。第Ⅱ部で述べたとおり、学力や非認知能力などの測定においては、これまでの学問的積み重ねの中で、ある能力を問うにはどのような問題（質問）を作り、それをどのように統計学的に処理することが妥当かが少しずつわかってきています。それらを無視して、教師が独自の能力測定をすることは、医師がいくら専門性があっても、MRIの機械を家のガレージで作って、それで患者の検査をするようなものです。もちろん検査機器の開発自体は、治療の専門家である医師の存在なしにできないように、能力の測定手法の開発も、教育指導の専門家が関わる中で行われるべきでしょう。ただ、治療（指導）の専門家であることと、測定の専門家であることとはあくまで別であるという前提に立って、測定技術に関する学問的積み重ねの上に作られた測定手法を採用することが肝要でしょう。

最後に、検査や測定は複数回継続的に行うとともに、その結果に基づいて処方／指導の妥当性を常に検証することも、専門家として重要な点でしょう。医師Ｂは医師Ｃと同様の検査を行っていたものの、その検査結果を踏まえて病気βと断定し、治療△△こそが唯一の方法であるとして、その後は検査も行わずにその治療方法に固執していました。しかしある病気であるかどうかを判断することは、制約があるがゆえに参考の１つにするしかないデータを踏まえて設定した仮説に過ぎず、またその病気に対する治療・薬の処方が適切であるかどうかは、確かに過去の検証では、当該治療・処方が一定程度有用であることが明らかであったとしても、それは統計上の結果であって当該患者に妥当であるかは、効果を確認しなければ判断できません。もしその薬が効いていなければ、医師Cのように別の検査を行い、それに基づいて別の病気γであることを疑って、薬を××に変更して、その症状が改善するかを継続的に追いかけることが重要です。

教育の専門家である教師においてもそれはまったく同じで、ある能力が身についているかどうか自体が重要なのではなく、その結果を踏まえてその児童生徒の状況について仮説を立て、教育指導を行い、その前後でデータ上の変化が見えるかどうかを継続的に確認し、もし変化がなければ当該指導の効果がなかったと判断して変更する余地があるということが重要なのです。ここで間違えてはいけないのは、「変更する」ではなく「変更する余地がある」という点です。効果がなかったからと言って、その方法が100%効果がないということを意味しているわけではありません。教師が専門職として、当該指導は効果があるはずだと思えば、その数値は数値として受け止めつつ、その指導を継続することも可能なのです。医師にとってデータ上変化がなくても、その治療を継続することがありえるように、教師においてもデータ上変化がなくても、その指導を継続することは十分ありえます（同じ指導を継続した結果、やはり学力等が向上しない状態が続く、ということもありえるので、そうなればなるほど、当然変えない理由を説明するのは難しくはなります）。

大事なことは、教師が状況を継続的に把握して、児童生徒の変化を認識していること、変化が出ても出なくても、自身が実施した指導の内容及びそれによってもたらされるはずと自身が想定している変化の内容を認識していること、そのデータ上の変化があってもなくても、それを踏まえて当該指導の効果があるかないかを専門職として判断し、意図して継続・変更を行うことなのです。データはあくまで参考であり、専門職である教師の判断がそれに拘束されることはありません。専門家としてデータを踏まえ、自身が行っている指導の効果を判断し、その後の指導の在り方を意識すること。これこそが教師が専門職であるゆえんなのです。

11-4 教育データは魔法の杖ではない

1. 教育データはこれまでの実践の再確認

第7章において、埼玉県学調の分析でわかってきたことを述べました。「主体的・対話的で深い学びが能力の向上に寄与している」「いわゆる学力が直接伸びているというよりは、非認知能力や学習方略が向上する結果として学力が伸びている」「児童生徒同士の人間関係や教師と児童生徒の信頼関係が構築できているかどうかが、主体的・対話的で深い学びができているかどうかと相まって、児童生徒の能力向上に影響を与えている」。こういったことを現場の先生方にお話すると、講演が終わった後などに、冗談も混じえつつ「ずいぶん当たり前のことをお話されていましたね」と言われることがあります。特に、優秀な先生からは、「長く講演を聞いたものの、結局、効果がある教育というのは私が知っている当然のことだった」ということを言われます。

しかし、筆者は、それこそが意味のあることであると確信しています。「教育効果をデータで分析し、より効果的な指導の在り方を見つけていく」と聞くと、「これまで実践してきたことは教育的な効果がない。現場は真に効果のある方法を知らない。データを分析してその方法を見つけるから、その方法を実践すればよい」と言われていると感じる先生方がいるようです。しかし埼玉県学調で分析して明らかになったことは、そうではありませんでした。現場が日々実践していること、当たり前のことがデータ上でも明らかになったということなのです。

2. 過去の取組の伝承・共有にも

日本の学校教育は、長い年月をかけて児童生徒の能力を伸ばす取組を積み重ねてきました。この膨大な暗黙知・経験則の積み重ねの外側に、あたかも魔法の杖があって、この杖を振ればどんな子供でも能力を向上することができる、すなわち、データを分析するとそれが見つかるなどということは、起こらないと考えています。むしろ、これまでの暗黙知・経験則として行われてきた知見が、データによって裏付けされ、やはりその方法をとることが重要であったと再確認するプロセスとしてデータがあるに過ぎないということです。教育データはこれまでの取組や実践と二項対立するものではなく、これまでの取組や実践の効果を裏付け、頑張っている先生がその取組を自信を持って続けられる環境をもたらすためにあるものと捉えてほしいと思います。

また、日本の学校教育の良さとして、教師同士の学び合いがあることは、海外からも高く評価されているところですが、ベテランの教師が大量に退職して、入れ替わりに若手の教師が大量に採用され、中堅の先生が少ないことが多い現状において、過去からのよりよい取組や実践をどのように引き継いでいくかは、どの教育委員会においても喫緊の課題かと思います。そのときに、データによってこれまでの取組が裏付けられることで、背中を見て学ぶのではなく、より目に見える形で取組の伝承や共有を行うことができる環境を整える意味でも、データが大きな役割を果たすことでしょう。

11-5 99人にとって良い先生が100人目にとっても良い先生か

前述のとおり、埼玉県学調の分析の結果、児童生徒の能力を伸ばす教師の要素がいくつかわかってきました。ここで留意すべきは、あくまで全体的な傾向としてそのような結果がある、データ上そのような方法がより効果を生みやすいということを述べているに過ぎないという点です。

以下の2人の教師を例に考えてみましょう。生徒にアンケートをとったときに、教師Aの担当する生徒は、教師Aは、生徒が主体的・対話的で深い学びを実践している、また、人間関係・信頼関係が築けていると回答した割合が高いとします。一方で、教師Bが担当する生徒は、いずれの質問項目においても、その割合が低いと出たときに、教師Bの指導力が低いと結論づけてよいのでしょうか。

確かに、確率論としては、教師Aが行っている取組は、生徒の能力向上に資するものであったかもしれません。しかしそれはあくまで確率論であって、100%そうであることを意味していないのです。100人生徒がいて、99人にとって指導が上手いとされる教師Aが、100人目の生徒にとってもそうであるとは限らない。99人の生徒にとって教師Bは適当な印象で熱心に指導してくれていないと見ている。しかし100人目の生徒は、家庭で厳しく躾けられていて、どこかに気が抜ける場所がほしかった。そのためむしろ、その適当で肩の力の抜けた感じの教師Bの存在が、その一言が救いになった、ということはありえることなのです。100人目の生徒以外の生徒の中にも、教師Bが担任をしていたときは、教師Bの発言の意味がわかっていなかったけれども、30年後自分が親になって子育てをしている中で、ああ、あの先生が言っていたのはこういう意味だったのかと気づくこともある。それがあれば、その教師Bが教師を続ける意味があるし、教師Bの指導を必ず変えなければならないということにはならないのではないでしょうか。
　もちろん、こういったことを理由に、データなどを見ることが無意味だということを言いたいわけではありません。確率論としては、ある方向性が児童生徒の能力向上の上で有効だということが科学的にわかってきている以上、それを踏まえることは重要ですし、データを見なくてよいということにはなりません。しかし、あくまでデータ上のことであることを前提にした上で、児童生徒の人生を請け負う職業である教師においては、すべてをデータで推し量ることができる、そんなラプラスの魔物のようなことは起こりえないという当たり前のこともまたしっかりと踏まえて、データと向き合うことが必要なのです。

11-6 EBPMとEIPM
因果推論の限界を政策の不備として転嫁しない

3 − 7でも述べましたが、EBPM（Evidence Based Policy Making：根拠に基づく政策立案）を巡る議論で最も懸念されることは、EBPMが評価や財政を担当する部局主導で行われる中で、本来選択されるべきでない政策決定が、データ分析に基づいて行われてしまうという点です。

1. 数値化できる政策の効果は一部

第Ⅱ部で説明したとおり、教育データの収集、特に因果推論に必要なデータを集めるためには、“Y”（効果）と“X”（原因）をきちんと決めて、XがそのYにとって効果があったかどうかを継続的に検証していくことが必要です。多くの場合、投入する政策手段Xは、多くの効果Yを念頭に置いており、その効果は一元化が難しくかつ同じ年度で結果が出るものでもありません。

例えば少人数学級が効果があるかどうかということは、教育行政においてはよく話題になりますが、少人数学級が出そうとしている効果は、学力の向上であったり、非認知能力の向上であったり、問題行動の減少であったり、体力の向上であったりと、学校教育の中においても様々です。まして少人数学級を行う中での効果は学校教育内に閉じるものではなく、卒業後10年、30年経って出てくるものもありますし、個人に帰着できない社会にとっての効果も様々なものがあります。学校教育内の学力という効果が測定しやすそうに見えるものでさえ、「学力」とは何かということを掘り下げてみると、それは複数の要素から構成されており、そのどの部分を測定するのかによって測定の難易度も変わってきます。学力1つとっても統合的な指標であり、すべてを表すことができないのは繰り返し述べてきたとおりです。

つまり、図11 − 6 − 1で示すとおり、効果（Y）という架空の統合指標を念頭に置いても、数値で表すことができるのは、そのうちの一部（細分化さ

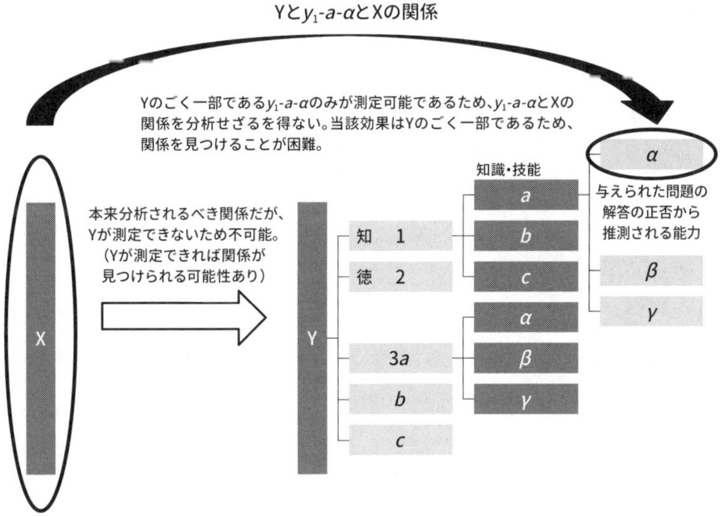
Yとy_1-a-αとXの関係
Yのごく一部であるy_1-a-αのみが測定可能であるため、y_1-a-αとXの関係を分析せざるを得ない。当該効果はYのごく一部であるため、関係を見つけることが困難。
本来分析されるべき関係だが、Yが測定できないため不可能。(Yが測定できれば関係が見つけられる可能性あり)
X
Y
知 1
徳 2
3a
b
c
知識・技能
a
b
c
α
β
γ
α
与えられた問題の解答の正否から推測される能力
β
γ

図11－6－1　Yとy_1-a-αとXの関係

れた一部（y_1-a-α））くらいのものであるということです。本来XとYとの関係で分析すべき相関関係や因果関係を、このように極めて限定された効果（y_1-a-α）とXとの関係において見つけようとすることは、相当困難なこととなります。ここで重要なことは、仮にXとy_1-a-αの関係が見つけられなかったとしても、それはXとYの関係が見つけられないことと同義ではないということです。

2．政策決定は様々な要素＋データで

最近の傾向として、評価や財政を担当する部署が、より効果的な資源配分の観点から、EBPMを提唱し、因果関係を説明するためのモデル（「ロジックモデル」と言います）の構築や、データの収集・分析の必要性を主張することがあります。しかしながら、そもそも測定することができるYが技術上一部に限定されていることから、必然的に相関関係・因果関係を正確に検証することが困難であるにもかかわらず、その技術的欠陥を無視して、当該y_1-a-αとXの相関関係がないことを理由に、Xが政策的に無意味であるとか、

X をやめるべきであるという主張をすることは、あたかもその施策をやめることが先に決まっていて、その主張をしたいがために、その相関関係の不存在を利用しているように見えてしまいます。つまり、EBPM が予算削減の隠れ蓑として使われているのではないかという疑念が生まれかねないということです。Y が技術上一部に限定されてしまうことを踏まえれば、y_1-a-α と X に相関関係がないのは、純粋にデータ収集・分析における限界が理由である可能性が十分あります。

しかしながら、往々にして取れるデータがそれに限定されているというところには目をつむって、取れたデータのみで政策の効果の有無の判断ができるかのような、あたかも EBPM が万能であり、その結果に政策判断は従属すべきかのような言説がたびたび見られます。少人数学級を例に取れば、少人数学級と測定した学力の向上に関係が見られないことを理由に、少人数学級自体に効果がないとすることはその最たる例でしょう（そもそも高いか低いかと関連づけてもそれは相関関係でしかなく、因果関係を検証する材料にならないことも輪をかけて問題です）。こういった判断は最も慎むべきことであり、こういったことが繰り返されることで、データを扱うこと、データを分析すること自体が、胡散臭いこと、忌むべきこととなり、学校や教育委員会における教育データの収集・分析・活用を阻害してしまう危険性があることを関係者は強く自覚すべきです。

データ収集には限界・制約が多く、様々な判断をする上での参考程度に過ぎないこと、それを１つの参考材料としつつ、他の様々な情報や要素を加味して、政策は判断されるということは、教育データを利用する上で最も重要なことです。その意味では、EBPM ではなく EIPM（Evidence Informed Policy Making：証拠を参考とした政策形成）がより望ましい形と言えるでしょう。

11-7 研究者の分析は分析に過ぎない

前節では、X と y_1-a-α の関係が見出せないときに、その分析結果のみをもって X という教育投資、政策を続けるべきかやめるべきかを行政において判断することはできない、としましたが、これは研究者においても同様です。

1. 収集できるデータには限界がある

研究者は、教育効果 Y を数値で表すことがいかに困難であるかをよく知っています。繰り返し述べている教育の私的収益・公的収益、私的収益の中でも金銭的な価値と非金銭的な価値、非金銭的な価値の中でも学力が複数の要素で成り立っていること、知識・技能を測定することだけをとっても、その知識・技能を測定するのに適切な問題を作成することは困難であること、これらすべてを理解しているにもかかわらず、時として、これらを捨象して、収集できたデータだけで「X と y_1-a-α の関係がなかった」という分析結果が得られたことのみをもって、「X の施策は効果がない」という発言をする研究者がいるのも残念ながら事実です。そしてこういった研究を紹介して、財政当局や評価当局が X の施策はやめるべきだという主張を展開する場合があります。本来であれば、収集できるデータに限界がある中で、

- あくまで**今回の分析では** X と y_1-a-α に関係が見つからなかったに過ぎない（それ以上でも以下でもない）こと
- すなわち、X と Y の関係を分析できれば、少なくとも X と y_1-a（y_1-a-α、y_1-a-β、y_1-a-γ の集合体）では効果があるかもしれないが、X と y_1-a-a の関係においては結果が出なかっただけであること
- さらに言えば X と y_1-a-α の関係においても、他の方法によって分析すれば効果が確認されるかもしれず、あくまでその分析方法では関係が見

つけられなかったに過ぎないこと

という留意点があるにもかかわらず、そのことに言及せずにそういった極めて限定的なものである分析結果から、Ｘという施策が不要という結論を主張することが万が一あるとすれば、それは非常に大きな問題と言わざるをえません。そういった考えには、その分析がいかに限定的なものであって、そのような主張を導くことが短絡的なものか、行政側も現場も抗議をすべきですし、仮にそういう乱暴な主張をする研究者がいるとすれば、その研究者の側も、そういった態度が現場のデータの収集・分析・活用に対する疑念を増幅させ、ひいてはデータの収集・分析に非協力的な環境を作り出し、研究者にとっても望ましくない状況に陥ることを肝に銘じるべきだと思います。

2．研究者の分析は1つの結果

研究者の分析でどのような分析結果が出ても、それはあくまで分析結果の１つであり、そもそもＹとＸの関係を完全に検証することができない以上、ごく参考としての情報にしかなりえません。他の様々な情報や要素を踏まえて総合的に判断して、専門職として行政も教育現場も判断すべきものなのです。

終　章

教育効果測定至上主義、測定不要論の二項対立をこえて

改めて、仮の話をしましょう。

あなたはある市立小学校の研究主任をやっています。今年度、県が「学びの意欲向上事業」を立ち上げ、その研究指定を受けることになりました。県は、2か年の指定の終わりに報告書の提出を求めており、その中で、数値で効果を示すことを求めているとします。

“この本を読んだ後の”あなたはどう考えるでしょう。

・学びの意欲をどのように測定するか
・学びの意欲の向上に影響しうる指導方法をどのように測定するか
・指導方法が意欲に影響したかどうかを判断するためにはデータをどのように集めればよいか
・データの分析をどのように行うか、研究者にはどのように相談するか
・分析結果をどのように活用するか
・これらを進める前提として留意すべき事項は何か

あなたは、これらのことがすべてわかった状態になっているはずです（もし、わからないところがあったら、改めて各章・各節に戻って読み直してください）。

また、

「教育の結果が数値ですべて明らかになる」

「とにかく数値を使えば教育の効果や効率的な指導方法が明らかになる」

という意見に対して、どのように反論したらよいかもわかったと思います。

近年、技術革新が加速度的に進む中で、そもそも因果推論によって、どのような指導や政策により学力などが伸びたかを分析し、様々な改善に役立てるといった方法以外のアプローチも出てきています。そもそもの「データ」も数値に限るものではありませんし、データの集め方も日進月歩で進んでおり、問題を解く・アンケートに答えるという方法に限定されるものではありません。

その意味では、本書に書かれていることは、ある意味古典的な方法であるとも言えます。ただ、多くの学校現場や教育委員会とデータの収集・分析・

活用について、行政官として関わってきた筆者としては、まず今第一歩として、現場の役に立つ、基本的な内容を押さえることこそが、最も重要であると考え、あえてその古典的かつ基本的な内容に特化して本書を執筆した次第です。

日本の学校は、世界に類を見ない素晴らしいものであり、それは教師の皆さんを筆頭に多くの関係者の方々の、血のにじむ努力の積み重ねの中で作り上げられてきたものです。多くの困難の中でそれでも必死に頑張っていただいている学校現場と教育委員会の皆様を、データを用いることで少しでも支えることができないか、という思いも本書を執筆したもう１つの動機でした。現場の努力をより正確に数値で表し、正しい分析をすることで、データの分析が示す内容を見て、頑張っている先生が、日々大変ではあるけれども、自分の、自分たちのやってきたことは間違っていなかった、もう少し頑張ってみよう、そういうふうに思うきっかけにデータ分析がなるのであれば、そんなに素晴らしいことはありません。

結婚式の場に、親族や友人のほかに恩師が呼ばれることが多々あります。人生の節目に教師が呼ばれるのはなぜか。その人の人生にとって、親や友人と同じかそれ以上に影響を与えているのが教師だからだと思います。そのような職業を教師以外で私は寡聞にして知りません。少なくともこれまでの分析では、人である教師が、子供たちとの人間関係を築くことで、子供たちの非認知能力を伸ばすことができることが示唆されています。これこそ、教師でしかできないことの１つだと思います。その教師という職業の素晴らしさを、データによって明らかにし、教師が自信と誇りを持って仕事ができる環境を、データ利活用の側から支えたいという思いも、本書の執筆を開始するきっかけでありました。

お読みいただいた皆さんの、具体的な明日の行動に確実に役に立つものを、そして明日も頑張ろうという気持ちに少しでもなるものを、送り出せたのであれば幸いです。

大江 耕太郎（おおえ・こうたろう）

文部科学省大臣官房人事課人事企画官。
1976年生まれ。東京大学大学院理学系研究科修了（修士（理学））。デューク大学大学院応用経済学専攻修了（MA）。2002年文部科学省入省。2012年から3年間、埼玉県教育委員会に出向。在米国日本国大使館一等書記官、文部科学省高等教育局国立大学法人支援課企画官などを経て、2023年より現職。

大根田 頼尚（おおねだ・よりひさ）

OECD（経済協力開発機構）日本政府代表部一等書記官。
1982年生まれ。東京大学法学部卒業。ケンブリッジ大学大学院Educational Research修了（MPhil）。ロンドン大学Institute of Education（現University College London）教育経済学修了。2005年文部科学省入省。2015年から3年間、埼玉県教育委員会に出向。文部科学省総合教育政策局教育DX推進室室長補佐などを経て、2022年より現職。

現場で役立つ！　教育データ活用術
データの収集・分析・活用まで

2023年9月30日　　第1版第1刷発行

著　者————大江耕太郎・大根田頼尚
発行所————株式会社日本評論社
〒170-8474　東京都豊島区南大塚3-12-4
電話：03-3987-8621（販売）　03-3987-8595（編集）
ウェブサイト：https://www.nippyo.co.jp/

印　刷————精文堂印刷株式会社
製　本————株式会社松岳社
装　幀————Malpu Design（清水良洋）
本文デザイン———Malpu Design（佐野佳子）

ISBN978-4-535-55959-2　　Printed in Japan